實相經宗通

——第一輯

——平實導師 述

ISBN:978-986-6431-68-5

本經古來並未分品，是故此書中亦無目次

執著離念靈知心爲實相心而不肯捨棄者，即是畏懼解脫境界者，即是畏懼無我境界者，即是凡夫之人。謂離念靈知心正是意識心故，若離**俱有依**（意根、法塵、五色根），即不能現起故；若離**因緣**（如來藏所執持之覺知心種子），即不能現起故；復於眠熟位、滅盡定位、無想定位（含無想天中）、正死位、悶絕位等五位中，必定斷滅故。夜夜眠熟斷滅已，必須依於**因緣**、**俱有依緣**等法，方能再於次晨重新現起故；夜夜斷滅後，已無離念靈知心存在，成爲無法，無法則不能再自己現起故；由是故言**離念靈知心是緣起法**、**是生滅法**。不能現觀離念靈知心是緣起法者，即是未斷我見之凡夫；不願斷除**離念靈知心常住不壞之見解**者，即是恐懼解脫無我境界者，當知即是凡夫。

——**平實導師**——

一切誤計**意識心為常**者，皆是佛門中之常見外道，皆是凡夫之屬。意識心境界，依層次高低，可略分爲十：一、處於欲界中，常與五欲相觸之離念靈知；二、未到初禪地之未到地定中，暗無覺知而不與欲界五塵相觸之離念靈知，常處於不明白一切境界之暗昧狀態中之離念靈知；三、住於初禪等至定境中，不與香塵、味塵相觸之離念靈知；四、住於二禪等至定境中，不與五塵相觸之離念靈知；五、住於三禪等至定境中，不與五塵相觸之離念靈知；六、住於四禪等至定境中，不與五塵相觸之離念靈知；七、住於空無邊處等至定境中，不與五塵相觸之離念靈知；八、住於識無邊處等至定境中，不與五塵相觸之離念靈知；九、住於無所有處等至定境中，不與五塵相觸之離念靈知；十、住於非想非非想處等至定境中，不與五塵相觸之離念靈知。如是十種境界相中之覺知心，皆是意識心，計此爲常者，皆屬常見外道所知所見，名爲佛門中之常見外道，不因出家、在家而有不同。

——**平實導師**——

如聖教所言，成佛之道以親證阿賴耶識心體（如來藏）爲因，《華嚴經》亦說**證得阿賴耶識者獲得本覺智**，則可證實：證得阿賴耶識者方是大乘宗門之開悟者，方是大乘佛菩提之眞見道者。經中、論中又說：證得阿賴耶識而轉依**識上所顯真實性**、**如如性**，能安忍而不退失者即是**證真如**、即是大乘賢聖，在二乘法解脫道中至少爲初果聖人。由此聖教，當知親證阿賴耶識而確認不疑時即是開悟眞見道也；除此以外，別無大乘宗門之眞見道。若別以他法作爲大乘見道者，或堅執**離念靈知**亦是實相心者（堅持意識覺知心離念時亦可作爲明心見道者），則成爲實相般若之見道內涵有多種，則成爲實相有多種，則違實相絕待之聖教也！故知宗門之悟唯有一種：親證第八識如來藏而轉依如來藏所顯眞如性，除此別無悟處。此理正眞，放諸往世、後世亦皆準，無人能否定之，則堅持離念靈知意識心是眞心者，其言誠屬妄語也。

——**平實導師**——

自　序

大乘法之般若實證即是親證法界之實相，由於親證法界實相而了知萬法之本源，所見一切法不離**中道**而不墮二邊，如是現觀之智慧即名實相般若。一切已證實相法界而住於中道者，悉皆有此實相智慧，亦皆能親見實相法界之本來眞實與如如境界，即名**證眞如**者，是故一切證眞如者亦皆是親證實相而有實相般若之賢聖。如是賢聖亦皆同觀一切有情各各都有之眞實心性如金剛，永不可壞，名之爲親證**金剛般若**之賢聖。又親證實相者，必定得見涅槃之本際，洞見不迴心阿羅漢所入無餘涅槃中之本際，亦見定性聲聞聖者阿羅漢不知不見如是**涅槃本際**之事實。如是四理，一切有心修證大乘佛菩提道者皆應知悉；如是正理亦是亙古亙今永遠不變之理，故名如是覺悟者爲無上正等正覺。

關於眞實心之體性猶如金剛而永不可壞之正理，於拙著《金剛經宗通》中所說已多，於此即不贅述。**實相**者，謂宇宙萬有之本源，山河大地、無窮時空之所從來；亦謂一切有情身心之所從來，即是禪宗祖師所說父母未生前之自己本來面目，或謂本地風光、莫邪劍、眞如、佛性——成佛之性……等無量名所指涉之眞實體；以要言之，舉凡親見宇宙萬有之本源而能反復驗證眞實者，即名親證實相。

眞如者，謂此眞實心出生萬法而佐助萬法運作之時，能使所生之蘊處界內法及山河大地、宇宙星辰等外法運爲不絕，永無止盡，如是顯示自身之眞實性，而其自身之體性復如金剛永不可壞，合此二者故名爲眞；此眞實心於無始劫來如是生滅萬法之時，卻是如如不動，從來不於萬法起念而生厭惡或貪愛，乃至於未來無盡時空之中亦復如是絕無絲毫愛厭，永遠如如不動，故名爲如。合此**眞**與**如**等二法，故名**眞如**。

中道者，謂此實相心如來藏恆處中道，不墮二邊。世間人每執識陰六識覺知心自己爲常，不知前世覺知心是生滅法，唯能一世而住，捨壽入胎後即告永滅，不至今世；此世之識陰覺知心則是依此世五色根爲緣而生，非從前世往生而來此世，故有隔陰之迷，不憶前世。故說此世覺知心並非常住不變之本來面目，不論有念或離念之覺知心，捨壽入胎後永滅，不至後世，故此覺知心生滅有爲無常無我；而世間人不知，執此覺知心爲常，即墮常見外道所執之常，不離常邊。有一分外道經由觀行發現覺知心自己有如是過失，不能來往三世亙久永存，於是轉生一切有情死後斷滅之邪見，因此撥無因果，成就邪見，名爲斷見外道。然而親證此眞實心第八識如來藏者，現見一切有情之實際理地本是此心，不墮於覺知心與五陰境界中故離常見，亦因已見此心而知五陰永滅之後並非斷滅空故離斷見，亦見此實相心從來不住於六塵境界中，是故永遠不墮常斷二邊，亦復永遠不墮善惡、美醜、生滅、來去、一異、俱不俱、生死……等二邊。一切賢聖如是親證之後，轉依於如是實相法界境界，永遠不墮二邊而亦不離二邊，常住於三界之中自度度他，是名親證中道之賢聖。

涅槃者，無生無死、不生不滅之謂。阿羅漢以斷除我見、斷盡我所執及我執，捨壽之後永遠不受後有，永無後世五陰故不再流轉於三界生死之中，名爲入無餘涅槃。然而親證實相之賢聖菩薩，親見阿羅漢捨壽後不再受生，滅盡後有永無未來世之蘊處界時，如是無餘涅槃實即第八識如來藏獨存之境界。於其第八識獨存之際，無五蘊、十八界，迥無六塵及能知者，絕對寂靜亦絕對無我，故名無我，亦名涅槃寂靜，即是證得無生。而此絕對寂靜之涅槃中仍係如來藏獨存之境界，外於第八識如來藏即無涅槃之實證與存在；親證實相之菩薩於發願世世受生人間而世世陪同有緣眾生流轉生死之中，親見阿羅漢捨壽後所入之無餘涅槃境界，於阿羅漢未捨壽前即已存在，親見其捨壽後第八識獨存之無生無死、不生不滅而絕對寂靜之境界，無待捨壽滅盡蘊處界之後方見，故名實證無餘涅槃本際，名爲本來自性清淨涅槃。能如是現觀者，能知萬法背後之實相境界，方名親證實相之賢聖，必有實相般若。

而此眞如心、涅槃心、中道心、金剛心，實即第八識如來藏也，是萬法生滅之實相，故名實相心。此實相心於因地名爲阿賴耶識，通名如來藏、異熟識，即是求證實相智慧、求證中道智慧之佛弟子所應殷勤求證者。凡證此心而能轉依成功者，皆入菩薩五十二果位中之第七住位，已入三賢位之菩薩數中，其實相般若已非阿羅漢之所能知。若外於此眞實心如來藏而求佛法，皆無眞如可證，亦皆不見中道、涅槃，即無實相般若可言，名爲無知無證般若之凡夫。舉凡否定此第八識眞如心如來藏者，即無眞正佛法可知可證；故說否定第八識心而竟勤心求證佛法者，即屬心外求法者，是名佛門外道。當代、後代一切禪宗大師與學人，於此皆應留心；以此緣故，平實特請《實相般若波羅蜜經》爲大眾宣演；於宣演實相義理之時，益之以宗通之法，欲令眞求佛菩提道之眞實修行佛子得有入處，眞實生起實相般若，是故宣講《實相經宗通》。而今宣演圓滿整理成文，總有八輯，欲益今世、後世眞學佛法之有緣人；若世世代代皆有佛子因此實證者，非唯大乘佛法得以久住，亦令二乘正法得因諸菩薩之親證實相，亦得復興同能住世，即能廣利人天。茲以此書整理成文欲予出版流通天下，即述上理提醒學人，即以爲序。

佛子　平實　謹序

公元二〇一三年驚蟄　誌於竹桂山居

第一輯：

《實相般若波羅蜜經》

唐　天竺三藏　菩提流志　譯

經文：【如是我聞　一時婆伽婆以善成就一切如來金剛正智之所建立，種種殊特超於三界灌頂寶冠，摩訶瑜伽自在無礙，獲深妙智證平等法，所作功業皆已究竟，隨眾生心悉令滿足，三世平等常無動壞，三業堅固猶如金剛普光明身，住欲界他化自在天王宮殿之中。其王宮殿種種嚴好，皆以大寶摩尼所成；繒蓋幢幡眾彩交映，珠瓔寶鐸風動成音；一切如來常所遊踐，咸共歎美吉祥第一；有菩薩摩訶薩八千萬人，前後圍繞供養恭敬。佛為說法初中後善，其義深遠，其語巧妙，純一無雜清淨圓滿。

其名曰金剛手菩薩、觀自在菩薩、虛空藏菩薩、文殊師利菩薩、轉法輪菩薩、降伏一切魔菩薩，如是等菩薩摩訶薩而為上首。】

講記：《實相般若波羅蜜經》，這部經是唐朝天竺三藏菩提流志所翻譯的。

《實相般若波羅蜜經》有別於《金剛般若波羅蜜經》，因爲這部經裡面的禪宗機鋒比《金剛經》更明顯。另一位菩提流支翻譯經文，有時會有一些過失，因爲他會用自己的意思來翻譯，也許是因爲還沒證悟般若的緣故，所以他翻譯的《入楞伽經》就有一點點的不正確，有一些違背了佛意。因此我當年註解《楞伽經》的時候，是把三個譯本綜合起來參考而作註解的，不是單憑一個譯本來註解，所以我註解的《楞伽經》是相當正確的。這部《實相般若波羅蜜經》則是菩提流志所譯，就沒有這個問題。《實相般若波羅蜜經》顧名思義，說的是實相法，是以「實相」爲中心主旨來闡釋「智慧到彼岸」。這個經題，我就用補充資料來爲大家作一個說明，因爲經名一開始就講到「實相」兩個字，所以請先切換爲補充資料，《大般若波羅蜜多經》卷五百六十七：

【爾時最勝復白佛言：「世尊！云何名爲法界？」佛告最勝：「天王當知，法界即是不虛妄性。」「世尊！云何不虛妄性？」「天王！即是不變異性。」「世尊！云何不變異性？」「天王！即是諸法眞如。」「世尊！何謂諸法眞如？」

「天王當知，眞如深妙，但可智知，非言能說。何以故？諸法眞如過諸文字，離語言境，一切語業不能行故；離諸戲論絕諸分別，無此無彼離相無相；遠離尋伺，過尋伺境；無想無相，超過二境；遠離愚夫，過愚夫境；超諸魔事，離諸障惑；非識所了，住無所住；寂靜聖智及無分別後得智境，無我、我所，求不可得；無取無捨，無染無著，清淨離垢，最勝第一，性常不變。若佛出世、若不出世，性、相常住。天王當知，是爲法界。諸菩薩摩訶薩行深般若波羅蜜多，修證法界，多百千種難行苦行，令諸有情皆得通達。天王！是名實相般若波羅蜜多眞如實際、無分別相不思議界，亦名眞空及一切智、一切相智不二法界。」

爾時最勝便白佛言：「世尊！云何能證、能得如是法界？」佛告最勝：「天王當知，出世般若波羅蜜多，及後所得無分別智，能證能得。」「世尊！『證、得』義有何異？」「天王當知，出世般若波羅蜜多，能如實見，故名爲證；後智通達，故名爲得。」

爾時最勝復白佛言：「如佛所說聞思修慧，豈不通達實相般若波羅蜜多？而復說有出世般若波羅蜜多，及後所得無分別智能證、能得。」佛言：「不爾！所以者何？實相般若波羅蜜多甚深微妙，聞慧粗淺、不能得見；是勝義

故，思不能量；出世法故，修不能行。天王當知，實相般若波羅蜜多甚深微妙，異生、二乘所不能見。」】

想要解釋「實相」，就是這一段經文最棒了，只要直講就行了，不用我再來發揮。現在我們來說明一下，這一段經文講的實相，到底是怎麼說的？也請諸位來判斷一下，姓名明載於《大般若波羅蜜多經》的這位最勝天王，他到底悟了沒有？這就是說，諸位要建立一個觀念：名字被記在經中的人，不一定都是聖者；名字不在經中的人，卻有可能是個聖者。因爲經典結集的時間過去了，菩薩乘願再來時，他在後代重新受生後的名字會被記在經中嗎？不可能嘛！但是有一個可能是諸位要認知的，就是某菩薩過去世也許曾經是某一個名字而被記錄在經典中。所以對於「迷信」，就像孟子有一句話說：「盡信書，則不如無書。」同樣底道理，菩薩再來的時候，他不會在額頭上寫著說：「我是什麼人再來。」因爲他換了個五陰，這一世已不能再稱爲什麼人了，而他在世時大約也不會明講出來；所以對於乘願再來而換了姓名的菩薩，可別罵說：「你是個名不見經傳的人，你出來講什麼佛法？」難道他這一世的姓名有可能被載入二千五百年前的經傳中嗎？

現在，大家從這個經典裡面來看這位最勝天王，他向 佛稟白說：「世尊！法界到底是什麼？」我們學佛以來常常聽到人家說：「我把所有功德迴向法界。」好了！到底他迴向法界是迴向給什麼對象？這一定要弄清楚，因爲有許多大和尚、山頭和尚也這麼迴向。法界到底是什麼？這得要弄清楚，因爲這個法界其實跟實相是息息相關的，是不可分離的。要懂得法界才會懂得什麼是實相，懂得實相的人沒有不懂法界的。所以弘法以來，我有時候會說法界是什麼，好像聽起來跟外面那些大師說的都不一樣，那麼到底誰對誰錯？一定要弄清楚啊！這可不能含糊，眞正學佛時是一定不許含糊的。

他來問說：「什麼是法界？」佛向最勝天王說：「你應該要知道，法界就是不虛妄的法性。」這不虛妄的法性，最勝天王聽了也是不懂，所以他又問：「世尊！那什麼是不虛妄的法性？」佛就說：「天王啊！不虛妄的法性也就是不變異性。」糟糕了！不變異性又是什麼，他又不懂了，只好再問；他得要打破砂鍋問到底，不然前面問的就白問了，所以又問：「世尊！什麼是不變異性？」世尊就說：「天王！不變異性就是諸法中的眞如。」不過，他還是聽不懂，只好繼續問：「世尊！那什麼是諸法中的眞如？」佛就說：「天王啊！你應當要知道，眞如這個法非常的深、非常的微妙，只能夠用智慧來了知；不是我用言語說了，你就能夠聽得懂的，用言語也是說不出眞如的。爲什麼呢？因爲諸法中的眞如，是超過所有文字的，不在文字的境界裡面，也是超過一切語言境界的；祂不在一切語言的境界裡面，因爲所有的語言境界，在眞如中都沒有辦法運作的緣故。」

講到這裡，你們已經找到如來藏的人請現觀一下，是不是如此？眞如境界中有沒有文字？有沒有語言？你可以現觀，然後爲我證實正覺的妙法正眞無訛。所以《般若經》是可以實證的，並不是玄學。般若是義學，義學一定是可以實證的。不能實證的，才叫作玄學。你經由現觀而核對過了，證明確實是如此了，那麼接下來再聽 世尊所說：「眞如，這諸法中的眞如，祂是離一切戲論的，」因爲眞如從來不曾有過戲論，「並且也離開了任何的分別，」從無量劫以來，眞如不曾起過分別，「這個眞如既沒有此，也沒有彼，祂是離一切法相的，祂本身也是無相的。」

這樣講了以後，一定有人心裡面開始有個念頭說：「哎呀！蕭老師！你這樣講，我不如自己讀經算了！因爲你這樣講，我還是完全不懂啊！」問題是，人家找到如來藏的人證眞如了，他不必聽我解釋就讀懂了。也許有人就說：「我們就是因爲不懂，才要來聽你講經。如果聽你講了，還是不懂，我們來聽經幹嘛呢？尤其今天又下那麼大的雨！」好！那我們就得要解釋一下了。

眞如是什麼？在大品、小品等《般若經》裡面說的眞如，有兩個意思。它有時候是講這個如來藏心，也就是講金剛經——講「此經」，「此經」就是如來藏這個心。有時候講的眞如，說的是這個如來藏心在諸法之中運作時，顯示出來的眞實性與如如性。這段經文，不管你是從這兩個道理中的哪一個方面來說都通，我們就先以如來藏心作爲眞如來講好了。這個如來藏，祂從來不與語言相應，而祂了知衆生的心行也都不靠語言，衆生想要作什麼，也不必跟如來藏用語言去說明，祂都知道；所以祂離語言境，離文字境界。祂在諸法中運作的過程，從來不在語言文字裡面去運作，也不跟語言文字相應，從來不了別語言文字，所以說：「諸法眞如過諸文字，離語言境。」才會說：「一切語業不能行故。」一切言語的行爲，都無法在眞如心如來藏的境界中運行。這想起來，好像很玄呵！玄！當然是玄啊！因爲 佛陀已經講了：「這個眞如是很深密的、很奧妙的，只能用般若智慧來知道，沒有辦法靠著聽聞人家言說解釋就瞭解祂。」

又說：「這個眞如心是離開一切戲論的，是離開種種分別的。」戲論，都是覺知心在世間法上作了種種的思惟猜測才會有戲論。可是眞如心不在六塵中去作任何分別，所以祂不會跟語言文字相應，當然就不可能與戲論相應。即使是三藏十二部經，對眞如自身來說都還算是戲論，因爲祂從來不與語言文字相應，祂從來住在實相法界裡面。也就是說，祂從來都住在實相的功能差別裡面，所以祂絕諸戲論。既然祂不將六塵作任何的分別，怎麼會有任何的分別呢？所以所謂的分別，都是在六塵當中運作的，那就是識陰六識的分別功能性，不是眞如心的功能性，所以說祂「絕諸分別」。

即使是某一位大師說的錯悟境界：「清清楚楚，明明白白，了了分明。」他自稱這樣子就是不分別，就是開悟而明心見性了，但是對眞如而言，那早就是六塵中的分別了。如果不是對六塵已經分別過了，怎麼會清清楚楚和明明白白呢？又如何會有了了分明可說呢？所以那其實都已經分別完成了。可是眞如從來沒有這種分別，所以如果誰要說他悟了以後永遠都是清清楚楚、明明白白，禪師就把他打出方丈室去了，因爲那已經是具足分別了。如果還有誰說：「我明明白白、了了分明而不分別。」他來到正覺講堂，我還是會以亂棍把他打出去，看能不能打醒他。如果他要告到法院去，就讓他告去，沒有關係！這就是說，眞如是從來無分別的，這個無分別的心，當然不會有此與彼的分別，當然本身一定是沒有任何六塵相存在的；所以在祂的境界中，我相、人相、眾生相、壽者相都不可能存在，也沒有美相醜相、男相女相、好相壞相、善相惡相、染相淨相，什麼相都沒有。祂就是這個樣子，因爲祂離一切相，所以不可能有相，無相的境界中當然是對六塵無分別的。

並且祂「遠離尋伺」。尋就是覺，伺就是觀。前心分別稱爲覺，後心觀察稱爲觀；粗心分別稱爲覺，細心觀察稱爲觀。綜而言之，尋與伺就是覺與觀。眞如從來不起任何六塵中的覺觀，所以祂沒有尋伺，離開尋伺的境界。尋與伺都是意識心住在六塵境界中的事，有時配合五識心來尋伺，有時候獨頭意識自己在尋伺法塵，或是在夢中尋伺內相分的六塵；那都是識陰中的境界，而眞如的境界中沒有識陰裡的境界。

「無想無相，超過二境」，想，一般都解釋爲用語言文字在那邊思惟，說這就是想。但是，在阿含裡面卻說了知時就是想陰了，所以 佛說：「所謂想者，想亦是知，知青黃白黑，知苦樂。」眞如無想，意思就是說沒有了知性——不在六塵中起任何的了知，所以稱爲「無想」。既然於六塵中不起任何了知的心行，當然祂就沒有覺知心了知的法相。既沒有覺知心在六塵中了知的法相，一定是超過二種境界，不會落於二邊。有覺知心的法相就會落於二邊，所以覺知心相應的法：非善即惡，非美即醜，非男即女，非染即淨，非佛法即是世俗法。覺知心一向是如此了知二邊，覺知心要能夠超過二境，要到什麼時候呢？要等到證悟眞如心如來藏以後轉依成功。否則的話，即使是阿羅漢都無法超越二境的，但是眞如心卻始終都超越世間對立二境的。

眞如「遠離愚夫，過愚夫境」，眞如心從來不會有愚癡凡夫的那些境界。愚癡凡夫想的就是如何貪求世俗的境界法。有的人貪求權位：「我無論如何要幹到皇帝。」如果是現代人呢，就說：「無論如何，我都要幹到總統位子。」有的人說：「我無論如何要當個百億富翁，若當不上百億富翁，我是死不瞑目。」後來死時還眞的不瞑目。這種人太多了。如果是喇嘛們會怎麼樣想呢？他們心中想：「我無論如何要博愛所有年輕美麗的女人。」那也是意識心的境界，這都叫作愚癡的凡夫。可是眞如從來不落在這裡面，所以沒有這類愚癡凡夫的境界，因此說祂「過愚夫境」。

眞如「超諸魔事，離諸障惑」，眞如心從來不跟諸魔的境界相相應，不管是天魔、煩惱魔、鬼神魔、五陰魔、死魔的境界相，跟祂都不相應，一切諸魔全都到不了祂的境界中。爲什麼諸魔到不了眞如心的境界呢？下週分解。

我們上週講《實相般若波羅蜜經》，援用《大般若經》中的聖教來講實相時，曾經講到眞如；用眞如來說明實相，還沒有講完。上週最後是說：「遠離愚夫，過愚夫境。」接著要講的是：「超諸魔事，離諸障惑。」

上週講的「遠離愚夫，過愚夫境」，同時也是指二乘聖人。二乘聖人雖聖猶愚，是說他們修到阿羅漢位時，雖然名爲人天應供，諸天天主遇見了阿羅漢時，都是應該要供養的；但是他們在大乘法中，仍然算是愚人。爲什麼已經是聖人了，結果卻仍然是愚人呢？主要是因爲他們還沒有證得實相，不能現觀眞如法性，所以還沒有般若實相的智慧；因此他們雖然已是聖人，從菩薩的眼中看來，他們愚於法界實相，所以仍然是愚人，《般若經》裡面就說他們是愚夫。也就是說，想要證眞如的人，得要是證得如來藏以後，才有辨法現觀祂的眞如性。因爲眞如是講如來藏的眞實與如如等自性，如果沒有證得如來藏而說他有證眞如，那就好像說他實際上並沒有賺到錢，結果自己在存摺上寫了「五百萬元、五千萬元」，只是自我催眠而已，因爲他實際上並沒有實證。所以，證眞如是只有證得第八識的人，才有辦法現觀眞如，才能現觀第八識的眞如性，才是證眞如者。沒有證眞如的人，即使是阿羅漢聖人，仍然都還是愚夫——雖聖猶愚。

那麼，證得眞如的人可以轉依理上來說：「**我已經超過四魔了。**」因爲眞如不在四魔的管轄範圍之內，四魔也根本無法接觸到眞如境界。四魔，首先說天魔。天魔波旬是很多人曾講的說「魔考、魔考」，說有魔來考驗。但其實大多不是天魔來考驗，而是天魔來引誘。但一般修行人所謂的魔考境界，都不是眞的魔考，那都只是煩惱魔，只是自身煩惱而已。因爲天魔來考驗，那不是普通人的事；那是你得初禪以後才會遇見的，天魔哪有時間管這麼多凡夫眾生，一天到晚來找人家考驗？他忙著享樂呢。他只有什麼時候會出現？當你得到了圓滿品質的初禪，那麼你的初禪一發起，他化自在天的魔宮就會搖動了，天魔就大驚失色：「**又有什麼人要超出我的掌控範圍？**」所以他警覺了，才來找，一看：「喔！原來是他呵！」所以，他就回天宮派天女來引誘，使證初禪的人重新退回欲界境界中，這樣才叫作魔考。一般人都是自尋煩惱，只是由自己的貪欲來考驗自己，哪有天魔來考這回事，都只是煩惱魔。

我這一世遇到的天魔來考，那是怎麼回事？那是初禪遍身發以後，大約一週左右他就派人來了。他來得還眞急，因爲他那邊時間長；當你這邊證得初禪，他發覺了，總有一些事情交代一下，然後才會有魔女被派過來。他派魔女來到人間，以人間一週的時間就算是很快了。我們這裡一週，在他那邊而言只是很短的時間而已。因爲我以前有寫修學日記的習慣，但不是每天記，是有事情出現後我才記。那時候有記下來。其實也不必去翻那個筆記，那筆記現在也不曉得甩到哪裡去了，有一次回老家也沒找出來，那只是隨手拿到學生用的筆記本去寫的。

那個考驗是怎麼考的？他派來了一個很漂亮的女兒，是天魔的女兒。當然不是在你平常生活的時候來，她要在你定中才會來，你入定了她才會來與你相應。那個女兒，老實說，眞的很漂亮，我到六十幾歲看過電視上的全球小姐、世界小姐選美，還沒有見過那麼漂亮的。真的很漂亮，天魔那個女兒真的很漂亮，是個洋人，白皮膚的，她是穿得很清涼的樣子，可是我心裡面想著就說：「**哎呀！妳別來這一招啦！我早看穿妳的手腳了。**」因爲我是在破參前就讀過《釋禪波羅蜜》，所以那些狀況我都知道。包括什麼十二個時辰來的山精鬼魅，可以知道是哪個時候來的，（導師以左手掐指計算說）只要以指頭「子丑寅卯辰巳午未……」等，這樣算，就知道說：「**原來你是牛精，你是馬精。**」這個早都讀過了。所以她那時候出現時，我就知道那一定是天魔的事。那我不甩她，她就走了。

後來，又來個女兒，換成黃種人。黃皮膚的女人一樣很美、很有氣質，但還是沒有用，我說：「**哎呀！妳不也還是一樣？也是天魔的女兒。妳來幹嘛？我早看穿妳的手腳了。**」所以都來不久，因爲你才一把她拆穿，她就知道沒什麼搞頭，就只好走了。走了以後，過一段時間又來另一個。這一回是黑女人，皮膚有一點黑黑的，但不很黑，只是有一點點黑，一看知道是個黑人，還是很漂亮。不過，這一回就跳脫衣舞了，脫光光了，我說：「**妳這樣沒有用啦！妳誘惑不了我的，我也知道妳是誰啦！**」於是就走了。話剛講完，她就走了，她也知道兩個姊姊來了都沒奈何。這才叫作魔考。

所以，那些人隨隨便便講什麼魔考、魔考，那都不是，都只是遇到了鬼神，不然就是自己的煩惱魔引生的，哪有什麼魔考？所以，天魔是不會隨便出現的，當你證得勝妙的初禪時，他才會來。一般遇到的都是屬於鬼神，那鬼神魔也屬於天魔所管，所以往往也把他攝在天魔之內。但是你如果從證得如來藏而出生的智慧，來看你的如來藏有眞如性，再看如來藏以及祂所顯示的眞如性，天魔管不管得著呢？天魔根本就不知道眞如，他又如何能接觸眞如呢？所以他能夠跟你接觸的對象，就只是你的意識心或六識覺知心而已。所以你用這個如來藏本心來看，或者用如來藏的眞如性來看（也就是心眞如，心眞如有時也是講如來藏自身），如果從如來藏顯示的眞如性來看，連天魔都管不著了，鬼神魔還管得著你嗎？這就是「**超諸魔事**」的第一種。

第二種、是一般人常常遇見的，叫作煩惱魔。煩惱魔，就是自己我所的煩惱斷不掉，老是落在我所裡面，所以在修行的過程中，想到好多自己的切身利害、自己的現實世界的利益等等，因此就被這一些欲界的五欲給繫縛了，就稱之爲煩惱魔。煩惱魔也是很厲害的，因爲煩惱重的人，有時就會引來鬼神魔。所以有一些人愛樂神通，可是他又沒有任何禪定的實證，也不知道神通的修法，卻幻想著自己有神通可以跟人家炫耀；這就是煩惱魔的境界，這時也會引生鬼神入侵，然後就幫他弄一些鬼神境界，讓他以爲是自己有神通境界；然後鬼神要他作什麼，他就得作什麼。如果鬼神的要求，他不答應，後來就會被鬼神擾亂而精神錯亂，那就稱之爲精神病患，就要送到榮總那個長青樓的五樓去了（編案：現在已改爲腫瘤病房），那就是煩惱魔。

所以，修學佛法千萬別急著要修神通，修成了神通是很麻煩的事情，絕對不好玩。而且修了神通以後，一天到晚要跟鬼神打交道，就只好當鬼神的工具。如果對方的威德力比你大，他要求你作什麼事，你若不答應，他就讓你什麼事情都不如意，那眞的不好玩。你如果答應了第一個鬼神的要求而爲他作了事情，那更不好玩；因爲鬼神界裡面消息傳開是很快的，比人間打電話還快，隨即引來一大堆鬼神要求你爲他們辦事。那時候你忙個沒完沒了，連睡覺的時間都不夠，那你還能修道嗎？還能好好生活嗎？都不行了。很多人在道教中修道，結果常常要辦事。聽懂不懂「辦事」？就是「辦代誌（閩南語）」，知道嗎？那就是因爲他有鬼通，或者他有神通，被鬼神招惹上了。

若是爲天神辦事倒也還好，若是爲鬼神辦事情，辦到最後，死的時候都很難看；因爲他去辦事時，一定會得罪很多其他的鬼神，死時往往找上門來算帳。所以有神通並不一定很好玩。

你如果有神通，我教你一個妙招：你一定要裝作沒有神通。否則鬼神知道你可以跟他溝通，他就知道你可以被他所用，那你的麻煩就很大了。所以，你如果有神通，比如說看見了一個鬼神，偶然不小心四目交會，你要裝作沒看見，你就指著那個地方：「咦！那片山好像怎麼樣……」你就指著他身體後面的事情說，就可以瞞過他。懂不懂？這一招要會，你就可以瞞過他，他會說：「啊！原來不是看見我，原來是看見我後面那個山。」這樣子，你就指著他後面的事情來說，然後就不管他。都不要再去看他，不要因爲好奇，有時候又轉過去看一下，否則你就洩底了。如果路上，遇見有鬼神從對面來，你要當作沒看見，直直地撞過去，要讓他閃避你，懂嗎？你不要說沒關係，只要閃開一下，那你就麻煩了，他就開始跟著你了。這個要訣，大家要知道，並且要保持用無相念佛的那個方式，不要用語言文字說：「我直接把他撞過去。」你起個語言文字的念頭時，他就知道你在騙他了。不要起那個有語言的念頭，好在你們有無相念佛的功夫，這不是問題。這個要領得要學會。

講過天魔、煩惱魔，還有五陰之魔。許多人學佛學很久了，可是始終都透不過五陰的境界。五陰的境界是最難透過的，諸位想想看，學佛一、二十年，有的人學佛三、四十年了，可以說是少小就學，如今六十幾、七十幾歲了，但是何曾確實了知五陰的內容呢？都不曾了知。直到我們正覺出來弘法，才算把五陰的內容詳細地說明了。以前何曾有人詳細說明過五陰的內容？並且，都還把識陰裡面的意識拿來當作是常住不壞心，就落入五陰裡的識陰之中，產生了種種被五陰影響的遮障道業等事情。懂得這個道理，就把自己的心中妄想所生的意境建立為五陰魔境界。

為什麼要叫作五陰？因為色受想行識這五個法，如同烏雲遮日；這五種因緣假合之法的無明烏雲，把智慧陽光給擋住了，遮蓋了解脫生死的智慧，使人看不見智慧的光明，所以才叫作五陰。陰就是遮蓋的意思。那麼斷了我見，就說他後面還有三分的五陰無明，因為還有三個層次的五蘊等著他超越，得要進而使自己達到薄貪瞋癡，再斷五下分結，後斷五上分結，才算斷盡五陰無明。因為斷我見時只在我見上面不受五陰遮蓋，這只是在見地上面；可是畢竟還會落在五陰的境界中，所以與五陰相應的色聲香味觸、財色名食睡，初果人還是喜歡啊！所以就超不出天魔的境界，就是還住在欲界之內。所以在見地這一部分，說斷了我見、證初果，這一分功德就稱之爲蘊，而不稱爲陰了，因爲不再被遮蓋了！可是在生活、物慾的貪著等等，還是被五陰遮蓋的，這個部分還不能斷除，就不能成爲二果、三果、四果人，就說他的五陰還有四分之三繼續被叫作五陰。所以陰與蘊的差別，在這裡要弄清楚。阿羅漢還有五蘊，諸地菩薩也有五蘊，佛陀來人間示現時也有五蘊，但都不叫五陰了，因爲都不被色受想行識遮蓋了。如果還有遮蓋，那就叫作五陰；所以五陰是用來稱說凡夫眾生，五蘊是用來稱說菩薩、阿羅漢、諸佛示現的色蘊等五法。

既然初果人都還貪著欲界法，就無法超過天魔的境界；當你不能超脫於天魔，也就是不超脫於欲界的境界，繼續在欲界中貪著欲界法，天魔就不管你了。天魔認爲說，欲界所有的眾生都像他所放養的牛羊一樣；猶如弄了一大片山谷，有很蒼翠的草地，所有的牛羊都在裡面吃草、喝水、成家立業，他都不管。如果其中有一隻羊去探索，看自己能不能出離這片山谷，出到山谷外，他也不會來管。可是一旦這隻羊出離了不遠，他就會試著把羊引誘回來。結果這隻羊不受誘惑，而且竟然又跑回來，住在山谷中不想走，還要影響別的羊都出離，他可就不饒你了，於是他就來了。這時候才會有天魔的考驗，所以你如果沒有超出他的境界，他不會來跟你考驗，也不會來破壞你的初禪。

他派三個女兒來幹什麼？就是要引誘我重新回到欲界來；只是這樣，很簡單。如果你再回到欲界中，對欲界發起貪著，那又歸他管轄了，他就放心了。你如果真的超過欲界境界，將來你可以管他，他管不了你。比如說，你如果生到初禪天去了，有時候下來他化自在天中，跟天魔聊聊天，也可以啊！那時候，他管不著你。你如果初禪很好，又有些般若實證，剛好有一個空缺，你去初禪天當天主也不錯，那你可管得著他了。其實也不必當上天主，梵輔天就可以管他了。所以說天魔來擾亂的事，是有一個狀況的。也就是說你如果還落在欲界裡面，就不超出他的境界，就歸他所管；但他平常不會來管你，他只要確認說，你在欲界之中好好的去成家、好好的去立業、好好的去賺錢、好好生兒育女，他看了很高興說：「**我欲界裡的眾生越來越多了！**」他很高興，所以你賺了非常多的錢，他也都不管你；你要生一百個兒子，他也不管你。可是，你一旦踏出他的境界，他就來管你了。

爲什麼不能踏出他的境界？就因爲他心中有煩惱魔。煩惱，都是在我所的煩惱上面執著，所以就稱爲煩惱魔。煩惱魔是在人間處處存在，無一處不在的。不但如此，現代的佛門中又是何處不在？你看那一些大山頭，個個都想要當第一，每一個山頭都要當第一，有人說：「**我要當學術界的第一。**」所以有一家不是蓋了大學嗎？可惜我們正在挑戰他的學術權威，而他都無法回應。有人說：「**我要當寺院最高的第一，我是全球寺院最高的。因爲證量最高的人，所住的寺院就得最高。**」如果哪一天有人蓋出了比他高的寺院，那怎麼辦？是不是那個人的證量比他高？這個叫作荒唐語！這也是在爭第一啊！他是全球寺院最高、第一高。有人說：「**我在全球蓋寺院最多，我是第一名。**」哪個大山頭？你們大概也知道。有的人說：「**我要信徒最多的第一，我要當全球化、國際化第一。**」還眞的是第一，這些都在爭第一。那麼有些小山頭呢，他們的煩惱不是顯現在這上面。有一些小山頭，我看過很多啦！他們的煩惱顯現在哪裡？顯現在雙身法。然而前面大山頭的第一之中，其實其中有人同時也是雙身法第一的，那你說佛教的未來該怎麼辦？那些人都是落在煩惱魔裡面。煩惱魔很厲害呵！可是不要怪煩惱魔，要怪自己：都因爲自己的煩惱多。煩惱又不是外來的，這就是煩惱魔。

那麼還有什麼魔？生死魔。又稱爲死魔。五陰魔是遍三界六道都存在的，天魔是只有在欲界中有。煩惱魔大多也是屬於欲界法，可是死魔就不一樣了，死魔是證初果以後才要面對的。這個死魔如果能破盡了，就表示見惑、思惑都斷盡了，就可以出離三界生死之苦，死魔再也管不著他。死魔，是不是眞的有一個魔王叫作死魔？其實沒有！死魔講的其實就是不能超越三界生死，就把它施設爲魔，其實就是不斷地在三界中輪迴。所以，沒有一個在人間的魔、或者天界的魔、或者鬼神的魔叫作死魔，因爲他們也都還在死魔的掌控中。而阿羅漢表面上看來，他是超越了死魔；但他有沒有眞的超越死魔？他很怕死魔，所以死後無論如何都要取無餘涅槃。他如果不怕死魔，爲什麼要取涅槃？他可以常常來跟死魔照面：「我要來三界就來，我要走出去就走出去，你死魔管不著我。」怕死魔的人才要說：「我跟你照過面了，你不可愛，我看了怕，我要走，以後不要再見你了。」永遠都不想再見，那表示什麼？他怕生死。所以表面上看來，阿羅漢是超越了死魔，其實他沒有超越死魔。

但菩薩不是這樣，菩薩過了死魔的境界，可以像阿羅漢一樣入無餘涅槃，卻又再起一分思惑，故意再來人間受生，每一世都來跟死魔打照面。「**但是沒有關係，我可以知道自己的路該怎麼走。**」就這樣一世又一世，在生死魔的境界當中來邁向成佛之道，最後才能成佛，這樣才能夠說他眞的超越死魔了。菩薩能夠超越死魔，是憑什麼呢？是憑心眞如的眞如法性；因爲菩薩知道如來藏有眞實性能生萬法，永遠不會墮於斷滅，所以五蘊老了該死就死，沒有關係，死後再去換一個新的色身來，更好用。這個色身現在不好用了，根本就無法用；如果像老牛還可以拖著一輛破車慢慢走，勉強還可以走，就繼續留下來努力弘法；如果根本走不動了，那就捨棄了，要換一個新的五蘊，身強力壯再來弘法度眾生，不是很好用嗎？

菩薩就這樣子，絕對不浪費時間去練什麼長生不死的法；因爲長生不死的法練成以後，最後還是得死，哪有不死的有情？只要能夠於生死中得自在就可以了，管他身體會壞，壞了就換一個新的再來人間，隨意來去，這才是眞的超過生死魔。菩薩憑的就是對眞如法性的現觀與實證，知道有這個眞如作爲所依，不必害怕生死，所以願意發大心，就這樣一世又一世不斷地在人間受生，來利樂眾生，這樣才叫作菩薩。如果悟了以後，都想說：「**哎呀！我要趕快得無餘涅槃。**」這種人，最好悟了當下就把他砍了，度了這種人沒意義，眞的沒意義！

那就是說，你超越生死魔、超越天魔，憑的是眞如境界，憑的是證眞如。你超越五陰魔，超越鬼神魔，憑的也是證眞如。正因爲有這個第八識如來藏，顯示出眞如法性，作爲最後的依憑，所以根本就不怕自己還會落入五陰裡面，因爲五陰早就被自己看穿了，所以五陰無法超越眞如。眞如的境界是具足五陰的有情所應求證的，是誰的五陰應該求證眞如？是菩薩的五陰所應求證的；而煩惱魔也是管不到眞如，因爲眞如永遠不落在煩惱裡面。當你證得如來藏時，你這樣去現觀祂的眞如性，果然如此。轉依這個眞如之後，不就是在理上超越四魔了嗎？超越了四魔以後，每一世又都在四魔的境界裡面來來去去。這個是天魔最痛恨的事，但痛恨歸痛恨，又拿你無可奈何。

這就好像說，一個欲界監獄中關了很多人，典獄長眞的好高興。如果裡面人越來越少，表示他的權力越來越小，他一定很不高興。哪一個典獄長希望說「我的這一些犯人越來越少」？沒有啦！所有的典獄長都希望越調職，所管的監獄越大、犯人越多。都是這樣，天魔就像欲界的典獄長。結果有個菩薩一天到晚跑到欲界監獄裡面來，教導人家說：「你可以由這一條路離開欲界監獄。」那你說典獄長氣不氣他？氣啊！可是又不能殺他，又不能抓他，因爲典獄長沒有那個權力可以抓他。而那個出離欲界的密道，典獄長也弄不清楚到底在哪裡？縱使知道了，他也沒有能力行走那條密道。典獄長如果弄清楚，也有能力走通那條密道時，他就不當天魔了，對不對？正因爲他弄不清楚，也沒有行走的能力，他才會當欲界的典獄長，才會去當天魔。

他如果弄清楚，也有能力走通那條密道了，他可就是菩薩了。他弄清楚了就說：「這座監獄，我不要了，我也要來當菩薩，加入菩薩的行列。」所以你說，天魔喜不喜歡這樣的菩薩一天到晚在他的欲界監獄來來去去？當然討厭嘛！但菩薩就是這樣子，他有一些密道，天魔無法堵，明明知道有那些密道，可是他看不見那些密道在哪裡，因爲那些密道是無形的，所以他也無法防堵。然後菩薩一天到晚經由這些密道進來欲界監獄裡面教導眾生，當菩薩教導眾生如何走那些密道的時候，天魔又管不著他，因爲天魔沒有那個威德力可以管菩薩，那該怎麼辦？只好由著菩薩去教了。所以天魔最恨的就是菩薩，他們都不恨聲聞人——都不恨阿羅漢，因爲欲界人這麼多，阿羅漢們一世不過只度幾個人，對他而言沒什麼大影響。而且阿羅漢也會越來越少，每一個阿羅漢死了也都入涅槃去了，聖人就越來越少啦！還能夠度多少人？所以他不擔心。

天魔擔心的是菩薩，因爲菩薩度的人成爲菩薩了，被度的菩薩自己實驗一下，說眞的這些密道可以出離欲界了，他又回來度人；被度的人也都跟著那位菩薩繼續留下來幫助更多欲界犯人來修學這個法。每一個菩薩都這樣作，就像老鼠會一樣，於是有能力出離欲界的菩薩越來越多，天魔可就不歡喜了。菩薩會越來越多，聲聞人會越來越少。剛開始弘法的時候，聲聞人都會是很多的，因爲聲聞解脫道好學，容易證；可是菩薩的法不容易學，也很難實證，所以也不容易弘揚；因此剛開始弘法時菩薩永遠是少數，但是菩薩一定會越來越多，因爲菩薩們都不入涅槃，所以最後興盛的一定是大乘法。菩薩就這樣子，以所證的眞如來現觀：原來都不被諸魔所掌控，諸魔都到不了眞如的境界。所以證眞如以後依眞如而住，那就是「超諸魔事」了，當然也就「離諸障惑」。修學佛法之道一定會有許多障礙以及迷惑，迷惑就是無明；但是菩薩證眞如以後，就可以離開這些障礙與迷惑。

接著說：「非識所了，住無所住。」這個眞如不是意識思惟所能了知的，不是經由佛學教育、佛學研究可以弄清楚的。有很多人很喜歡護持道場去作佛學教育，我這一世初學佛法時也護持過。我這一世是學佛以後五年多，自己破參的；我是捨棄了大師的法教，我自己去參而悟了出來。但是在我這一世破參前那幾年，因爲胎昧的關係，也認爲這一世想要證悟大概沒什麼希望。那時候根本不會想到說，我把他們的東西丟了，自己來參禪，反而是幾十分鐘就解決了。當時根本不敢這樣想，都還是迷信那些大師們的大名聲、大道場——雖然我只逛過一個道場。所以那時候想：「既然開悟是不可能的，不然弄弄佛學教育也好，佛教也才有未來。」所以我也是大力捐助過。但是後來看話頭的功夫成就了，確認禪宗的見山不是山的境界，眞的可以達到。因爲那時參禪的時候，看著前面地上參到眼皮忘了眨；忘了眨以後很久，後來被引磬聲音拉回五塵境界裡面來，才知道眼睛很澀；可是想要眨眼時，眨不下來了，得要把眼皮拉一拉，讓淚水滋潤滋潤，終於可以眨眼皮。然後就想：「**祖師講的見山不是山，這個境界還眞可以達到；這樣看來，我這一世開悟還是有希望的。**」所以就信心大增了，因此最後才會有閉門在家參禪十九天的事。

那可不叫作禪七，而是禪十九。整整十九天不出門，什麼事情都不管：不聽電話，不看報紙，不看電視新聞，書也不讀。那十九天參啊、參啊，那時還是用大法師教的方法在參，可是根本就沒用。第十九天中午用過午齋，動一動、走一走，又上了三樓去，坐下來還是用人家的方法。後來眞的沒有辦法了，想一想：「**我看還是用自己的辦法吧！**」就這樣，我就從「明心見性」四個字，就好像學人家命相師拆字一樣，我就把明心見性四字拆開來思惟：什麼叫作明心？什麼叫作見性。從思惟別人的方法是否正確，到後來引出了自己往世所悟的種子，很快就破參悟入，那也不過二十幾分鐘就解決了。可是在那之前，會想到自己眞的可以開悟嗎？不會。因爲當時還不知道自己往世的任何事情。所以由這裡來看，再回頭來觀察那些佛學研究所的大師們、那些佛學學術的專家們，看看他們有沒有誰悟了？結果發覺一位都沒有，全都是自以爲悟而悟錯了。由此就證明了說：眞如不是意識思惟所能了知的。佛學研究永遠碰觸不到眞如。譬如印順法師什麼都不必管，也不必弘法，也不必作什麼事情；他一生閒著無事，就寫了那四十一本書；一生才寫四十一本書，他也太差了。他剩下的時間那麼多，直到死的時候，據稱是一百〇三歲，可是他有沒有瞭解眞如呢？都沒有。他所說的眞如是很荒唐的眞如，那眞該叫作妄想眞如。由這裡可以證明，眞如確實不是靠意識思惟研究所能夠了知，所以 世尊才說「非識所了」。

想要證眞如，只有一條路，就是證得第八識如來藏，然後才能觀察如來藏確實有眞實與如如的法性，那就是證眞如了。沒有證如來藏而說他證眞如，那都是自欺欺人之談。這個眞如「非識所了」，可是有一天你終於證眞如了，證得眞如以後現前觀察這個眞如有沒有住於五塵的哪一塵的境界中呢？結果你發覺連一塵都沒有，當然也不住於法塵中。再來觀察這個眞如有沒有住於六識境界中呢？結果也沒有。眞如有沒有住於任何一種法裡面呢？結果也沒有。祂與六塵根本就不相應，始終都在六塵之外而無所住。祂不論怎麼忙，都不會有一剎那不小心落在六塵裡面，祂絕對不會。祂忙得一場糊塗，可是從來不會不小心落入六塵中，不會住於任何境界中，所以說祂「**住無所住**」。祂所住的境界都不是意識所知的境界，對於六塵外的所住境界也沒有絲毫的執著，所以叫作「**住無所住**」。就像《金剛經》講的「**應無所住而生其心**」，菩薩本來就應該如此，應該住於無所住的境界中，然後不是沉默、斷滅、昏沉或者睡著，而是時時刻刻生其心，就是眞如心時時刻刻都在運作。這樣顯然是無所住的境界，但這無所住的境界絕對不是凡夫或二乘聖人的意識所能了知的。

又說：「**寂靜聖智及無分別後得智境，無我、我所，求不可得。**」以前有人跟我們爭辯說：「**悟了就悟了，有什麼後得智、根本智？你有什麼根據？**」我們都懶得跟他們提根據，因爲早就知道這種人不可理喻；你用道理跟他講，是講不通的，就當作是個瘋子在亂放話就好了。就好像說，瘋子一天到晚在那邊放話：「**大王！我明天要殺掉你！**」他在精神病院裡面每天大聲放話，國王會理他嗎？才不會理他，對不對？因爲事實上他也不可能作到，而國王也知道他只是個瘋子，你能用道理跟他談什麼呢？都不需要。同樣的，菩薩就像國王一樣，那個精神病患關在精神病院裡面，在那邊放話說要殺國王，國王根本就不必理他。可是我們其實有很多地方都可以舉出證明的，只是因爲跟他們對話眞的很辛苦，而我們的時間不想浪費在他身上；因爲他根本就不懂，你若是想要說到他能懂、讓他信服，不如用那些時間來度一百個人，早都度成了。在衡量弘法的得失時就說：「我這些時間要用來度其他的一百個人，暫時把他擺著，等未來世有因緣時再度他，還是划得來啦！我如果度他這個人，把那一百個可度的人丟著，那我何必呢？」菩薩有智慧所以不理他。

以前常常都有人這樣亂質疑，因爲他們都主張：「一悟即至佛地，悟了就悟了，什麼悟後起修？你講什麼根本智、後得智，那就是悟後起修，那表示你沒有開悟。」他還說得振振有詞，彷彿他的證境比我們高呢！而他們的意思也正是要這樣表示，那我們就不理他。其實很多地方都可以提出聖教上的根據，而親證的現量所見，事實上也是如此。他們主張說：「悟了就是成佛了。」罵人家說：「誰講悟後起修，他就是沒有悟。」因爲我就曾經被罵過。好，那現在問問看：「他們悟了、成佛了，有沒有證眞如呢？」沒有，連意根在哪裡都還不知道，更別說親證如來藏，那根本就談不上證眞如了。

沒有證眞如的大乘行者就是凡夫，凡夫竟然罵菩薩說：「你沒有悟，我才是眞悟者。」這就是五濁惡世的正常現象。

現在回來看這段經文語譯：「寂靜的聖智以及無分別後得智的境界。」爲什麼叫作寂靜的聖智？凡夫解釋這四個字，他們都一定會說：「我們每天打坐，坐到一念不生，都沒有語言妄想時，那就是寂靜的境界，這樣我們就是聖人了。」就自己當起聖人來了。其實聖人哪有那麼好當？聖人是生來要被人家罵的，結果他們當聖人都是要人家供養他、奉承他、禮拜他、恭敬他、讚歎他，他都不願意被人家罵上一句的。但是末法時代眞正的聖人是要被人家罵的，所以他們都弄錯了。有的人好一點，他說：「我們繼續打坐，坐到發起初禪，初禪的八種粗妙的勝境，轉變爲細緻的八種勝境也都經過了，再來入了二禪都不接觸五塵了，這就是眞正寂滅的聖境，就是證得無分別智。」聽來好像也有道理。可是他講出來的時候，都不說那是二禪的境界，都說：「這個就是寂滅的聖境，當你有這樣的寂滅聖境的時候，你就有聖智了。」說這個叫寂靜的聖智。可是有智慧的人把它拿來探討了一下，弄清楚他所謂的寂靜聖智以後，發覺那不過是二禪等至位而已。如果二禪等至位就算是佛法智慧聖境，那好了，四阿含要全面改寫了。如果是這樣的話，佛陀來人間示現為凡夫而出家去，一一經過那些外道學習的示現中，從初禪、二禪、三禪，一直到非非想定，佛陀都說：「那不能證涅槃，那仍然是凡夫境界。」以定為禪的人竟說二禪那個境界，就算是寂靜的聖智境界，那他是不是在謗佛？因為他告訴人家說，他所講的法就是 佛陀所講的。可是 佛陀講的不是這樣，所以他就是在謗佛。這意思就是說，凡是意識存在的境界，都不是寂靜的聖境，所以能證得意識存在的離五塵境界時，仍然有定境法塵，也仍然不是聖智，那種智慧確實不是聖智。因此，一定是要實證如來藏，觀察祂是眞如而不住於六塵境界，才有可能是寂靜的聖智境界。

也就是說，如來藏是從來不住在六塵境界中的，那個時候根本就沒有我，也沒有我所。這樣從如來藏的眞如境界來追查看看：那裡面有沒有我或者我所？你會發覺根本就沒有我與我所。剛明心的時候，還分不出如來藏自住境界與意識在禪定裡面的差別，因為還沒有證得禪定；還是得要過來人來說明，才能夠去觀察瞭解。所以並不是悟後就沒事，還是要繼續再進修的。那麼繼續進修，這個眞如的智慧境界越來越勝妙，體驗越來越深，才能說他是有了後得無分別智。且不說後得無分別智，光說一個根本無分別智，大家就弄不懂了。你們看當代有哪個大師懂得什麼叫作根本無分別智？都沒有啊！翻遍了當代所有大師們的著作，沒有一個人眞懂。他們如何解釋無分別智呢？他們都教導徒眾們說：「你要放下一切，什麼都別管。人家罵你，你就當作耳邊風，把他當作瘋子。人家如果吐口痰在你臉上，你就唾面自乾啦！都不必去管他，心裡面也不可以動念頭，不要去起分別說這個人是惡人。你懂得如何這樣作到，你就是有了無分別智。」這是凡夫大師所教的無分別智，不是佛法裡面的無分別智。因為那時其實已經分別完成了，當人家在罵的時候，他完全知道那個聲音就是在罵他。他心中已經分別完成了，怎麼沒有分別完成？當人家吐了口痰在他臉上的時候，都已經知道那是痰了，哪裡沒有分別？早就分別完成了，所以那個還是叫作意識的分別智，那只是比較上等的凡夫分別智；因爲，聽到聲音很大聲，不必去聽對方在講什麼，就知道那是在罵他了，所以算他聰明，叫作分別智。

無分別智可不是他們講的那回事。無分別智，是這個智仍然是意識的境界，但不是意識自己無分別的智慧，而是意識證得自己的如來藏以後，現觀如來藏時時刻刻依著眞如法性在運作，祂從來不分別六塵萬法，就像人家說的「八風吹不動」，才眞的叫作無分別。而且這個如來藏的無分別性，不是修行以後才這樣，而是還沒有修行以前就已經這樣。菩薩就是證得這個如來藏，有智慧知道祂無始以來時時刻刻都住在不分別的境界中；知道這樣的無分別心，而產生了實相般若的智慧，才能稱爲證得無分別智。不過這樣的觀察，畢竟只能指示一個總相而已，其他微細的無分別境界都還不知道，那就要透過《般若經》的熏習來達成更深入的了知。從根本無分別智來作基礎，悟後更深入的了知而使得智慧更深妙，就是後得無分別智。

這後得無分別智，在禪宗裡面有沒有典故？有啊！有個很有名的典故，清涼文益跟紹修山主，師兄弟兩個人行腳，到了羅漢院遇見了桂琛禪師，在那個晚上悟了。然後兩個人繼續去行腳，可是參訪過很多地方，走過千里地，在嶺北路上走著走著。有一天，這清涼禪師就問紹修：「兄弟啊！古德說：『毫釐有差、天地懸隔。』你怎麼體會呢？」紹修禪師就說：「我知道啊！就是毫釐有差、天地懸隔啊！」清涼禪師就向他說：「老兄啊！你這樣怎麼能體會這句話的意思呢？」紹修禪師就問：「不然要怎麼體會？」清涼禪師告訴他說：「那你重新問一遍，我就告訴你。」他就問：「如何是古德說的毫釐有差、天地懸隔？」清涼禪師就告訴他：「毫釐有差！天地懸隔！」他聽了，終於懂了，趕快就禮拜。請問，這時有沒有生起後得無分別智？當然有啦！否則他禮拜幹嘛？爲什麼前面紹修說的，清涼不肯他？等到紹修重問，清涼答話還是重新再講一遍而已，爲什麼紹修終於就懂了？爲什麼願意當場就禮拜？師兄弟之間何用禮拜？又不是對師父，他何必當場禮拜？就因爲有根本與後得無分別智的差別。所以，悟了就立即有後得無分別智嗎？不見得啦！大部分人都沒有。所以這幾年禪三，往往是把根本無分別智給你以後，我還一直塞，塞了很多後得無分別智給你們。所以現在破參的人這個公案都懂，早期破參的人這公案可是不懂的，那時候我們沒有塞那麼多，都是留在禪門差別智的課程中才講。所以禪門裡面確實是有後得無分別智的，那就叫作禪門差別智；我們早期弘法時，所有見性的人都要每二週集合在講堂中上課，講的就是禪門差別智，其實就是後得無分別智。

那麼經上這裡也講，**無分別後得智**這個境界要怎麼證？要先得根本無分別智，然後好好地深入去作現觀，漸漸地對眞如法性的體驗越來越深入。這個境界越來越深入以後，智慧就會跟著越來越深入，當然就能夠具足無分別後得智的境界。可是從這裡面來觀察，根本沒有我與我所可說，你要從眞如法性裡面去求個我與我所，根本求不到，眞的沒有我與我所。眞如法性是完全無我性的，不論是人我或法我都一樣，完全無我性，更別說是我所。所以說沒有我也沒有我所，你在眞如之中想要求這兩個東西，求不可得。

「無取無捨，無染無著，清淨離垢，最勝第一，性常不變。」眞如法性，其實眞要講起來，閩南語叫作「絡絡長」，比王大媽的裹腳布還要長，可是很香，又長又香。不然，你看那《大品般若經》六百卷，爲什麼能講這麼多？不過就是在講這個眞如從總相而衍生的種種別相，都還沒有談到一切種智，爲什麼得要講這麼多？世尊說般若，也講了十九年，所以你不要抱怨說：**「蕭老師！這才幾句話，你講這麼久。」**你不要抱怨，因爲《般若經》就是這樣講的。你悟了以後多聽，你的無分別後得智就會不斷地增長。

經文說**「眞如法性中無取亦無捨」**，你從如來藏所住的眞如境界中來看，這如來藏有沒有取過什麼？有沒有捨過什麼？祂從來沒有取捨，祂都是隨緣而任運，永遠都是隨緣應物，永遠都是這樣的，所以祂無取無捨。有取有捨的永遠都是意識心，配合著意根，那就眞的會取捨。可是心眞如的眞如法性是從來不取不捨的，這是證得如來藏的人都可以現觀的，這可騙不了人。如果所證的如來藏是有取有捨的，那就表示他的所證還不是如來藏，還沒有證得心眞如。

當然，取捨這件事情也有層次的差別，但我們講的是包括最微細的層次。譬如說，人間微細的取捨是什麼？外面大喇叭突然放起音樂來了，你知道是外面宣傳車在放音樂，那就已經是取了，雖然你不去分別那個音樂好不好聽，但你知道了就已經是取了；因爲你取聲塵了，不然你怎麼會知道有人放音樂？並且也取了法塵了，不然怎麼知道那是競選的宣傳車？當然已經取了。然後接著說：「不管它，聽經重要。」那就是捨了，捨了那邊再來取這邊，這不是取捨嗎？並不是故意要去聽，才叫作取。那些大師們的取，層次太低了；他們講的取都是拉長耳朵去聽，或者說跑出去聽，或者聽了以後在心中生起語言思惟時才叫作取；其實不是那樣，聽到時就已經是取了。

那麼如果坐到了無所有處定，有沒有取捨？還是有。雖然那時都沒有五塵，但還了知自己覺知心住在定境中，那就已經是取了，了知的當下就是取。

可是眞如從來不曾住在這樣最微細的取裡面，更何況五塵中的粗糙的取。這是從無始劫以來就一向如此，不是修道以後才改變成這樣的，所以說心眞如無取也無捨。請問諸位，無取也無捨，會不會有染有著？無取無捨當然就不會染汙了。都是因爲得到順心境，才會去攝取那個境界；怕那個境界丟了，所以起貪，才叫作染。因爲喜歡那個境界，所以執著那個境界，所以每天都要去聽一聽原版的音樂……等，那就是執著；一天不聽，就渾身不舒服，這就是因爲從取與捨才產生的染與著，所以這一句就不必詳細解釋了。

接著說「**清淨離垢**」。這也就容易講了，既然不取不捨，而且無染無著，那當然是清淨的，當然是離諸垢穢。這就是如來藏的心性，這個心永遠住於眞實與如如的法性中，所以永遠是如此，這樣才是三界之中最殊勝的第一法，沒有一個法可以超過祂。以前還有人放話說：「**你們正覺同修會證得阿賴耶識，但阿賴耶識是被如來藏生的，所以我們更高，你們正覺不可以再自稱開悟了。**」問題是 佛陀早就說了：「**阿梨耶識者，名如來藏，而與無明七識共俱。**」已經明白告訴你：這個阿賴耶識，祂的名稱又叫作如來藏，而且與無明及七轉識同在一起。《楞伽經》中也說阿賴耶識與如來藏不是同在一起的兩個法，也說如來藏不在阿賴耶識中，因爲這二個名稱是指同一個心，是一心二名，怎麼還會有另外一個如來藏可以出生阿賴耶識？

所以你看，佛眞的很厲害，後代可能會發生的，祂都預先講在經裡面等著了。除非你沒有智慧，無法拿出來用；你若有智慧，隨便經中的一句話，你把它拿出來用，都能對治妄說佛法的人。佛已經把天羅地網都鋪好了，上面是天羅，下面是地網，誰要是想把佛法弄出天羅地網之外——自創新佛法，就會出問題。所以說，既然這個如來藏阿賴耶識是萬法的根源，蘊處界都從祂而生，祂就是最終心、就是最後心，沒有一個法可以比祂待得更久。而祂也是最初心，沒有一個法比祂更早存在，顯然祂是萬法的根源。祂既是萬法的根源，怎麼可能還有一個法能夠比祂更高？所以說祂是最勝、是第一，沒有一法可以超越過祂。

這個最勝第一的，不是有時候才最勝、有時候才第一，而是永遠都如此。也就是說，祂的體性是永遠保持這樣子，永遠都不會改變的，所以稱爲「性常不變」。如果是會改變的，可就有問題了。所以，有很多凡夫大師的開悟，都是有時有悟、有時沒悟，都是變來變去的。我們正覺的悟，是一悟了就永遠都眞悟，除非他否定自己所悟的如來藏，否則是永遠不會被動性的退轉。外面講的悟是有變的，怎麼變？上座了就有開悟，因爲一念不生；下座了就變成沒有開悟，因爲妄想又起來了，是會被動性的被妄想打敗而退失所謂「悟境」的，那你要不要這樣的開悟？（有人答：不要。）聰明！聰明人不要那種變異不定的開悟，因爲那個開悟是有時有悟、有時沒悟，是以有沒有語言妄想來認定有沒有開悟的。所以當他開悟的時候，是不許說話的，也不許上座說法；他如果上了法座說法時，他就是住在沒有開悟的境界了；在沒有開悟的境界中爲人說法時，所說出來的法就不是眞正開悟的法了。對不對呢？對啊！就是這樣嘛！因爲他那個時候心中已經有語言文字，那表示他不是住在悟境裡面說法。

可是我們正覺的悟，不是這樣；你悟了以後，你就算是打妄想一大堆也都還是住在悟境中，你縱使在那邊唱歌跳舞也還是一樣住在悟境裡面；因爲當你唱歌跳舞的時候，你很清楚知道自己的如來藏正在幹啥：「我的如來藏，當我唱歌跳舞的時候，祂還是眞實與如如。」你很清楚，你的般若智慧還是繼續在湧現。那些凡夫大師看到你唱歌跳舞時說：「你現在正在唱歌跳舞，你離開悟境了。」你說：「不！我還是在悟境裡面，是你從來不懂悟境，因為你剛剛講話的時候，已經沒有悟境可說了；可是我在唱歌跳舞的時候，我的心還是沒有唱歌也沒有跳舞的，還是住在涅槃境界裡面的。」大師一定懷疑說：「奇怪！奇怪！你明明在唱歌跳舞，怎麼竟然住在涅槃？」你說：「我就是住在涅槃裡面繼續唱歌跳舞，可是我的涅槃境界中都沒有六塵。」這一下，他可搞不懂了。

這就是說，若是眞正悟了，是永遠都是悟了；沒有說悟了以後，前一刻中悟，這一刻變成小悟，再下一刻下座了，遇到了人家跟你招呼說：「師父！阿彌陀佛！」你就回應說：「阿彌陀佛！」糟糕了！語言妄念生起了，又變成沒開悟了。所以悟與不悟，不是在意識是否離念上面來確定的，而是在於你有沒有證得第八識實相心，能現觀祂是永遠的眞如。世間法不是常常講說：「永遠的情人、永遠的什麼……。」那些哪能叫作永遠？一世都撐不了，還能說是永遠？可是，你這個眞如性卻是無始劫以來直到現在，一直都是如此的眞、如此的如；然後你窮盡一生，直到你死的時候，祂也還是如此；投胎又轉生到未來世去，盡未來際，祂也還是如此，這樣才能叫作眞如，這樣才是三界第一。正因爲心眞如「性常不變」，才能夠說祂是第一，否則不可能是第一的。

但這個法是不是 釋迦牟尼佛出現在世間以後才有？世尊接著開示說：**「若佛出世、若不出世，性、相常住。」**也就是說，或者有佛出世來傳這個法，或者有一段很長的時間都沒有佛出世來傳這個法，其實都一樣，一切有情的這一個如來藏心，祂的體性永遠是眞如性，永遠不變；而祂顯示出來的眞如法相，永遠都是這個樣子，這個眞如的樣貌都不會改變，所以說祂**「性、相常住」**。

接著作結論說：**「天王當知，是爲法界。」**就是說：**「天王啊！你應當知道啊！我說的這個才是眞正的法界。」**也就是說，諸法的功能差別——諸法的界限，都是從這個眞如而來。一切法的功能差別全都是從心眞如第八識中生出來的，因爲沒有一法不從心眞如中出生。如果祂不是眞如性，就不可能出生三惡道眾生；因爲如果謗了正法、謗了諸佛，下了地獄，這個第八識既不是眞如法性的心，祂一定會說：**「我不要幫你造一個地獄身，那好苦欸！」**那不就造惡業而不墮三惡道了嗎？人間也應該不會看到畜生等旁生有情了。可是如來藏心的眞如法性是「**性、相常住**」而不改變的，所以祂永遠都不會起心動念。因此，造惡業的有情該下地獄了，應該被因果律所拘束而下地獄，心眞如就會在地獄中主動出生他的地獄身，祂根本就不分別、不取捨。祂就好像鏡子一樣，現在該映現中國小姐的樣子了，祂就現出一個中國小姐的樣子。中國小姐走了，來了個美國小姐，現在鏡子就映現出一個美國小姐的樣子來。祂只是像鏡子現像一樣出生有情的各種五陰，祂是從來都不分別的，祂就只是隨著因果律去運作，因爲祂的眞實與如如的性、相是永遠不會改變的。因此說，由於祂的眞如法性常住不變，才會有三界六道諸法的出生，否則就只會有善法出生，不會有惡法出生，也不會有惡果的種子流注出來，因此才說這樣的心眞如才是眞正的「**法界**」。

所以「**法界**」講的是什麼？是諸法的功能差別、諸法的界限、諸法的根源，就是指實相心如來藏。下了地獄，就沒有畜生道的功能差別。下了地獄，就沒有餓鬼道、人間、欲界天、色界天、無色界天的功能差別，那些種子就不再流注出來了；像這樣就有了諸法功能差別的界限，才叫作法界。所以法界講的就是心眞如，就是這個如來藏心。所以，有些道場教導徒眾說：「**你**

們今天來作了很多義工，好辛苦啦！你要好好迴向呵！」「師父！怎麼迴向？」「你就在佛前合掌說：『我以今天所作功德迴向法界。』」他們究竟想要迴向什麼東西？法界還須要他們迴向？法界，所有的種子都具足圓滿存在自己的心眞如中，根本不須要他們迴向。若是想要迴向，一定要具體的迴向：「以我今天所作功德，迴向早日證悟菩提。」這樣迴向不是很好嗎？有這樣的迴向，就會漸漸的產生那個勢力，使你一步一步地走向證悟菩提的階段。可是那些大道場是不會這樣教導的，因爲如果他們也這樣教導，徒眾們有一天都會來問：「師父！我們哪一天可以證悟菩提？」糟了！怎麼辦？可眞是難囉！所以，只有我們敢這樣教人迴向。這就是說，法界是不須要誰去迴向的，要迴向的是意識心的自己：我要怎麼樣來迴向將來可以證悟菩提。至於要迴向證得什麼菩提，自己再去選擇；看是要聲聞菩提、緣覺菩提或者佛菩提，自己再來選擇。但是不管怎麼樣，先迴向證悟菩提再說。由於這樣的實證而了知，法界其實就是指心眞如；因爲諸法的功能差別都從如來藏來，而如來藏是眞如性的，所以就稱爲心眞如。

接著說：「諸菩薩摩訶薩行深般若波羅蜜多，修證法界，多百千種難行苦行，令諸有情皆得通達。」這就是說，悟了以後一定要去觀察：「我眞的找到如來藏了，我眞的通達般若了，問題是爲什麼我還沒成佛？」這就是個大問題。以前我們度人的時候，早期啊，他們在我引導下悟了以後，就覺得自己比蕭老師更厲害。有一些人公然跟我說：「老師！我們悟了就是成佛了，爲什麼你說還沒有成佛？」我說：「還早哩！」如果要講成佛，先不談法，先談表相就好了，談法就太深了。因爲現在也有人自稱成佛，那我們就來討論吧，我們要問：「佛有沒有具足四禪八定？佛有沒有無想定、滅盡定？」這都還是世間法表相；除了滅盡定以外，都還是世間法，就問世間法部分就好；至於證如來藏或者斷我見、我執，那就先不提，那還是很粗淺的出世間智。先不要談到種智，光說他有沒有四禪八定就好。「如果沒有四禪八定，不然五神通你總有吧？佛是六通圓滿具足，你就五神通弄出一通給我看一看也好。」可是他眞的只有一通，有吃就有通，沒吃就沒通，除此以外什麼通都沒有，那這樣能叫作成佛嗎？也就是說，你學佛一定要有智慧，不要隨著人家亂學。亂學，學到最後，學佛的結果不是成就善果，是成就大妄語的惡果，死後得下地獄，那問題就很嚴重了。

「諸菩薩摩訶薩行深般若波羅蜜多，修證法界，」這一段經文告訴我們說，所有的菩薩摩訶薩們，也就是說所有的菩薩證悟了以後，都成爲賢位菩薩，就稱爲摩訶薩；相對於凡夫菩薩而言，他就是摩訶薩了，所以明心也算是摩訶薩，在《楞伽經》裡面，也是這樣的開示。所有證悟的菩薩摩訶薩們，證悟以後深入去作後得無分別智的進修；然後行於深般若到彼岸的緣故，要怎麼樣呢？要修習諸法的功能差別——「修證法界」。也就是說，如何使你的如來藏裡面含藏的許許多多種子，能夠在你的進修之下慢慢地開始出現，由你來運用，這就是「修證法界」的意思。不是要你增益法界，增益法界並沒有必要；因爲你的諸法功能本來就在，不須要你增益它，重要的是你要使它怎麼樣能夠流露出來，這個才叫作「修證法界」。所以法界不須要你迴向，也不須要你去把它增益，而是你要怎麼樣去讓自己離開染汙了以後，使法界——諸法的功能差別——開始出現。

所以十住菩薩眼見佛性的時候，看到整個山河大地上都是自己的佛性，山河大地相形之下變得虛妄了。整個山河大地都是虛妄的，因爲你的所見是佛性那麼眞實，而山河大地是會壞滅的，世界如幻觀便成就了。從你所見的佛性，來看自己這個五陰的身心與山河大地都是那麼的虛妄；這是眼見的當下便成就了，不是眼見以後再去觀行才成就。是眼見佛性的當下，如幻觀立即成就；不必你去修如幻觀，你只要修得眼見佛性的境界就可以自然成就如幻觀。這就是十住菩薩的功德受用，不須要你去增益佛性法界，你只要去證得佛性就夠了。

好，接下來，這個十住位過了是十行位。在十行位中，從初行位的歡喜行開始修行，朝著達到救護一切眾生離眾生相的目標前進，同時努力救護眾生斷除我見而歡喜不已，不生退心；繼續進修，到了第十行的滿心位，你看見的就是：自己的七識心、眾生的七識心虛幻到什麼程度？就像夏天遠處柏油路上，好像有水在晃動一樣；七識心就只是那樣，猶如陽焰，根本就不眞實，這時你的陽焰觀便成就了，這也是一種法界的功能。你的解脫功德受用，不是從解脫道去修來的，而是從佛菩提上面去修；當你這個現觀的智慧出現了，你的解脫功德就隨著出現了；不必像二乘人那樣壓抑自己，而你同時又可以成就佛菩提道。

接著再進修，從初迴向又修到十迴向位。十迴向位有什麼功德？當你一入定，如果不想住在等至位的定中，可以轉入等持位裡面，又看見了往昔的某一世在幹什麼事情。有時候睡覺前說：「今天精神還不錯，也不太累，我就看一下某些事情好了。」在等持位中看一看，咦！又看見了什麼東西，都是往世的事情。所以你只要願意去看，就常常可以看得見一些過去世奇奇怪怪的事。因爲每一個人過去都有無量世，什麼奇怪的事都經歷過了。不論是多麼快樂的、多麼悲慘的都遭遇過了，所以你這時可以看得見。但它不像宿命通可以指定說：「我要看前一世、前兩世。」不能指定，祂流注什麼出來，你就看什麼，就是這樣。但是你看多了以後，把它們連貫起來說：這件事情是更早的，這件事情是更後一些的，而另外這件事情又是什麼時候的。你把它們連貫起來，就知道你自己的來歷了。

有人喜歡去找什麼有宿命通的人看自己過去世的來歷，那都是假的；因爲對方得要憑你的生辰八字來排、來算，而且是他說了算，那其實是算命而不是宿命通的如實觀察。一般修神通的人，縱使眞有宿命通，能往前看到三世就很神氣了，大多數是假裝而宣稱有宿命通，其實根本沒有通。可是你修到十迴向位的時候，是自己親眼看見往世多劫以前的事。當你這樣一看：「原來我往世有這麼多的經歷，如今這麼多劫過去了，這麼多的事情眞的是如夢一場。』然後回過頭來看這一世，以及現在正在作的事情，和自己爲眾生說法、度眾生悟入的事，也都是夢中的佛事。這是現實上你就是這樣的看見，不是用思惟整理去瞭解出來的；而是你入定或睡前現實上眞的看見了，那你把過去無量世的事跟現在世這些事情，全部合併在一起來看時就是這樣，你的如夢觀便成就了，因此就對一切世間法上的事情都不在意了。除非是對正法有害的事，爲了保護眾生的法身慧命而不得不作。

但這個功能、這個種子、這個法界，不是你修行才有，而是它本來就有，全都存在你的如來藏心中；只是你沒有修到這個地步的時候，祂流注不出來而已，你要修行清淨而給祂一個流注的管道。就好像說，你有一棟大樓，而這棟大樓每一層樓梯都鎖著，你都進不去；你要設法去修出那個鎖匙來，你只要把鎖匙修好了，一打開，這些東西就都歸你所用。可是這棟如來藏大樓本來就是你的，裡面的財物本來都是你的，不必去外面搬什麼進來成爲自己的，你只是沒有把自己的鎖匙找出來用而已，這樣譬喻以後大家就懂了。也就是說，諸法的功能差別—法界—是你本來就具足的，你不必去增益它，所以不必把每天修來的福德迴向法界、增加法界。法界不用你增益，法界就是諸法的功能差別，是你本來就存在的；如來藏心中的諸法功能是本來就在，你只管自己要怎麼樣去弄到那一把鑰匙把它打開就可以了，這就是修行的目的，這才是這一句經文講的「修證法界」。

「多百千種難行苦行，令諸有情皆得通達。」為了達到這樣的地步，要修「多百千種難行苦行」；要用很多種類的苦行來完成，所以說「多百千種」。一百千就是十萬種，也就是說，你要用幾十萬種難行的苦行，去幫助有情都可以跟隨你通達般若的後得智。爲什麼要你這樣作呢？因爲你想要達到修證一切法的境界，就是要從利益有情當中去成就。如果你不是跟有情同事、利行的話，你就不可能使很多種現觀的因緣出現；因爲那些現觀，都是要你跟有情在一起才會讓你遇見的。

不論你怎麼樣去自己設想，都想像不到；因爲那些現觀的境界，並不是像三賢位那樣去修的。諸地的現觀，都是因爲有某一個有情的某一件事情，使你產生了一個疑惑；然後你從那個疑惑裡面去探究，探究的結果竟跟那個疑惑本身無關。眞的很奇怪，當你探究的時候，絕對想不到你探究出來時竟會變成某一個現觀，在表面上看來是不一樣、不相干的，所以眞的很難說明事件與現觀之間的互相關聯。所以說要以「多百千種」—就是要有幾十萬種—的難行苦行，來幫助和你有緣的有情通達眞如；在這樣的過程裡面，你可以有種種法界的種子流注出來，讓你得以實證。

接著 佛說：「天王！是名實相般若波羅蜜多眞如實際、無分別相不思議界，亦名眞空及一切智、一切相智不二法界。」說了這麼多的同法異名以後，世尊又說：「天王啊！這個才能叫作實相智慧到彼岸的眞如實際，也是無分別相的不思議境界。」實相的智慧到彼岸，依靠的就是眞如實際。也就是說，一定是證得如來藏的眞如性以後，了知萬法的實際都是這個如來藏；這時候才能夠深入去觀察：這個眞如實際的無分別的行相，是不可思議的法界。也就是說，如來藏恆住於心眞如的境界中，永遠住在眞如法性境界中，而祂是不斷地在運作著。而祂運作的過程所產生的無漏有爲行的法相，根本都不落於六塵境界中。這種無分別的行相，是一種不可思議的境界，沒有親證的人是無法想像的，雖然我講得這麼明白。二千五百多年來，有可能我是講得最明白的；你看這麼一段經文，我要講兩週——四小時，難道這樣講，還不夠明白嗎？眞的夠明白。然而你若是沒有親證這個如來藏，要怎麼去想像祂？等到證得如來藏，來觀察祂的眞如法性的時候，往往發覺眞是一丈差了九尺（其實還不只，應該說是一丈差了九尺九寸），才知道想像與實證的所知，眞是南轅北轍。

世尊說：「這個不可思議的境界，又叫作眞空，也叫作一切智。」眞空，是說這個空是眞實有，不是緣起性空那個假名空。緣起性空就是空掉諸法，蘊處界全都斷滅了以後成爲空無，說是空。所以那只是方便說空，不是眞實空。空而有性才能稱爲空性，如果空掉了以後，什麼都不存在了，沒有法性在運作了，那怎麼能夠稱爲空之性？當然不能稱爲空性，最多只能稱爲空相。說是空相，那還是方便說，因爲空了就無相了，哪還有相？只能方便說那樣叫作空相。但是既然說祂是空性，是空而有自性，表示祂是眞實有法；既然說祂是眞實的空，也實證而生起空性的智慧了，那就是一切智。知道了這個眞實空，才能證得大乘法的一切智。大乘法的一切智，與二乘法的一切智不一樣。二乘法的一切智，總共有十個智，從知他心智，一直到最後的盡智、無生智，總共十個，但那都是從蘊處界的範圍裡面去作現觀得來的，不涉及實相法界。可是你證得如來藏，而能夠現觀心眞如的時候，那麼你能夠觀察一切法的種子都從這個空性法中來，證得萬法的根源，具足了實相，這當然可以稱爲一切智；比二乘阿羅漢的一切智，更有資格說爲一切智，這其實也是一切相智的不二法界。阿羅漢的一切智不能稱爲不二，他只能入了涅槃以後稱爲不二。可是入了涅槃以後，他的蘊處界已經不存在了，所以他也沒資格說是不二。但是菩薩證了這個法以後，依心眞如來說是不二法界，並且在一切相的境界當中，都可以有智慧來觀察，而祂是不二的，所以這個境界是不二的法界。

這時候，最勝天王聽了以上的開示，就向 佛陀稟白說：「世尊！云何能證、能得如是法界？」因爲聽起來，好像非常勝妙的樣子；我告訴你，阿羅漢聽了也會很欣羡，不然怎麼會有那麼多阿羅漢會迴小向大。最勝天王聽了，當然是一樣欣羡啊！因爲他比阿羅漢更有法貪，他想要證、想要得這樣的法界。於是 佛陀告訴他：「天王當知，出世般若波羅蜜多，及後所得無分別智，能證能得。」先鼓勵他：「天王啊！你要知道這種出世間法，」因爲這個心眞如不是世間法，阿羅漢所觀的蘊處界緣起性空，都是依世間法所作的觀察，可是這個心眞如不是世間法，「這種出世間的智慧到彼岸，以及由這個智慧到彼岸之後所衍生出來而得到的無分別智，其實是能證也能得的。」

最勝天王接著又問：「世尊！『證、得』義有何異？」當然要問清楚，既然可以證、可以得，我得要先弄清楚：證是怎麼回事？得又是怎麼回事？最勝天王這麼問，佛陀就開示說：「天王當知，出世般若波羅蜜多，能如實見，故名爲證；後智通達，故名爲得。」是說這個出世的智慧到彼岸，能夠如實地親眼看清楚了，就稱之爲證；可是證了以後，不見得就有得，一定要悟後繼續再進修，進修了以後能夠通達，這就是得。所以證與得是兩個法。

這個時候，最勝天王又向 佛稟白說：「如佛所說聞思修慧，豈不通達實相般若波羅蜜多？而復說有出世般若波羅蜜多，及後所得無分別智能證、能得。」他因爲弄不清楚，所以就問這個問題。最勝天王這樣問的時候，我想我們這些親教師們，以及你們這些已經證悟很久的菩薩們，聽了一定會覺得好笑說：「這個最勝天王，根本不能跟我現在的智慧相提並論，差太多了。」爲什麼差太多？因爲他連這個都不懂。但這是因爲當時的他還沒有證得如來藏，後來才證得。所以你看，最勝天王名字見於經傳，有的人笑別人時往往會說：「你這名不見經傳的無名小卒。」我告訴你：「無名小卒，不見得會輸給名字已在經傳裡面出現的人。」你看，我們正覺裡的好多人，經卷裡面都沒看過他們的名字；最勝天王的名字在經藏裡面有，可是當時他還不懂般若呢。所以不要用世俗人的眼光亂看人，進了正覺以後要有慧眼、法眼來看。

世尊告訴他說：「出世的智慧到彼岸，以及悟後進修所得的無分別智，眞正去進修以後應該是怎麼樣定義呢？應該如同佛所解說的去聽聞、思惟、修習，最後如實證得這個智慧；證得這個智慧以後，應該要去通達才算數。」可是最勝天王他聽不懂，他認爲說：「佛陀！您所說的這個聞思修慧，難道沒有通達實相般若波羅蜜多嗎？爲什麼說還有出世的般若波羅蜜多，以及悟後去進修所得的無分別智而證而得呢？」所以 佛陀當然要爲他作一個開示。這個開示又沒有時間講了，剩下一分鐘，讓輪值老師宣布事情。

上週〈序分〉所引用的《大般若波羅蜜多經》卷五百六十七的經文還沒講完，我們從這裡再繼續來講。上週最後是最勝天王提出一個請問，說：「如佛所說聞思修慧，這些聞慧、思慧與修慧，都是眞實存在的智慧；既然有三種聞思修各自都有的不同層次智慧，難道這三種智慧都不能通達般若波羅蜜多嗎？而說另外有出世的般若波羅蜜多，以及悟後所修的無分別智的實證與獲得？」

這其實已經把今天佛教界，乃至已經把百年來的大乘佛教界的狀況一語道破了。也就是說，百年來常常有許多人主張（特別是喜歡搞學術研究的人），他們往往主張說：「**如果能把佛法經典研究清楚了，其實《般若經》的眞實義也就通達了。**」這是近代百年來般若修學上的一個異常現象。而這個異常現象，到了印順法師的書在台灣開始廣泛弘傳以後，越發地嚴重了。所以，從他的著作在台灣被推廣以及弘揚以後，這種現象就成爲大家見怪不怪的現象，似乎就要成爲佛教界的常態與普遍認知了。然而這個現象其實不是這一百年來才有，只是這一百年來特別嚴重，這是因爲一百年來常常有人主張說：「**佛法也應該要科學化、學術化。**」這個理由講起來是很冠冕堂皇的，似乎是不可避免的方向，也是很有說服力的。但問題是，佛法的本身已經究竟地科學化了，不需要再有誰來把它科學化；並且世間法的科學化，都比不上佛法的科學化。而證悟菩薩們寫的論著就是學術論著，現代學術界沒有誰能比菩薩們寫的論著，更能講清楚佛法中的眞實義。

眞正的問題是，世間法的科學化、學術化，它們的範圍很狹窄，而且不能究竟。而佛法範圍非常地廣，並且非常地深妙而究竟，不是科學家、學術界所能研究清楚的。假使科學家們能研究清楚，說句不客氣的話，所有的國文、哲學教授們早都弄清楚佛法了。因爲國文教授與哲學教授們，他們對文字、對訓詁是最內行的，比所有物理學、化學等科學家更精通。但問題是，他們今天仍然是弄不懂的，我們正覺已經證實這一點了。即使是文學家認爲最好的祖先、鼻祖，例如王陽明、朱熹，他們不是專門搞理學的嗎？可是他們的理學，爲什麼到後來說到實相之理卻不通呢？

這就是說，由聞、由思以及由修所得的慧，始終及不上實證的層次，所以證慧是遠超過聞、思、修慧的。然而話說回來，有了證慧就可以認定自己是所作已辦，可以出三界了嗎？可以成佛了嗎？也都還早著哩！因爲證以後還要講究是否眞的得了。也就是從所證的基礎上去深入現觀，然後一切的所觀都成爲自己所得的智慧，眞的通達了，這才能叫作得。所以，聞、思、修、證的後面還有一個「得」，這個得慧叫作後得無分別智。然後，繼續進修到後得無分別智都圓滿了，就成佛了嗎？還早哩！才算剛剛要開始修道而已。

而這個後得無分別慧，他得要修多久？從第七住位開始，修到第十迴向位滿心，那是一大阿僧祇劫的三十分之二十三。想想看，那是多久？可是就算這個完成了，也只是第一大阿僧祇劫完成，後面十地總共還要進修二大阿僧祇劫。

所以，如果把般若的**證**慧與**得**慧具足了，就是把後得無分別智通達了，那麼這個人絕對不會有慢心的。也許他講法時會讓很多凡夫佛弟子聽起來覺得很刺耳，覺得他講話好像很狂。其實他不是狂，他只是如實說；因爲他很清楚知道，自己離佛地還很遠、很遠、很遠，還不敢去夢想說成佛的時候會怎麼樣。可是凡夫聽到他從實證的智慧中自然流露而講出來的深妙法時，總會覺得他有些狂傲。反過來說，大家再瞧一瞧，外面有好多人連破參都沒有，就說他已經成佛了。眞的好厲害！好厲害！有沒有這種人？（眾答：有。）有啊！諸位看到的、讀到的都很多了，甚至還有親自遇到的。但是竟沒有人指責他們狂，專要指責我們狂。你如果去探究他們的證量，且不說明心，他們連我見都還沒有斷呵！所以他們才是眞狂的人，卻一天到晚在誣罵實證而不狂的人。

所以假使有人告訴你說他成佛了，你一定可以馬上斷定：他絕對是個凡夫，連我見都沒斷。因爲如果是初果人，他看到了那些禪宗的公案，竟然都看不懂；當他請出般若諸經來讀也讀不懂，然後也許他去問他的師父阿羅漢，阿羅漢說：「對不起！這我也不懂。」徒弟問說：「師父！那誰才能懂？」師父說：「那只有菩薩才能懂，師父我也沒辦法。」連阿羅漢都沒辦法了。那你們想，初果人乃至阿羅漢，都不敢說他們成佛了，因爲他們看到了菩薩，心裡面都怕怕的，怕菩薩會問他們實相的法界啊！所以他們都不敢自稱成佛。那麼菩薩就敢嗎？更不敢了！因爲就算眞悟了，禪宗祖師的公案拿出來一看：「嗯！這個我懂，這個我也懂，可是下一個公案呢？我可不懂了。」又不懂了，爲什麼人家請問佛法大意，結果雲門禪師竟然回答「乾屎橛」？爲什麼有時又會變成改答「胡餅」？又會變成「綠瓦」？老趙州卻說是「六六三十六」？

心裡不信邪：「那是古人才這樣吧？現在的人應該不會吧！現在有誰是自稱開悟的？聽說蕭平實開悟了，我來問問看：『如何是六六三十六？』蕭平實竟然答覆我說：『七七四十九。』我再問說：『七七四十九，是什麼？』

蕭平實竟然回答說：『果皮三兩片。』」眞的不懂啊！於是只好想一想，說：「眞的！並不是一悟就成佛了。」這個古人、今人同一鼻孔出氣的公案，且不說阿羅漢不懂，一般剛明心的人也不懂。如果我們禪三裡面不教的話，大家還能懂嗎？不可能。如果這一著子透不過，敢來跟我說他開悟了，我就一棒打過去，叫他七花八裂。等到晚上睡覺時覺得痛到不得了，一夜不得好眠，參個不停；夜裡才突然醒悟過來說：「哎呀！我知道了，原來蕭平實說的『七花八裂』是這個意思。」竟然不是很痛的意思呵！這才算是悟了。開悟哪有那麼簡單？隨隨便便來聽我講幾堂經就能眞的悟了？

所以，聞慧、思慧、修慧、證慧以及「得」的智慧，是不相同的；可是即使到「得」完成的階位了，還只是剛剛要進入修道位而已，才剛要進入第二阿僧祇劫正式修道，這時也只算是近波羅蜜多。三賢位的修行都叫作遠波羅蜜多，也就是說，雖然可以分證般若波羅蜜多而獲得相似即佛的實證，可是距離佛地還是很遙遠、很遙遠的。所以不管菩薩說法多麼深入廣泛，破邪顯正時多麼犀利，但其實他心中沒有慢，因爲他知道自己距離佛地還遠著呢！所以如果有人敢說他已經成佛了，你馬上可以斷定：他一定還沒有斷我見。不信的話，你就拿他的著作、他的演講，你讀讀、聽聽就會知道他落入意識或識陰境界裡，還沒有斷我見；連聲聞初果都還沒有實證，何況佛菩提道裡的般若實證呢。這就是說，修學佛菩提有一個過程，乃至聲聞菩提也都有一個過程。不信的話，你們回去請《阿含經》出來讀一讀，看看那些阿羅漢們，善來比丘是不多的；甚至一千二百五十位大比丘之中，也有很多是先聽 佛陀說法得法眼淨以後，再自己下去安靜處思惟以後才成爲大阿羅漢的。絕大多數的阿羅漢們，都是親聞 佛陀說法以後先得法眼淨，也就是證初果了；然後，由於解脫道初果這個法的法眼清淨，所以退下去以後在山洞裡、樹下坐，在閑靜之處獨坐思惟，然後才算深入的了達，知道自己對於解脫之道是梵行已立、所作已辦、不受後有，才敢自稱爲阿羅漢。

所以，即使是在聲聞法中，也還是有聞、思、修、證、得的五法差別。在大乘法中更是如此，因此，在般若諸經中的修學，絕對要經過聽聞的過程；要經由聽聞而修正了許多的邪見，先把錯誤的知見刪除掉。這就是說，這時你已經有了聞慧，可是有了聞慧不代表已經開悟實證。所以，如果有人去聽佛說法，就說他已經成佛了，那一定是個凡夫，因爲聞慧不足爲憑。那麼聽聞之後，回去自己要思惟；思惟之後，它就成為你自己的智慧，這叫作思惟所得慧。因為聽聞得來的智慧，就是等於世俗法中所說的知識；有了知識以後，還要自己實際上去加以觀行思惟，這樣才能夠說他有了思所成慧。有了思所成慧，自己對於般若的智慧以及般若的實證，就有了更深入的瞭解。有了聞慧、有了思慧，就知道說：般若智慧的實證，是要靠修行去證得金剛心。如果不加以實際上的修行而證得金剛心，就不會有證所得慧。可是修行的過程——也就是聞、思、修般若的所有過程，都算是修學的過程；在這個修學的過程中，到了後面的階段要付諸於實行，也就是參禪。有了聞慧、思慧，參禪時方向就不會偏差。修的方向不偏差了，去尋覓如來藏就容易找到，否則根本就沒有機會。

在實證如來藏之前，一步一步去實修，所得到的一些經驗以及體驗，都叫作修慧——修所得慧。修慧到了最後階段，終於一念相應，找到了金剛心，這時候就知道什麼叫作眞如，這才算是有了初步的「證」慧。這就是聞、思、修慧不足為憑的道理，因為一定要到最後的實證才可以依憑；如果沒有實證如來藏而說他有了般若智慧，那都是自欺欺人之談，因為他沒有「證」慧。

可是沒有證悟的菩薩，卻可以說他有智慧；不過他的智慧，只能夠說是在觀行階段，他的觀照般若還沒有辦法觸及到實證的部分，所以他的觀照般若只有在語言文字上的理解、思惟上的理解，最多就是到參禪階段所了知的部分——修慧。等到親證了如來藏，他開始有實證的智慧出現了，這個時候就說他有了如實證知的實相智慧。然而這個所證的實相智慧，畢竟只是佛菩提智裡的一個小部分，等於是拿到了鎖匙，把那個華嚴寶藏的大門一扭時剛拉開的第一個印象而已；但那裡面到底是什麼？還不太知道，只知道說：「哎呀！就是這樣子。」可是進去以後，那就不是印象了；進去以後，他得要一個部分、一個部分去瞭解，那就是「得」的部分，不只是「證」了，那就是屬於後得無分別智了。

可是，由後得無分別智而有了「得」慧，就全部瞭解華嚴寶藏了嗎？那還早哩！他只看見華嚴寶藏這一個整體，從不同的面向，譬如從東西南北、上下左右，這樣去瞭解它。接著，他還要去把它打開，要把寶藏裡面各個部分一一去打開，因爲裡面有非常多、非常多的寶庫，這些寶庫他得要一一去打開，一一去深入瞭解：到底我擁有了哪一些寶藏？這是最難的，這個就是已經進入第二大阿僧祇劫了。因爲在第一大阿僧祇劫之中，只是弄清楚自己有多少寶庫而已，這就是後得無分別智的圓滿；但還沒有深入每一個寶庫中全面瞭解裡面的所有寶藏，也就是還沒有弄清楚一切種智。

所以，這裡面其實有很多差別及非常大的層次差別，可是沒有誰能瞭解這個，因爲完全瞭解這個內容的人只有諸佛。瞭解這個內情——一切種智——的人裡面，層次最低的就是初地菩薩。初地菩薩對一切種智的瞭解是最粗糙的，三賢位則是完全不知道的，只知道總相與別相，不知道其中的一切種子，除非有入地菩薩加以教導。所以我們有些親教師說：「**正覺的增上班，其實就是爲無生法忍專修的，叫作無生法忍先修班。**」因爲我們把未來要修的無生法忍的內涵與次第，也都提供給增上班的同修們。所以佛法是已經科學化完成的，不是還沒有完成的。問題只是說，它的範圍太廣，深度又不可測，所以沒有人能知道。那些專門作學術研究的人，皓首窮經的結果，還是落在意識裡面，連入門都沒有，也就是全都沒有根本無分別智，更別說是後得無分別智，那他們有什麼資格來把佛法科學化？而 佛陀以前就已經把佛法科學化完畢了，並沒有必要再作一次科學化；而他們都還無法瞭解佛法已經科學化到如何精準的地步，當然沒有資格來作佛法科學化的事。

只因爲後來大家都弄不懂，所以我們把它作一個比較簡單而具體化的類似科學化的工作，就是我們書後都有印的：佛菩提道兩種主要道的次第表。有好多人看到這個次第表以後才說：「哎呀！原來學佛是應該這樣學的。」以前都弄不懂，因爲沒有人這樣作過或講過。其實，古時候的菩薩們早都作過了，佛講得更明白。但因爲講出來時既要廣、又要深，所以講出來時都是一大堆勝妙的內涵，那麼大家永遠都只看到一片葉子又一片葉子，連支撐葉子的細枝都看不見，更不要說莖啦、幹啦、根本啦，全都見葉不見枝，這就是永嘉玄覺大師罵的「摘葉尋枝」。末法時期的學佛人，不論大師或學人，哪個人學佛時不是這樣？在正覺同修會出來弘法以前，誰學佛都是這樣的。但是我們不要大家這麼辛苦而摸不著邊，我先教你們把枝葉丟開，先找到根本；有了根本，你就能漸漸把握住整棵樹了，包括華、果你都有了，這不是最幸福的事嗎？何必要學佛學到苦苦惱惱地作什麼？

不幸的是，這一種實證，是菩薩隨著諸佛修學才能實證的；不迴心的阿羅漢，佛都不幫他們開悟的。說起來，佛祖的心肝也是很硬的，因爲那些阿羅漢們，只要是不迴心的人，佛就不幫他們開悟。因爲 佛認爲說：「學這個法是要願意不取無餘涅槃，生生世世接受生老病死之苦而去度衆生的。我幫你成爲阿羅漢了，結果你還是一心想要入涅槃，你對這個大乘妙法都沒有去承擔的意樂，那我傳這個法給你作什麼？反正你可以出三界，你將來死了出三界就好了，不必辛苦學這個實相般若妙法。」你看，連不迴心的阿羅漢都得不到這個法，如果是外道天神，佛陀會傳給他們嗎？更不可能啊！所以你看諸天天主還是有很多人不懂，來找菩薩問法，菩薩也不隨便傳給他們；因爲得要等他們的菩薩種性足夠了，才可以傳授的。而這個道理，如今沒有人知道。這段經文中，你看最勝天王就這樣四句話問過了，現代也沒有誰能解釋；今天諸位聽完我的釋義了，要深自慶幸說：「我終於眞的踏進了佛法浩瀚無邊的大海之中，而且親承妙法、親嚐法味，已經知道佛法的實證是什麼味道了。」

這才是重要的，不要老是在門外一直混，混到三大阿僧祇劫以後，人家成佛了，他都還在混。因爲混的過程是很危險的，一不小心跟著人家謗法，就入三惡道去了，什麼時候才能再回來爭得人身？要得人身是要爭取的，沒有那個福德是不可能重新得到人身的。想想看，好多的寵物，牠們難道不知道人類握有人間的決定權嗎？牠們知道，因爲牠們要吃什麼都要靠主人，主人賺錢買房子、車子……等，牠們根本什麼都幹不了。牠們知道主人能作這一些，而牠們作不了，牠們當然也希望死後能當人。問題是始終都當不了，在必須繼續出生爲畜生的業種還沒有報盡以前，牠們都得繼續當畜生，那個因果律是昭昭不爽的。

所以，這麼難得的法，遇見了要趕快得。如果還在外門繼續晃，一直混下去，什麼時候要下三惡道都不知道呢！那麼人家三大阿僧祇劫後成佛了，他才剛回到人間，依舊是個凡夫。因爲人間有一個事情是很正常的，就是閩南話講的：「人牽不肯走，鬼牽矻矻走。」就是這樣子啊！好朋友報給他一個名牌：「現在有個正覺妙法，趕快去學！」他不肯去學，那些鬼神牽著他到某個山頭去，偏偏那個山頭大力毀謗如來藏正法，他去學了就跟著毀謗：「如來藏是外道神我。」並且他又很發心，所以大力毀謗而以爲是在護持正法，眞的很糟糕！他到處去講，以爲是在精進護持正法，那才糟糕呵！未來世該怎麼辦？絕對不是涼拌，絕對是在地下很深的地方熱火一直炒。所以，你說在佛教界裡混好嗎？要混也得要看是怎麼混；一個不小心，死後就下去了，所以修證佛法眞的不容易。

「不爾！所以者何？實相般若波羅蜜多甚深微妙，聞慧粗淺、不能得見；是勝義故，思不能量；出世法故，修不能行。」佛陀是怎麼答覆最勝天王呢？佛陀說：「不是你所說的這個樣子啊！爲什麼呢？實相般若到彼岸是非常深奧的，也是非常微妙的；聞慧太粗淺了，根本就沒有辦法了知甚深微妙的實相般若到彼岸的境界；這是第一義諦的緣故，而思慧也無法思量，」因爲思慧所能了知的內涵，只能夠到達世俗諦的解脫境界，思慧的實證最高只到達世俗諦，也就是證得解脫道中的阿羅漢果，這是思慧所能到達的最高階段；「而這個實相般若波羅蜜多是勝義諦，」這不是世俗諦，這勝義諦不是靠思量所能到的。如果靠著思量就能到達勝義諦，那一些佛學研究所的所長們、教授們、研究生們都該已經證悟了，但他們爲什麼到不了勝義諦？說句難聽的，他們連世俗諦解脫道的解脫境界都無法到達，更別說是究竟證；他們窮盡一生的思惟以後，所得的思慧連初果都證不了，何況是解脫道究竟地的阿羅漢？以前佛世的阿羅漢們，大多是親聞 世尊說法以後成爲初果而得法眼淨，然後求 世尊允許在僧團中出家，退下去在閑靜處思惟以後才成為阿羅漢，所以解脫道是思所成慧就能到達的果證；但這個勝義諦是佛菩提道，是成佛之道而不是成羅漢之道，是第一義諦而不是世俗諦，這個實相般若到彼岸是勝義諦的緣故，不是思慧所能到達的，因此 世尊說：「**是勝義故，思不能量。**」也就是說，這是第一義諦的緣故，思慧是無法測量這個法界實相境界的。

世尊又說：「**出世法故，修不能行。**」由於實相般若波羅蜜多是出世法的緣故，所以修行的智慧是無法到達實相境界中的。修慧能修什麼呢？修行又是修什麼呢？是修身行、口行、意行。既然修的是身行、口行與意行，那是在修正誰啊？是修正蘊處界自己。可是，實相般若波羅蜜多的中心主體是金剛心如來藏，而金剛心如來藏是出世法，祂不是三界中法；祂本來就在三界境界外，你要修祂幹什麼？祂根本不必修，祂本來就涅槃，從來都是眞如，何必要你修祂？祂本來就在無餘涅槃彼岸——本來就在沒有生死的不生不滅彼岸，祂還需要修什麼？祂根本不用修行。而你能修的只是修正自己，藉著修行把自己身口意行修正而改變，但是修正諸行而改變自己以後，身口意的自己依舊是三界中法，不會變成出三界的實相眞我。而金剛心實相法界如來藏自己的境界，蘊處界的種種修行都到不了祂的境界中。因爲你悟後不論怎麼修，實相心如來藏還是本來自性清淨涅槃，始終不改其性；而能修行的蘊處界的你依舊免不了一死，依舊無法變成實相心而免除生死。所以 佛陀說：「**出世法的緣故，修行的事在這裡面是不能實行的。**」只有菩薩證得這個如來藏，才有辦法了知祂，才有辦法以實證祂所得的現觀來到達祂的境界中，所以 世尊說：「**實相般若波羅蜜多是出世法的緣故，修不能行。**」

凡是講修行，都是修五蘊身自己，不修如來藏。所以，如果有誰說他證悟的那個實相心是應該修行的，也是能修行的心，那他一定不是般若波羅蜜多的所證，因爲他是「**修而能行**」，不是 世尊說的「**修不能行**」；那他所修的一定是有生死的蘊處界自己，那就是還沒有斷我見，也還沒有證眞如。我講解這麼多之目的是幹什麼呢？總歸一句話，就是能修行的與所證的，如果都是自己，就是沒有斷我見。因爲他們證悟的是悟自己，然後自稱證悟以後還要修自己、把握自己。有沒有聽過這種錯誤的開示？（眾答：有。）他們都是想要把握自己、當自己。然而把握自己的結果，修行也是由自己來修行，所悟之標的也是自己，就成為「修而能行」，不是 世尊說的「修不能行」，那就違背《般若經》的開示了。可是我覺得好奇怪，他們那些佛學研究所的所長們，一生都在研究般若系列的經典，連這麼簡單的道理，他們竟然也研究不出來，都還不知道要遠離自己——不知道要否定蘊處界自己。到現在為止，你看他們二、三十年來寫的論文，有誰講過《般若經》中的這個道理？都沒有！天可憐見，終於出來一個正覺同修會，讓大家可以了知這個眞實義。眞的是天可憐見，因為這個天就是講釋提桓因；他其實也很努力在護持正法，否則今天還會有正覺啊？早就被幹掉了。

「天王當知，實相般若波羅蜜多甚深微妙，異生、二乘所不能見。」接著 佛陀就作一個總結：「最勝天王啊！你應當要知道，依實相般若到達無生無死的彼岸，是甚深而且很微妙的，這是還住在異生性中的凡夫，以及已離異生性的二乘聖人所不能看見的實相境界。」修學佛菩提道，是要依實相智慧而到達無生無死的彼岸，而不是以有生死、會斷滅的自己去到無生的彼岸，也不是滅了自己以後去到無生的彼岸，而是實相般若到彼岸。成佛之道的修行是不必死後斷滅蘊處界而到彼岸的，而是自己還在時就已到彼岸的。

你們明心的人檢查看看，你現在是不是住於你的如來藏中？（眾答：是。）是！那你的如來藏有沒有生死？（眾答：沒有。）沒有！而你有沒有實相般若智慧？（眾答：有。）有！那你現在是不是已經證得實相般若而住在無生的如來藏中而到了無生死的彼岸了？（眾答：是。）是嘛！你現在蘊處界都還在，都還沒死，就已經到了無生死的彼岸，卻又不妨捨壽的時間到了照樣把蘊處界的自己死掉。死掉以後，我們再換一個新身體再來人間，我們還是在如來藏裡面，依舊是住在涅槃境界的如來藏眞如中，所以我們不停生死的過程中還是沒有生死。而這個實相般若不是還存有異生性的凡夫所能思惟的，也不是二乘聖人所能思惟的，所以　佛陀說：「天王啊！你應該要知道，這個實相般若到彼岸，是甚深極甚深無可思量的，是微妙極微妙而沒有辦法用言語說明出來讓沒有實證的人聽清楚的，所以這個法是異生凡夫與二乘聖人所不能看見的。」

異生是指什麼呢？三惡道有情都是異生，而人類也是異生。我們從人類裡面再把它分別來檢驗一下好不好？一般市井小民，乃至貴爲皇帝、總統，都算是人類。這還不夠瞧，美國總統算什麼呢？因爲人間還可以有飛行皇帝，遠比總統的層次高很多。飛行皇帝有四品：鐵輪王、銅輪王、銀輪王、金輪王，都是轉輪聖王。他們是飛行皇帝，如果哪一天人間出現了飛行皇帝，不說馬總統得要聽命於他，布希總統也要聽命於他，事實上都是這樣。因爲飛行皇帝，他的人還沒到，寶輪已經先到。鐵輪王，他有鐵輪，飛空而到，你用核子彈打打看，打不壞的。那時候怎麼辦？當然要聽命於他，不然人民就受苦了。可是聽命於他以後，這鐵輪王宣示說：「這個國家你還是留著，你自己治理它，但是不要亂搞，要依法治化。如果不依世間善法來治化，我就會來處理你。你要仁民愛物，以法治化。」鐵輪王就是這樣子。鐵輪王管理四大部洲裡的一大部洲，如果是銅輪王呢？管轄二大部洲。銀輪王管三大部洲，金輪王管四大部洲；那金輪王還能上到忉利天與釋提桓因共坐於妙法堂上，這叫作轉輪聖王。

可是說句難聽的話，轉輪聖王也只不過是個異生。那你說，總統算啥？眞的不算啥啦！也許你說：「飛行皇帝中的金輪聖王很厲害。」可是，擁有金輪的轉輪聖王是 佛陀無量劫以來作過無量世的，但每一尊佛都不爲他授記成佛，爲什麼呢？因爲還是異生。一直到他有一天悟了實相般若，才被 然燈佛授記：他將來成佛時叫作 釋迦牟尼。所以，證悟實相般若才是最重要的事，飛行皇帝其實不算什麼。因爲上面還有欲界六天的天人、天主，過了欲界天，還有色界天的天人、天主，也都還算異生，因爲還會輪迴而不免下墮三惡道中。當你瞭解了這一點，才知道二乘聖人之所以可貴。二乘聖人是指什麼呢？從初果到四果，這是聲聞乘；另外，緣覺、辟支佛也有十品，智慧各不相同，是緣覺乘。這些聖人都叫作二乘人。但是諸天天主大多沒有斷我見，未來無量世中不免會有下墮三惡道的時候，所以都還有異生性；因此，諸天天主見了初果人，也得恭恭敬敬地禮拜。那你說，現在人間的那一些外道的教主算什麼？連天主都還當不上，有什麼足以自大的呢？且不說那個，單說「法」好了，他們斷了我見沒有？到目前爲止，不管是一神教、多神教的教主，我觀察的結果都還沒有一個是斷我見的。這樣來看，你就知道二乘聖人的可貴了，所以末法時代人間的初果人是很可貴的。

你不要說：「我到同修會來，三縛結確實是斷了；因爲不管怎麼樣檢驗，我以前的三縛結都是不存在了。可是這樣的證量沒什麼啊！」但我告訴你，眞的有什麼。「沒什麼」只是你自己的感覺，是因爲在我們同修會裡面，初果人是不被當作一回事的。所以同修會裡面是初果人一大堆，套一句粗俗的話說，你一不小心而撞上了某人，對不起，那很可能就是一位初果人了；未明心的人都已經把三縛結斷了，明心的人當然早就斷三縛結了。可是從本質上來看，初果人是這麼珍貴，因爲你現在看看全球佛教界，哪裡有初果人？都沒有。包括那些所謂南傳佛教中，他們傳消息出來時所謂的阿羅漢，如阿姜查、阿姜通……等人，都不算什麼啦！他們的祖師比他們更厲害，叫作覺音論師—又叫佛音論師—可是覺音有沒有斷我見呢？還是沒有斷，然而阿姜查……等人都是依循他的《清淨道論》而修學的，而那部論是無法使人斷我見的，連我見的內涵都講不清楚呢，就別說是斷五下、五上分結了。從這個事實來看，你就知道末法時代裡的初果人有多麼珍貴了。雖然在同修會裡面不值一文，但是在外面是很珍貴的，因爲普天之下都找不著，而這類人已經不算是異生了。可是，即使他繼續修到了阿羅漢位，乃至進而修學因緣法成爲辟支佛，就很尊貴了嗎？也不尊貴，因爲遇到了菩薩時也還是開不了口。

哪一天，你們明心的人遇到誰自稱他是阿羅漢，自稱是辟支佛，而他們也眞的是阿羅漢或辟支佛，那你就問他：「你把自我滅盡了以後，進入無餘涅槃時是什麼？」他說：「我也不知道。」因爲他們只能回答「不知道」，他們只能答覆說：「據經典上佛陀所說，無餘涅槃裡面還有本際常住不變。至於那個本際究竟是什麼，我就不知道了。」可是他們會問你：「請問：菩薩您知道本際是什麼嗎？」你說：「涅槃的本際，怎麼會不知道？凡是開悟的菩薩都知道啦！」他們要是問說：「那能不能請您告訴我？好不好？」你就一一戳著他們的鼻子罵：「我一直都在告訴你們，到現在你們還聽不懂。」對不對？確實是這樣嘛！其實，你一見面就已經告訴他們那個涅槃的本際，不斷地告訴他們，可他們就是聽不懂；他們落在思慧中，當然老是落在語言文字裡頭。

所以說實相般若波羅蜜多，你看看，不但異生不能瞭解，二乘聖人都還不能瞭解，眞是「二乘所不能見」；那你想，那些還有異生性的天主、天人們，連我見都還存在著呢，當然更不能見。可是，你來到同修會，你已經親見了，就知道說：「哎呀！當初禪三破參的時候，我還以爲好像沒什麼，今天看來眞是大大的有什麼。」因爲，眞的是從那個地方契入之後，你的實相般若就開始越來越深細、越來越廣大。每經過一天都會有一些進展，你都會覺得說：「我每天只進展這麼一小步。」可是，對於那些還沒有證得實相般若的二乘聖人與異生凡夫來說，你第二天講話、第三天講話，他們都覺得說：「那個距離怎麼越來越大。」因為你這一小步，不只是人類的一大步啦！那是每一步都有幾十公里長，他們是無法想像的，然而對於實證的你來說，卻是覺得沒什麼的。

所以想想看，實相般若到彼岸是異生、凡夫所不知道，也是二乘聖人之所不知；因為祂是出世間法，而你所證的這個法是在三界外的，但是卻無妨與你在三界中的這個五蘊，特別是人間的這個五蘊和合在一起，而祂實相心卻不住在三界境界中，這個才是眞正的大乘法，才是眞正的成佛之道。如果修了老半天的大乘法，結果都是在解脫道裡面轉來轉去，並且還證不了解脫道，連我見都斷不了；那你回頭想想自己，看你有多麼幸福啊！所以，在正覺同修會中明心了，應該是遍身都充滿了幸福才對的。

所以，有人擔心說：「老師！你今天能不能上台講經啊？」我說：「怎麼不可以呢？我就把動作慢一點，只要我能坐上法座來，還是可以繼續講啊！因為說法是很快樂的事情，為什麼要放棄這個快樂？」這就是大乘法可貴的所在，菩薩再怎麼辛苦都願意來人間，就是因爲有無量無邊的法樂；否則的話，人生的生老病死，眞的是很痛苦。我聽說人家患帶狀疱疹，最少要二十幾天才能痊癒，因爲我去看診時醫師也這樣告訴我。不過，菩薩就是有福報，症狀可以減輕一點。帶狀疱疹跟一般疱疹不一樣，一般疱疹叫作飛蛇、皮蛇，中醫把帶狀疱疹叫作纏身蛇，因爲它會跟你纏到身體裡面去。不過，沒有問題，我照樣可以講經，因爲法是如此的勝妙。少講了一次，會有很多人損失了法樂，所以我抱病也應該要繼續講。

但問題是，這個實相不是凡夫及二乘聖人之所能證，連證都證不到，不要說能得。也就是說，你一定要先證，證了以後才能夠從你所證的這個智慧作基礎去深入觀察，而引生了許多的後得無分別智，那時才叫作「得」。根本無分別智的親證叫作「證」，後得無分別智的生起稱爲「得」。因爲你要經由根本智作憑藉，隨後去作種種的深入觀察，後得無分別智就出現了；既是後得，當然就是「得」，這時才具足聞慧、思慧、修慧、證慧、得慧。那麼證根本無分別智時，爲什麼還不能叫作得？因爲根本無分別智是在一剎那間「證」的，是突然間找到金剛心如來藏的時候：「啊！原來是這個。」心裡說「原來是這個」的時候，接著心裡面就打了一個斗大的問號。這個斗大的問號生起了：「眞的是這樣嗎？」有一些不太相信。不太相信才好，如果直接就相信了，什麼都不懷疑，那就不好，因爲更深的實相智慧就出不來了。由於不太相信，就開始去觀察祂，一再地檢驗祂；把《般若經》請出來檢驗覺得不夠，就把《阿含經》也搬出來檢驗。《阿含經》還檢驗不夠，再把第三轉法輪的唯識經典也請出來檢驗；最後終於發現祂根本不可推翻，當你發現到不可推翻的時候才願意承擔下來，智慧就出生了。

學佛人眞的要這樣，菩薩如果不是這樣，魯莽地承擔起來，將來就會出問題——一定會退轉，因爲沒有勝妙的智慧出生。所以，好多祖師早就參出來時，就是不敢承擔；一直要到後來被很有名、很有名的大禪師痛棒打了以後，痛得不得了，他才願意承擔，這叫作賤骨頭。可是這樣的賤骨頭，挨了棒打以後，他永遠不會退轉。我以前就是沒有這樣痛棒打人，才會有人退轉。如果我一開始弘法就這樣痛棒打了，他們都還不退轉，就不會有後來那三次的法難了。所以算是我不好，不能怪他們；我以前捨不得打痛棒，這都叫作婦人之仁。所以有很多禪師挨了痛棒（因爲古時禪師眞的是猛力打，就算後來治好痛處以後，每年到了秋冬之交，天氣變了就隱隱作痛。由於隱隱作痛的時候他就會想起他的師父：「要不是師父打我這一棒，我還沒有今天呢。」他是想起他的師父），打得越痛越感恩。我不打人，所以不被感恩，就是這樣啊！不過還好，不感恩的已經走了，留下來的都是貞實，無有枝葉。

接著說凡夫，就是說我見還具足存在的人，就是指一切不知三乘菩提的有情。二乘聖人，就是聲聞法中的四向四果。四向，譬如說初果向、二果向、三果向、四果向；乃至初果、二果、三果、四果，這些都屬於二乘聖人——廣義的說是聖人；那麼，還有一種就是緣覺法裡面的辟支佛。因爲有這一些人，就區分出來異生是凡夫。二乘聖人雖然已經不是凡夫了，但是卻被菩薩說是愚人：「雖聖猶愚。」所以，不迴心的二乘聖人遇到了菩薩，眞的很難堪。大家見了他們都禮拜供養，恭敬到不得了，因爲是聖人；這些聖人們卻被菩薩說是愚癡人，因爲他們確實愚癡。那你說，如果是在凡夫面前，二乘聖人被菩薩罵愚癡，你說他們情何以堪？可是菩薩就是要這樣罵，故意要罵他是愚人給眾生看，然後眾生就開始注意這個菩薩；因爲他敢罵聖人是愚人，眾生就開始注意他。於是菩薩就開始表演：佛來了，菩薩趕快禮佛三拜。

禮佛三拜還不夠，有時候還頭面接足禮——把額頭放在 佛陀的腳上面，用雙手輕輕地碰住 佛的腳後跟。

大家都說這菩薩敢罵聖人，證量一定很高，因爲阿羅漢們都不敢向菩薩回嘴；但菩薩見了 佛陀時竟然是這個樣子，眞是欺善怕惡。其實這不是欺善怕惡，因爲菩薩見了一般有情，卻又非常的慈悲，從來不欺善；但菩薩責備了不迴心阿羅漢以後，卻這麼恭敬 佛陀，所以眾生就對 佛陀起信，這就是菩薩應該作的事。所以在佛世，菩薩們都是這樣的，只要誰是不迴心的阿羅漢，菩薩都要罵他；但不是因爲慢而去罵，是爲了彰顯佛地的崇高，讓大家對 世尊生起大信，然後就會愛樂佛菩提，不會再愛樂聲聞法。因爲眾生看了說：「哎呀！連阿羅漢都要被菩薩罵，可是如果有一個凡夫剛剛才開悟了，或者阿羅漢迴小向大開悟了，菩薩從此都不罵他，都只讚歎他。」眾生這一看就看出來了：「我們要修學佛菩提，我才不要跟著你阿羅漢學解脫道。」菩薩的作略就是這樣的。這個道理以前菩薩們都不講，今天講給你們聽了，以後就不要再怪菩薩說：「你看，菩薩見了阿羅漢，一個一個都罵。」其實菩薩是有用意的。

那麼依這樣子來看，說二乘聖人由於還沒有證得實相的緣故，所以在法界萬法之中常有所疑。常有所疑，是因爲弄不清楚，老是對法界的實相有所疑惑，菩薩就說他是愚。不但菩薩這麼說，佛也這麼說，在《解深密經》不是有一首偈很有名嗎？「阿陀那識甚深細，一切種子如瀑流。」對不對？最後 世尊講什麼呢：「我於凡、愚不開演。」這是說：如來藏蘊含一切諸法種子，而這個法太深太妙了，根本沒有辦法爲凡夫或二乘愚人宣講。又說：「恐彼分別執爲我。」世尊說：「我如果一開始就講這個如來藏含藏一切諸法種子的深妙法，大家都還是聽不懂，恐怕就會把如來藏認定就是外道神我一樣的生滅法。」結果沒想到，先把大家度爲阿羅漢及證悟菩薩以後，特地留到第三轉法輪才講的眞實唯識妙法，還是被釋印順他們誣指爲外道神我。那你說，他們是不是「凡」？這事情，佛早就料定了，所以才說：「我於凡夫前不開示演說這個法，於二乘愚人面前也不開示演說這個法。」因爲如來藏太深廣、太微妙了，說個眞我如來藏，那些凡夫法師們馬上就罵是外道神我。問題是，這個被他們罵作外道神我的如來藏，卻是出生外道神我的心，而外道神我才只是第六意識；第六意識神我是被如來藏心所生的，外道神我意識既然被如來藏所生，那如來藏爲什麼會是外道神我？所以我說釋印順等人也眞的是居心叵測。我們再來看看《金剛三昧經》卷一是怎麼來說實相的：

【佛言：「……心如法理，自體空無；如彼空王，本無住處；凡夫之心，妄分別見。如如之相，本不有無；有無之相，見唯心識。菩薩如心之性，不無自體；自體不有，不有不無。菩薩『無、不無』相，非言說地。何以故？眞如之法虛曠無相，非二乘所及；虛空境界，內外不測；六行之士，乃能知之。」】

你如果沒有找到如來藏，讀這一段經文時會覺得好像在講什麼呢？好像就是把一堆「有、無」等名詞堆砌起來而已；表面看來就好像是把「有、無」二字拿來作排列組合，弄成許多句話來說，但其實是極深的妙義。所以，聞、思、修慧以及證慧之間的差異是非常大的，而證慧又與得慧有很大差異。因爲你如果有了證慧，這裡面縱使無法全懂，也可以猜測出一部分（因爲其他還有許多部分是你所不能夠現觀的），這就是證慧以及聞思修慧的差異所在。那麼，如果有了後得無分別智，也就是有了「得」慧，那又不一樣了；可是縱使不一樣，所知仍然是有限的，因爲這是要到等覺地才能圓滿了知的。

我們來看看 佛所說的這些法是什麼道理？這一段經文是從《金剛三昧經》中摘取出來的。金剛三昧到底是什麼三昧？就是明心的三昧，世尊在《楞嚴經》中也是這麼說的。可是這個明心有層次差別的不同，五濁惡世時，最後身菩薩來示現降生人間，行走七步說出至理以後，故意把自己的所有威德與智慧都遮蓋了，看來就像一個普通人一樣。然後出家而在菩提樹下開悟的時候也是明心，一樣是找到這個第八識實相心，爲什麼祂就可以出生大圓鏡智，我們開悟明心時爲什麼就不行？才只有根本無分別智？這就是說，同樣是明心，但有不同的層次差別，所以金剛三昧是有不同層次差別的。現在我們就從一般性的明心，也就是三賢位（勝解行位）來說，先不要講到太深。因爲如果要講到太深，那你得要先講七住位的明心，以及十迴向位滿心那個明心的境界，然後再來講初地入地心的明心境界，然後再來講二地的入地心……，一個一個講上去，要講到什麼時候？又不是要講《華嚴經》，所以我們只以最粗淺的三賢位的第七住位，最多就是講到十住位的明心智慧就好；太深的就不要講，因爲講不完。

佛陀說：「這個心是如的。」眞實心永遠是如，如果所悟的心不是永遠都如，就不是《般若經》所講的心，就是四阿含諸經所破斥的妄心意識或識陰六識。眞實心是永遠都如的，而這個如是本來就如，不是修行以後才如。這個如的法，顯示出來的眞實理，自體卻是空無的；因爲這個永遠如的心，祂沒有任何形色，不能夠用三界中法來說明祂。三界中法是自體不空的，就不是眞正的空性。爲何說是不空呢？這一下子看見了好看的，貪了；又一下子聽見了好聽的，也貪了。總之，就是不空，充滿了三界有；這離念靈知就算是不落在外五塵中，也常常在那邊用心計較：「今天師父特別褒揚他，就沒有褒獎我。」這是不是有？也是有啊！終究不能空諸所有啊！祂始終不能夠是空無的，永遠是充滿了一堆的有。可是，這個眞實心自體是空無的，從來沒有三界有在祂心中充塞著，所以說祂「自體空無」。

「如彼空王，本無住處。」空王佛有沒有聽過？空王佛是什麼佛？空王佛，有人說祂是最早的一尊佛。以我們的證量，能夠推溯說哪一尊佛是最早的佛嗎？根本沒辦法推溯，因爲過去的時間無量無邊，你怎麼能夠去推溯？你怎能夠推溯說，哪一尊佛比較早，哪一尊佛比較晚一點？沒有辦法推溯出最早的一尊佛，因爲我們的證量只是如此，還不能像 世尊一樣具有宿住隨念智力，當然無法了知。但曾經有祖師說最早的一尊佛就叫作 空王佛，是因為 世尊很早以前就成佛了，這一次只是來接引有緣的弟子而重新示現成佛；而 世尊與阿難尊者其實在更早之前同時在 空王佛座下發菩提心開始學佛的，所以有人說 空王佛是最早成佛的一尊佛。當然也有人說是 威音王佛，咱們暫且不必討論這個題目。那麼從理上來說，空王佛又是誰？就在你身中，本來就是佛，當然是最早的佛，那你還要哪裡去找「空王佛」？而你又何必去推溯？你怎麼推溯也推溯不到祂成佛的時間，因為在理上，祂本來成佛，就是在你身中的那個「空王佛」。從理上來說「空王佛」，是說於此之前無一法可得，正是第八識空性的空，所以「空王佛」之前沒有一佛可得。因此在理上說，「空王佛」之前不可能出現任何一尊佛，因為任何一尊佛都要從第八識「空王佛」而出生。

「就像這個空王一樣，本無住處。」「空王佛」是沒有所住的，譬如說現在 釋迦牟尼佛住什麼地方？住娑婆世界，當娑婆教主；整個三千大千世界都歸祂所度化，所以祂是娑婆教主。阿彌陀佛呢，是極樂世界教主；四方諸佛也是如此，所以東方有 阿閦如來；南方北方也各有如來住持佛法，可是「空王佛」沒有住處。釋迦牟尼佛住持於中央娑婆世界中，可是「空王佛」沒有所住，因爲祂是各人的第八識心，本來就沒有住處的，不是成佛以後才沒有住處。當菩薩、緣覺、阿羅漢、異生凡夫，正在執著於三界中法的時候，或者住於三界中，在運用三界中法來利樂眾生的時候，所有這一些賢聖以及凡夫異生各人的空王佛，都是向來無所住。所以說，這一個心是「心如法理，自體空無」，就像一切有情身中的「空王佛」一樣，本無住處，從來不會住於三界的哪一個法之中。

而凡夫的心，都是虛妄的生起種種錯誤分別的見解，所以 佛陀說了眞如法以後，人間有許多外道、附佛法外道或者佛門裡面心外求法的外道，錯解了眞如，起了種種的虛妄分別知見。連佛門中的大法師都不免如此了，更何況是外道們？所以好多人寫了書：「如何證眞如呢？當我們一念不生的時候，就是證眞如了。」如果眞是這樣的話，正覺同修會也不必常常開門了；禪淨班也不必教二年半，只要三個月就夠了，因爲一念不生的境界太簡單了，只要無相念佛學會了，就能時時一念不生了，並且還可以一面跟人家講話還一念不生呢。無相念佛學會以後轉成這樣的一念不生境界，太簡單了！

但是對於會外的學佛人來說，他們聽了我這樣說的時候，覺得可不可笑？對會外的人來講，當然會覺得我這樣子說法是很可笑的。他們覺得很可笑：「你們根本就不懂佛法，跟人家講話時就是一大堆的語言文字了，還說什麼一念不生？」可是我們眞的可以啊！我們繼續憶佛的淨念還存在，但還是可以繼續在跟人家講話，那有什麼難？可是眞要講到證眞如，那可就難了，因爲連不迴心的大阿羅漢都不行了；一定要迴小向大以後，佛陀才會幫他。爲什麼佛陀這個原則絕不改變？因爲 佛陀的看法很單純：「這個是菩薩法，你如果不想當菩薩，我就不給你。」就這麼簡單啊！這就好像一個老爸開了幾家公司，家財萬貫，有個兒子說：「老爸！你最好的那家公司爲什麼不交給我？」這個老爸說：「你想不想經營它？」這兒子說：「我不要，我只要這家公司的財產就好。」老爸就說：「那你就不要這家公司，我不交給你。你一定要願意永續經營下去，我才要交給你。你接了這家公司，只是要拿去賣掉來享用，然後你就離開了，那我才不要給你。」公司被兒子賣掉了，所有職員們生活該怎麼辦？道理就是如此，所以阿羅漢若是不肯迴心修學菩薩道，佛就不把佛菩提的根本法—證眞如—傳給他。

那麼接著說，菩薩所證的眞如就是這個第八識心。若是凡夫，他根本就不懂什麼叫作眞如；他就在那邊猜想，越猜想就離眞如智慧越遠，越無法實證，因此就虛妄地產生種種分別見；所以同一個眞如，不同的大法師各有不同的說法。因此，以前他們都教導徒眾們：「你們不要管正覺怎麼講，八萬四千門，各人有各人的法門，我們證我們的眞如，他們證他們的眞如。」那些大山頭私底下是這樣講的。但問題是，如果可以這樣講的話，那應該眞如有八萬四千種了？眞的會有八萬四千種眞如嗎？但事實不是這樣，因爲眞如只有一種。由這個眞如，從凡夫位、賢聖位到佛位來區分說：流轉眞如、安立眞如、了別眞如、邪行眞如、正行眞如，乃至賢聖位的清淨眞如，一直到佛地眞如等等，不管你是講七眞如、十眞如，其實都是同一眞如，因爲眞如就只有一種、沒有兩種。那麼這樣子來說，眞如只有一種，而八萬四千法門所證的眞如全都是同一種。可是，凡夫之心不能理解，妄分別見就有種種不同的說法出現了。

那麼這個「如如之相，本不有無；有無之相，見唯心識」；也就是說，這個金剛心顯現出來，永遠都是那樣如如不動的心性，這個如如的心顯現出來不動心的法相，非有亦非無。如果你說這個眞如是有，祂明明不是眞實有，因爲眞如只是這個金剛心顯示出來的眞實而如如不動的法性而已。這個眞如法性你不能說祂實有，祂是依附於金剛心才能夠說有，所以不能夠單說祂有，你只能夠說祂不有。那你說祂沒有這個如如之性嗎？祂又有，因爲這個金剛心恆時都顯示出種種的神用無邊，在祂運作的當下卻又顯示出祂是如如不動的，所以這個如如之相也不能夠說是無，當然還得要說祂是「不無」。如如之相的不有與不無，不是修行以後才同時不有與不無，祂是本來就不有與不無。不有與不無是本來就這樣的，不是修行以後才這樣的，所以叫作「本不有無」。所以，你說「修行」等事情能進到祂的境界中嗎？修慧到不了祂的境界中，修行這個法也修不到祂的境界中。

那麼接著說，菩薩證得「如如之相」，現觀祂「本不有無」以後，再回過頭來看眾生——眾生就是五陰，看一切的五陰（自己的五陰、眾生的五陰），就說「有無之相，見唯心識」。凡是跟「三界有」有關的，或者「三界有」滅掉而成爲無，能夠這樣觀察、這樣看見的心，都屬於識陰所函蓋的範圍；所以說這樣見的就是心識、就是眾生所知心，那就是識陰六個識，或是定中的意識覺知心。

所以，如果證得眞如以後，還會再掉回離念靈知去，那不是徒弟的問題，那是師父的問題。因此正覺同修會以前那三次法難，我都只能怪自己，我都不能怪別人。因爲在幫他們證眞如以前，我沒有先教他們好好去觀心識六識的虛妄，他們都還沒有眞的斷我見就幫他們證眞如，這是我的過失。然後，他們有很多人根本都還沒有想要開悟，我就硬塞給他們；硬塞了以後，他們就不會有功德受用，所以他們就不要眞正的眞如啊！你有什麼辦法？（大眾笑…）眞的是這樣。你們現在聽我說明以後覺得可笑，但以前眞的是這樣呵！以前，我還老婆到無以復加，還親自送上門去：「你要不要開悟？」人家都不要。我親自送上門去，跟他們講：「眞的可以明心，眞的可以見性。如來藏確實有，眞的可以實證。」那時有沒有人開口說：「你能不能幫助我開悟？」都沒有！大家都很苛（閩南語，高傲而寓有刁難的意思）地對待我。本來應該是我苛才對，竟然變成他們在跟我苛。我心裡面就想：「好在我還有一點兒骨氣，你既然不開口求，我就不給你。」但我本來是要送給人家的。那麼這是什麼意思？就是說這個「有無之相」眞的很難理解；而眾生都落在覺知心識陰裡面，因此他們都是「見唯心識」。他們都只能看見自己的識陰六識覺知心，你要叫他抹脖子自殺——否定識陰自己，絕對是不可能的。他們永遠都會認定：「我離念靈知才是眞實心。」其實是落入識陰中，這就是我見深固。

那麼，接下來說：「菩薩如心之性，不無自體；自體不有，不有不無。」菩薩這種如如不動的金剛心，祂眞實而如如的法性，不能夠說是沒有自體的。因爲凡是沒有自體的，就表示是戲論，只是一堆名詞文字把它堆砌出來而已。名詞與文字堆砌出來的東西就是戲論，而這些戲論你到處都可以看得見。你去看那些佛學院、佛學研究所的學報，還有那些大法師們的著作，你讀起來會覺得只是把有與無等名詞堆砌出來的，確實是這樣啊！其實，眞如是眞實義；也就是說，菩薩所證這種如如之心的法性是有自體的，並不是只有口頭上講如如、如如。但也不是要把不能永遠如如的意識修行轉變成如如，而是有自體並且是本來就如如的，不是修行以後才變成如如的。這個如如之性確是有眞實性，因爲祂可以出生外道神我離念靈知，也可以出生外道梵我、出生諸天天主的五陰，更可以出生菩薩的五蘊，乃至出生諸佛的應身、化身、莊嚴報身，所以說祂「不無自體」。

如果說是無自體的，那就完了，再也別談什麼法身慧命了。不幸的是，這一、二十年來，台灣佛教界很流行的說法就是緣起性空，那其實叫作無自體，不是 世尊說的「不無自體」。世尊講的緣起性空，是依有自體的第八識眞如心來說緣起性空，是以有自體的涅槃本際——常住的涅槃本際，來說祂所生的名與色是緣起性空，所以 佛陀講的二乘無我法不是無自體的，因爲是依涅槃本際實相心來說蘊處界的緣起性空。但聲聞法中的凡夫僧成立的部派佛教流傳下來的六識論，餘毒未散，藉著論著而流傳到今天，仍然有許多六識論的大法師們把這個眞如自體否定了，隨後發覺否定了第八識眞如心以後，所說的涅槃就會落入斷滅空；當他們發覺不對了，於是自己再建立一個想像中的本體叫作意識細心——細意識，說是常住不壞的輪迴主體、因果主體。這只能夠說他們眞的是腦筋壞掉了：可以實證的第八識眞如本體在那邊，他們不想證，先把祂否定了，再去建立一個不可證的虛無飄渺的本體——不可知也不可證的細意識，然後說祂叫作常住不壞的實體法。那結果還是虛設法，不能稱爲實；因爲既然是虛妄建立的，他們自己也說是不可知不可證的，那怎能叫作實體法呢？

而實體法，佛已經教過了，對於一切眞實證悟的菩薩們而言，都是可知也可證的。所以，菩薩所證的永遠如如的第八識心當然有自己的眞實自性，因此 世尊說：「**如心之性，不無自體。**」如如之心是有自性而有自體的，雖然說祂不屬於三界有，可是祂眞的有自體。而這個「**自體不有**」，因爲這個自體不是物質的法，祂也沒有顯色、形色、表色、無表色，在祂自身的境界中，任何色法都不存在，祂自己也不是三界有裡面的任何一法，所以說祂「**自體不有**」。前面經文說祂有眞實的法性存在、有各種的作用存在，可是祂本身卻是無形無色的，所以說自體不有；在這樣的不無與不有現觀的時候，來說祂不有也不無。我這樣明確地講解了，諸位聽了就懂了。如果你沒有找到如來藏，想要讀懂這部經；或者否定了如來藏，想要讀懂這部經，門兒都沒有！眞的沒有門可入，不管怎麼樣摸索、研究，所觸全都是牆壁，永遠進不了佛法內門的。

世尊又接著說：「**菩薩『無、不無』相，非言說地。**」諸位想想看，假使你已經證得如來藏而現觀眞如了，你再來看這一段經文時，想想看：別人能不能瞭解此中的眞實理？假使他們還沒有證得如來藏，那你更容易瞭解說：「眞的，他們聽歸聽，也只能是聞熏，不可能眞的懂。」也只能是這樣啊！這就是說，菩薩的這一種無相與不無相，眞的要實證以後才可能了知。如果不是實證，就算別人爲你詳細解說了，也是無法眞實瞭解的。以《金剛三昧經》來講，這一段經文，自古以來就是我講得最詳細了，沒有人比我講得更詳細。可是你如果還沒有找到如來藏，你眞的能聽懂我這樣詳細的解說嗎？依舊只能想像、想像吧！你說：「那我下回不來聽了，因爲只能想像。」但我告訴你：「還是得要來聽。」因爲想像久了，就會有一個具體的輪廓出來，懂嗎？而且想像還會產生一個動力，是因爲想像久了企圖心就會增強：「我無論如何一定要證得祂。」當企圖心生起來的時候，你不必再管什麼疑情不疑情的，你早就住在參禪的疑情裡面了。當你知道自己有疑情的時候，你已經不在疑情裡面了。這樣講疑情，最容易懂。這一種菩薩所證的無相、不無相，眞的不是言說之境界，一定得要實證以後才會懂。你證得這個如來藏以後，可以現觀眞如確實是「不有不無」；然後，就能從你想要爲人家講解的不同方向，來講解這句「不有不無」。別人聽起來只是一大堆不有、不無，可是你講的卻是眞實法，不是言語戲論，這就是大乘法之所以勝妙之地。

也就是說，大乘是以智慧為先導，不是以斷我執、斷我所執為先導。

接著　佛又說：「為什麼說這不是言說之地呢？因為眞如之法虛曠無相，並非二乘聖人所能到達；而眞如猶如虛空的境界，內法外法都不能測量祂；只有六行之士，才能夠知道祂。」是說金剛心所顯示出來的眞實與如如的這個眞如法，祂根本是沒有一個物質可以讓你去接觸，也沒有色塵可以讓你去看見，所以說祂虛曠而無相，是猶如虛空一樣沒有相貌的。當你證得如來藏的時候，你觀察如來藏正是如此，祂顯示出來的眞如無為的法相也是如此，同樣都是「虛曠無相」，這不是二乘聖人所能到達的境界。「及」就是到達。「非二乘所及」，是說二乘聖人都到達不了這個境界，凡夫們就更別說了。因為這一種眞如法的行相、相貌，是猶如虛空的境界，祂無形無色。這種虛空境界，窮盡二乘聖人的智慧，內外俱不能測；不論他們用內法、外法來測量，全都測量不出來的。只有什麼人才能夠了知這種眞如境界呢？叫作「六行之士」。也就是說，你如果願意修這六行，時候到了你就知道了。這六行，叫作十信行、十住行、十行行、十迴向行、十地行、等覺行。如果要講嚴格一點，應該把十信行給刪除掉，在等覺行後面加上一個妙覺行，這就是「六行之士」。換句話說，二乘聖人不修這六行，即使成爲能出三界的聖人了，依舊不能夠測量菩薩所證的這種境界。妙覺就是準備要下生成佛了，例如彌勒菩薩就是妙覺菩薩，他是一生補處，已經準備要下生來人間成佛的。

請問：想要修這六行、要證眞如，你須不須要先成爲菩薩？一定要嘛！你一定要具有菩薩身分，因爲不迴心的阿羅漢們，佛都不傳授給他的。佛的意思是：「你們死後入涅槃算了，這個眞如法，我這個寶貝是要給菩薩們的。」連阿羅漢都如此了，何況是還在凡夫地，不肯先取得菩薩的身分，就想跟我要這個法，我不可能給他啊！一定要如此，何況是悟後進修的後得智乃至一切種智，我更不應該給；所以一定要具有菩薩身分，當福德與智慧都具足了，才有資格得這個法。如果只是像那個壞兒子說：「老爸！把公司給我。」給了他，他就要賣了去花掉；或者給了他幾年以後他就會死掉，也不可能繼續經營了，那麼給他幹什麼？他一定要健康長壽而且願意繼續經營這家公司才行。

也就是說，佛陀傳下來的這個眞如法，你願意一世又一世都住持著，一直到未來無量世，你都不會入涅槃，我才要給你。這樣，表示你是什麼人？

是菩薩，不是聲聞人。聲聞人捨壽後就入涅槃，就是短壽；菩薩世世常在人間受生，就是長壽。要有菩薩的種性才能得這個法，所以我們明年開始要嚴格執行這一點。因此，增上班的同修們要記得求受菩薩戒，如果不受菩薩戒，我就吊銷你在增上班上課的資格。因爲你不願意受菩薩戒，一定不願意世世受生人間，只想解脫，就不是菩薩，那我幹嘛給你這個法以後再給你後得無分別智呢？所以我們從現在起一定要這樣作，才可以保障大乘佛菩提道可以永續流傳下去。連不迴心的阿羅漢，佛都不肯給他們明心了；何況我這個悟後起修的課程中，還有許多深妙的法。所以一定要先受菩薩戒，我才有可能讓你得這個法乃至後得無分別智。所以未來報名禪三審核時，凡是還沒有受菩薩戒的人就不讓他參加，我先刷掉這些人再審核其他人。

這就是說，這個法並不是一般人能得的；一定是已經進入菩薩數中，至少已經成爲凡夫菩薩了；至少他心中已經這樣認爲：「**我是菩薩，我的心眞的是菩薩。**」這才能夠讓他去證這個法。至於受菩薩戒，應該是很歡喜才對，不應該生起煩惱。如果你家人起煩惱，你要告訴他說：「**如果我受了菩薩戒，雖然你也會受到一點影響，但是至少我不會去搞婚外情，不會去花天酒地和**

賭博，你可以放心嘛！所以我如果跑到美國、跑到月球去玩，你都可以放心，因爲我受了菩薩戒。」這樣說清楚、講明白了，家人也應該會歡喜的。如果你要受菩薩戒，家裡老婆反對，你就把這個道理告訴她：「我受了菩薩戒以後，是保護妳的權益；是我的世俗權益被剝奪，是保護妳，因爲我永遠不許在外面金屋藏嬌，妳應該覺得最安心的，妳反對什麼？」這樣一講，應該家人就會接受了。如果再不接受，可以來講堂把菩薩戒本先借回去給家人看：證據在這裡。

這「六行之士」在說明什麼？在說明這六種人全都是菩薩，因爲依這五十二階位來修行的人，絕對是菩薩。只有聲聞人才會依四向四果來修，凡是純依四向四果來談修證果位而不願意同時談五十二個位階的人，都是在修聲聞修解脫道而不是眞正的菩薩道。菩薩道是成佛之道，而成佛之道有五十二個位階；依成佛之道這五十二個位階去實修，才能證這個眞如，所以 佛說眞如之法是：「虛空境界，內外不測；六行之士，乃能知之。」佛陀很明白地告訴我們：「聲聞人不要想得這個法，不修菩薩行的人也不要想得這個法。」凡是不想進入佛門成爲菩薩的人，都不要想得這個法，這就是 佛陀明白告訴我們的道理。只有已經得了菩薩戒的戒體以後，你才有資格可以向師長要求說：「我要證眞如。」如果你還沒有得到菩薩戒的戒體，就沒有資格向師長要求證得這個眞如法。至於菩薩戒體要如何才能增長？那就看自己怎麼樣把菩薩性熏習、顯發出來。

由這裡來看，如果修學般若禪以後，還一天到晚想著說：「我要證阿羅漢果，我不要證菩薩果。」還一天到晚說：「比丘戒才是正解脱戒，菩薩戒只是別解脱戒。」那他能不能得這個法？當然不行。以前我們可以開遮，讓大家方便得到這個眞如法；以前為什麼要這樣開遮呢？因為以前大家都不懂怎麼樣叫作佛菩提道，認為開悟了就是證果，但他們所知道的證果只是證得聲聞果。可是當我們同時提出來說，菩薩果是五十二個階位的實證，並且兼含聲聞果；印順一看到我們書末附印的這一張佛菩提兩個主要道的次第表，他就知道自己對我們無法開口了；因為他很清楚知道，這個法跟以前他們所知道的法是完全不同的，是他所不知道而無法回應的，並不是以聲聞果作為取證之標的。那他就知道，他沒有開口的餘地了。所以他很聰明，終其一生，都不對正覺發表任何的看法。

現在呢，我們講了這麼多，也引述《金剛三昧經》中的經文來作說明了；然而這只是開場白，把這開場白講完了，目的只是讓大家在聞慧上面瞭解實相。實相，有好多人常常掛在嘴巴上說：「實相無相、無不相。」講得好！問題是他們全都落在相中。他們就是這樣啊！因爲無不相，所以就一天到晚抓著所有的六塵相，種種的五陰相也就一樣抓得牢牢地。實相無不相，是要從實相境界中出發來看一切相，才能講實相「無不相」。結果他們都不從實相出發，都從三界有的種種相出發，來講這一句實相「無不相」，那根本就沒有意義。也就是說，實相本身就像剛剛講解的《金剛三昧經》說的「不無自體」，但在「不無自體」之中卻又「不有」，所以兼具了不有與不無。而菩薩所證的這個有與不有、無與不無，都不是二乘聖人所知的。也就是說，金剛心所顯現的實相法界，是函蓋一切法的；三界裡的一切相都函蓋在這個實相裡面，沒有一相能外於實相。所以菩薩才會說：「眾生流轉生死，都在自己的如來藏裡面流轉生死，都是在本來自性清淨涅槃裡面流轉生死。」所以，才會說：「一切眾生本來涅槃。」這不是哲學，而是法界中的事實。哲學大多數是不可實證的理論，但我們這個實相是佛法，佛法全都是義學，義學則是可以實證的。

現在再來看看：這個實相已經瞭解了，那般若就應該瞭解了，因爲般若智慧所映照的就是實相法界。而實相法界無不相——函蓋一切三界相，所以是函蓋了一切的現象界，這樣才叫作實相。如果實相的境界只是一天到晚在那邊講緣起性空、性空緣起，那都不是實相，那叫作虛相，因爲都在現象界中的生滅法上面說的；而且這樣的生滅法還是依於三界有而產生的終歸斷滅之法，根本不能函蓋實相。而實相法界卻可以函蓋現象界的緣起性空，這樣才能叫作實相。當你所證的智慧兼含了法界的實相以及現象界的緣起性空，才算眞的懂得實相；懂得實相的時候你就有了般若智慧，這就是實相般若；宣講這個實相的經典，才能說是《實相經》。

般若，翻譯成中國話就叫作智慧；但因爲智慧有很多種，所以假使這樣直接翻譯過來時，般若的原意就被侷限了，所以乾脆就音譯而翻作般若；因爲般若的義涵還是很廣的，是函蓋世間、出世間法的，所以稱爲實相。這樣的實相般若，你若具備了，就可以觀察什麼叫作波羅蜜。實相般若是四個字，波羅蜜是三個字，不能分開來一個字又一個字講。波羅蜜就是到彼岸，就是到達本來就不生不死的彼岸，才能叫作波羅蜜；所以「實相般若波羅蜜」，就是用實相的智慧到達本來不生不死的彼岸。這聽起來眞的很令人嚮往，然而嚮往歸嚮往，究竟要怎麼樣去實證呢？好好面對這個命題才是重要的。並且實證了以後才知道說，實相智慧到達不生不死的彼岸的時候，原來那個不生死的彼岸也就在此岸，在生死此岸時就已經是本來不生不死的彼岸了，這才妙嘛！如果到達彼岸了，是要划到幾乎累死，是拚死拚活上了彼岸以後卻是離開此岸的，那你要不要？當然不要了，因爲那是聲聞人修證的解脫道，事實上也沒眞的到達離生死的彼岸；而且你的五蘊永遠滅盡以後就不再受生了，那你就不能成佛了。在實相般若的智慧境界中，當你到達不生不死的彼岸時，一定會證實那個不生不死的彼岸同時正好就在此岸。你如果還沒有證得如來藏，聽我這麼講解以後，你心裡說：「奇怪！怎麼會有這種佛法？這個很玄！」因爲以前沒有聽聞過。可是等你實證的時候，你會反過來說：「這不玄，因爲實相智慧法界中本來就是如此的。」

這樣聽起來，假使你是來報名新班，今天第一次來聽，聽了會不會生起很大的嚮往？應該會了。因爲既然這蕭老師敢保證說可以實證，而且也已經三百多個人跟著走過來了，心裡對這個實相般若就應該有信心嘛！難道有那麼多人願意被騙、而且一騙就騙十幾年的嗎？不會有嘛！既然是這樣，就該信了。當你將來實證了，用實相智慧到達不生不死彼岸的時候，那個彼岸其實同時也在此岸，同時存在，這樣橫跨了實相界與現象界。當你把實相法界與現象法界都橫跨了，同時住在二個法界中，從此你說：「**那不迴心的阿羅漢們眞笨！明明自己本來就已經是不生不死了，爲什麼還要滅掉自己去取證不生不死的無餘涅槃？**」菩薩因爲這樣實證了，住在本來自性清淨涅槃中，所以菩薩就不必再入無餘涅槃了；因此，菩薩對於無餘涅槃並沒有很大的欣羨，頂多遇到非常非常痛苦的時候說：「**哎呀！入了無餘涅槃也不錯。**」可是也就只有一個念頭，立刻就過去了，不會眞的想要取無餘涅槃；因爲成佛而利樂無量無邊的眾生，這才是最重要的；荷擔如來家業才是最重要的，入了無餘涅槃中就沒有意義了，頂多只是逃避掉痛苦而已；所以不管再怎麼苦，縱使有過入涅槃的念頭一閃而過，也就是那麼一閃的時間，也是不會去取涅槃的，這才是菩薩。

這樣講解了實相智慧到達不生不死的彼岸，以下這一部經中所說的這些言語就都叫作經。經就是這麼簡單，不要把它想得好玄，經名中最後一字的「經」，就是講解實相智慧到達無生無死彼岸的理論或方法，就是這麼簡單啦！這樣我就把經題講完了——《實相般若波羅蜜經》。也許你心裡說：「欸！**你現在才要進入主題呵？**」對啊！現在才要進入主題啊！這部《實相般若波羅蜜經》本來就應該這樣講的。

接著經文一開頭說：「**如是我聞。**」這是每一部經的開頭都會這樣講的，這個就是證信，是證明說：這一些經文的內容是我阿難親自所聽到的，或者說是我某某人親自聽聞　佛陀所說的。「如是」我所講出來的這些，就是我所親耳聽聞的這些內容。可是後來有許多外道僞造的佛經也沿用「**如是我聞**」，印好了就送到佛寺去；有些佛寺裡的比丘、比丘尼看到經文一開始說有「**如是我聞**」，心裡就誤以爲那是　佛陀親口宣講的，就收下來開始研讀修學了，因而成爲修學外道法的外道。就像那部《佛說天地八陽神咒經》，有沒有？全都是外道講的。那「經典」多好笑呵！我告訴你們，說左撇爲眞，右捺爲正，類似這種意思；又說「六根是六識」，還說「兩眼是光明天」、「兩耳是聲聞天」等等，眞是亂得一塌糊塗，新竹地區有些佛門中的比丘、比丘尼們還信得很呢；自從我們說它是僞經以後，現在只剩下新竹某個密宗道場還在信受和流通。從那部僞經中看來，佛陀也會像中國人一樣爲人家拆中國字呢！這就是說，其實很多人並不懂，他們只看見了「如是我聞」四字，就說那是眞的佛經。往往外道們僞造了以後，就加上個「如是我聞」四字，就變成眞的佛經了；然後就印得很精美，送進佛寺裡面，佛寺裡面也弄不清楚就擺上經櫃開始流通了，結果本質卻是外道法！你說可憐不可憐？只要用這四個字就把他們給騙了，還眞容易騙！我不曉得他們出家學智慧，到底學到哪裡去了？可是一旦進了正覺，不管你在家、出家，你都是要有智慧的，這就是你們進來正覺的目的。而且，我們不打高空，我們是腳踏實地如實履踐。既然我們從來不打高空，所以你進得正覺的門來，就是要一步一步去走，最後終究要讓你實證。

《實相般若波羅蜜經》上週講到「如是我聞」。這四字流傳到這個年代，最重要的是大家不要迷信這四個字。以前是教大家：「當你看見了這四個字，你就要相信了。」可是外道創造僞經以後也跟著先寫上「如是我聞」四字，然後就寫了一堆東西，把外道法滲進來變成佛經，又流通到佛教寺院裡面來了，但那不是阿難尊者親耳所聞而記錄下來的，沒資格寫上這四個字。所以，我們現在看到「如是我聞」四個字的時候還不能作準，還要再看它裡面怎麼講。如果它裡面還會講後來中國習俗「拆字」的事情，就表示那是中國人僞造的。但是這種東西流通到寺院久了以後，往往因爲寺裡人多了、閒著沒事幹，另一方面也是錢多了沒處花，就再來搞一下經典結集，就把僞經收進新編的《大藏經》中了。一旦收編進去以後，變成《大藏經》的一部分，那僞經就變成眞經，佛教正法就被外道法正式入篡了。《大正藏》裡的許多密宗僞經就是這樣來的，這種狀況，其實都不能叫作結集。

經典的結集，只有一種人具有資格，就是親聞　佛陀說法的人；並且他們還得是實證者，才有資格結集經典。至於後來所謂的第二、第三乃至第五次的結集，其實都已不是經典的結集了。所以，有人說第二次七百結集也叫經典結集；那其實不算數，那只是聲聞人把不同部派的僧團生活的實踐，也就是有關戒律的事情拿來討論而作成決議，然後記錄下來，那怎麼能叫作經典結集？只是討論戒律而確定戒律的內涵並記錄下來罷了，與經典的結集無關。至於南傳佛法還說：「一直到西元幾百年以後，都還有在作經典結集。」

那其實都不能叫作結集，應該說是整理市面流通的所謂經典；只是整理而已，那不能算是經典的結集。

所以眞要說結集，只有兩次才是經典的結集。第一次、就是大迦葉他們五百個人之中，有聖人也有凡夫，其中只有四十位阿羅漢，共同結集了四大部阿含諸經。有四阿含時就已經同時結集了三藏：經藏、律藏跟雜藏。那才算是第一次結集。當聲聞聖人與凡夫們，把阿含部諸經結集完了以後誦出來，菩薩們聽到他們宣稱那就是成佛之道的經典，詢問說：「**聽說你們把大乘經典也結集完畢了，請你們誦出來給我們聽聽看。**」這一聽，可不得了！大乘經典竟然被聲聞人結集成那個樣子。就好像人家鍊金子，鍊到後來是留下黃金，雜質就丟掉。大迦葉他們把大乘經典結集出來的結果，竟然變成是把那些黃銅留著，卻把黃金丟掉，因爲他們看不到大乘法黃金在哪裡。這是因爲他們聽聞大乘經典的時候有很多內容是聽不懂的，聽不懂就無法生起勝解，沒有勝解就不能產生念心所，沒有念心所時根本就記不住大乘經中的內涵，哪能結集大乘經典呢？所以他們結集出來所謂成佛之道的四阿含諸經，經名之中也有大乘經典，內容卻只剩下聲聞、緣覺的解脫道法義。

因此，有資格結集大乘經典的人當然是親聞並且實證了，所以聽 世尊宣演大乘經典時能夠聽懂，聽懂時才有對於大乘經義的勝解心所跟念心所，才有能力結集大乘經典。所以，菩薩們聽聲聞人誦出四阿含而說那就是大乘經的時候，不能認同，當場提出抗議，要求增修卻得不到五百聲聞人的應允，所以菩薩們當場就說：「**吾等亦欲結集。**」這才有後來的大乘經典，就是七葉窟外的千人大結集，才算是大乘經典的結集；因為都是親聞 佛陀演說大乘經典，並且也是親證的人，這樣才能叫作大乘經的結集。四阿含的結集，本質只是二乘法的經典結集，但也還是結集，所以事實上只有二次經典結集。而聲聞僧所謂的第二次結集，只是七百人針對戒律所作的討論而記錄下來，不是經典結集。那時候親聞 佛陀說法的人之中，留在人間最久的阿難尊者也已經不在了，還有誰能宣稱為「**如是我聞**」呢？那怎能叫作經典結集？而且那只是專門針對律典「十事非法」的討論而記錄下來，與經典無關，不能說是經典的結集。

至於南傳的小乘佛法只是聲聞部派佛教的遺緒，都是六識論的凡夫僧；他們講什麼第三次、第五次，甚至於有人還講到第六次結集。那其實都不是結集啦！只是整理坊間流通的二乘解脫道經典而已，至於眞僞，他們是沒有智慧加以辨別的。所以歷史上眞正的經典結集只有兩次，一次是二乘法四阿含的結集，第二次就是隨後立即展開的，文殊師利菩薩邀請阿難尊者等一千位菩薩們，一起在七葉窟外舉行的千人大結集。所以，結集的意涵一定要弄清楚。可是到後來，有很多人創造經典而冠上「**如是我聞**」四字以後，也跟著混進佛門來了。就像 佛滅後千年才出現的《大日經》也是一樣弄上「如是我聞」四字，寫好了就混進佛門來。那些編輯藏經的糊塗阿師都是未悟之人，也就把它們編進來，結果從外道滲進來的雙身法就成爲《乾隆藏》與《大正藏》裡的經典，於是外道雙身法的性交假成佛法門，在佛門中的存在就變成合理了。後來他們把藏經請出來：「**你看！這是《大藏經》啊！這是《大正藏》裡面的經典啊！你能夠說它不是佛教眞正的經典嗎？**」看來又像是了，因爲它們眞的被收集在《大正藏》裡面，但其實都是外道法。

所以，我們編《正覺藏》是個大工程，就是準備三十年、五十年，要把它作出來。那個大工程很大，不是在於它的文字多、冊數多，而是在於需要正確地加以舉證及評論，要一一作出教判：「**這部經中說的這些法，爲什麼**

是外道法。」得要列舉出理由來，並且那個理由要能夠使人信服，不能強詞奪理亂說一氣，因此這個工程也就大了。這就是要把《大正藏》裡面的所有經典，全都分派給一些同修們去閱讀。讀過了，要把它們不合三乘菩提正理、不合聖教的地方都列舉出來。然後大家再來討論是不是合理、合教？最後作出教判說：「**這是外道經，理由一、……。二、……。**」一一要列舉出來，所以這是個大工程。

因此，你們讀經的時候，不可以單說這是《大藏經》裡面的就全然信受，不能這樣想。也不能看到它一開頭有「如是我聞」四字，隨即在心中這樣想：「**這經典沒有錯，眞是佛經了。**」佛陀規定要用這四個字，是說以下我所說的這些東西，要由結集經典的人來爲大家證明：這是我親耳所聽聞的。既然經的前頭一開始都講「**如是我聞**」，那麼請問：**誰有資格結集經典**？（眾答：親聞的人。）對啊！得要親聞的人，才有資格結集經典。不但如此，還得要聽懂，得要一面聽聞一面還能夠現觀來證實確實如此，這樣才能產生「勝解」與「念」二個心所，並且恐怕記得不周全，還得邀請很多實證而且親聞的人一起來補充遺漏的內容；具足這些條件，才有資格結集經典。如果佛說法的時候他不在場，他自己想一想就寫經典出來，也跟人家親聞的人一樣寫個「如是我聞」，那他是在欺騙大眾，因爲他根本就沒有當場聽到嘛！所以 佛陀指示要用這四個字的用意已經很清楚，就是結集經典的人或者口述經典的人，都必須是親耳聽聞 釋迦牟尼佛所說，才有資格結集經典。

所以，那些南傳佛法中的聲聞凡夫們講什麼第五次、第六次結集，那些年代距離 佛陀入滅已經幾百年、二千年了，他們還有資格結集啊？可是他們照樣寫了「如是我聞」在經文前頭，都很有可能是把人家在幾百年前創造流通的僞佛經加以整理，其實是在支持僞經。因此，對這四個字沒有弄清楚的人往往誤以爲眞，然後只好被欺瞞了。這就是佛法傳到末法時代所會產生的荒腔走板的事，可是大眾卻都不知不覺，也不曉得「如是我聞」四字的眞正意涵是什麼。阿難的意思很清楚地告訴大家：這一些經文中的內容是我親耳聽聞的。只有這樣親聞的人，才有資格去把經典寫出來。你親自聽到 佛陀的說法，而且你也有勝解，知道 佛陀是這麼說而不是那樣說，這樣把它記錄出來才能叫作經典結集。沒有親耳聽聞的人就沒資格結集佛經，這就是「如是我聞」四個字最重要的意涵所在。可惜！好像現在沒有人懂這個意思，都在那邊解釋：「這『如是我聞』是爲什麼、爲什麼……。」講了一大堆，可是都沒有切中重點。接下來是經文：

經文：【一時婆伽婆以善成就一切如來金剛正智之所建立，種種殊特超於三界灌頂寶冠，摩訶瑜伽自在無礙，獲深妙智證平等法，所作功業皆已究竟，隨衆生心悉令滿足，三世平等常無動壞，三業堅固猶如金剛普光明身，住欲界他化自在天王宮殿之中。其王宮殿種種嚴好，皆以大寶摩尼所成；繒蓋幢幡衆彩交映，珠瓔寶鐸風動成音；一切如來常所遊踐，咸共歎美吉祥第一；有菩薩摩訶薩八千萬人，前後圍繞供養恭敬。佛爲說法初中後善，其義深遠，其語巧妙，純一無雜清淨圓滿。其名曰金剛手菩薩、觀自在菩薩、虛空藏菩薩、文殊師利菩薩、轉法輪菩薩、降伏一切魔菩薩，如是等菩薩摩訶薩而爲上首。】

講記：「一時」，有很多大師解釋說：「這時間不好定啦！因爲你在人間，到底是用哪一國的時間來定？如果到忉利天去，又要講什麼時間；到了他化自在天，又要說這是什麼時間，不好定。」其實不是只有這樣，也是因爲佛陀在娑婆世界裡的弘化，其實是在很多的星球世界弘化，並不是只有一個地球，那麼到底是要說在哪一個星球的什麼時間呢？所以不好說，但他們說的也沒有錯誤，因此原則上他們講的還可以參考。但因爲時間眞的不好定，所以就說是「一時」。而且在古印度當年，很多人是沒有親聞 佛說的。親聞 佛說的人，他們往往也沒有去記憶說：「我這部經典是波斯匿王在位的什麼稱號的第幾年聽聞的。」那時天竺分裂爲很多個小國，世尊有時在這一國說，有時在那一國說，每一部經典都要記載是在某國的某一年、某一處說的，也是很麻煩而且不必要的事；所以就是一個大約的時間就好了，反正證信的時候主要的是在法與人、地，不是在那個時間；那時間並不重要，最主要的是在法義。佛陀來人間說法，不需要去特別注意說：哪一國的哪一年、哪一月、哪一日的什麼時間。並不需要，因爲 佛陀說法的目的是要把法給大家，大家都能聽懂 世尊所說的法，才是最重要的，那一些細節枝末就不怎麼重要。

那麼接著說：「**一時婆伽婆**」，婆伽婆就是講 佛陀，因爲婆伽婆又名 Bhagavat。Bhagavat 有時就翻作婆伽梵。在某一個時間，佛陀以「**善成就一切如來金剛正智**」之所建立的種種殊特超於三界的灌頂寶冠。這到底在講什麼？也就是說，佛陀以善於成就一切如來金剛正智來建立的，無量無邊殊勝而超特於三界灌頂之寶冠；這意思就是說，只有以如來的金剛正智，才能夠建立種種殊特而超過三界灌頂的寶冠。如果不是金剛正智，所建立的全都不算數，所作的灌頂都只是世間法裡的灌頂，是不殊勝而且不能超越三界的世俗灌頂。可是說到金剛，到底什麼是金剛？金剛，是說祂不可壞，三界裡沒有任何一法可以毀壞祂，唯有這樣的法才能叫作金剛。爲什麼這個金剛是不可毀壞的呢？因爲祂是萬法的根源。凡是從這個萬法根源中所出生的法，那就屬於子法，不是母法，子法是不能抵抗母法的。就好像兒子是媽媽生的，從小就孝順於媽媽，乃至這兒子後來當了總統，當了飛行皇帝轉輪聖王，他還是要孝順媽媽，這才是符合倫常。如果他不孝順了，對於自己之所從生的母親不孝順了，就變成天下人皆可誅之，因爲違背倫常，所以兒子是不能毀壞媽媽的。

在法界中也是如此，假使眞的有某一個能毀壞萬法根源的那個法，可以來毀壞能夠出生它的萬法根源，這是不合邏輯的；因爲這個被萬法根源所出生的法，必須要依附於那個萬法的根源，才能存在、才能運作，怎麼可能反過來毀壞支持它的法呢？既然一切法都從這個金剛心中出生，而這個金剛心出生一切法以後，並且繼續支援著一切法來運作。那麼諸位可以想想看，那一切法中的任何一法，能夠反過來毀壞這個金剛心嗎？當然是不可能的。除非那個所謂的金剛心，並不是眞正的金剛心；也就是說，它是被誤會的，它並不是眞正的萬法的根源。既不是萬法的根源，就是可以毀壞的；只看你要怎麼毀壞它，要毀壞到什麼樣的地步，或者要修到什麼樣的層次才能毀壞它，只有這些差別而已，所以說金剛指的是不可壞法。

在古來有一種傳說，有一種物質叫作金剛，堅硬無比不能摧壞，所以叫作金剛。但其實世間沒有一種物質是不可壞的金剛，假使劫來了，當壞劫到了，所有極堅硬的物質都一樣會壞掉。所以佛法中說的金剛只是個形容，形容這個金剛心是不可毀壞的；由於諸佛在因地時就以這個金剛心的實證，而產生的宇宙萬有、有情根源、法界實相的智慧，依這種智慧繼續進修以後才能成佛，所以諸佛的這種智慧才叫作金剛正智。這是說，一時佛陀說法時是憑藉善於成就一切如來金剛正智所建立的，無量無邊的殊勝奇特而超過三界世俗灌頂的世出世間眞正灌頂的寶冠。超過三界，是說祂不屬於三界中法。灌頂，在古印度，如果小國王加冕的時候，只要弄個大海裡的水來，也就可以灌頂成王了。如果是超大國的大國王，他加冕時的灌頂儀式裡，就一定要取來四大海的水，從四大海取來的海水混合起來以後，才可用來爲他灌頂。

那麼在大乘法中，菩薩也有灌頂法。菩薩灌頂是到什麼時候才會出現呢？那得要聽雞啼了，得要聽很久。要用閩南語聽我說的這句話，懂了嗎？就是要在眞的開悟以後很久、很久、很久，還要再很久。久到什麼地步呢？對啦！剛剛有人說了，要到十地。到了第十地時才能得到諸佛爲他灌頂，因爲十地菩薩叫作法王子，十地過了就成爲等覺菩薩，準備要紹繼成佛了，所以十地菩薩就是法王子。《楞伽經》說，九地滿心菩薩轉入十地修行很久以後，即將圓滿十地功德了，當他有一天從頂上放出光明照耀十方諸佛的時候，十方佛世界都會震動。這位菩薩坐在他的大寶蓮花王的大宮殿的寶座上，十方諸佛隨後就會全部從腳底下放出寶光，這些寶光同時從十方世界來到這個世界，灌入這位十地菩薩的頂門加持他，讓他具足十地的功德，這叫作佛法中的灌頂。

然後十方的大菩薩們，特別是九地菩薩們，事前被諸佛告知有人快要成就十地滿心的功德了，大家都趕快去諸佛所指示的世界；已經知道諸佛的寶光要照到哪裡去，就得趕快往那邊去。去到那邊見了那位十地菩薩，禮拜之後坐下來就等著獲得好處；因爲諸佛放出來的寶光裡夾帶有其他的無量光明，主要的寶光是爲那位十地菩薩灌頂，夾帶著的其他寶光就爲這些從十方世界來的九地菩薩們灌頂，讓所有九地菩薩們個個都獲得百萬三昧。你也許想說：「**有這麼好的事，我要什麼時候才能等得到？**」我告訴你：「**還早！還早！**」因爲到那個地步，表示你已經即將要紹繼佛位了，現在明心才不過是第七住位而已，還早著哩！這就是說，若有一個人成爲十地菩薩，當他快要滿足十地心了，其他菩薩們都同樣可以得到利益；這是說，菩薩要有這樣的心量；如果他沒有這個心量，心裡面起了一念不歡喜心說：「**爲什麼我成爲十地滿心菩薩時，你們大家都可以從諸佛得到那麼多好處？**」那我告訴你，他就不是滿足十地心的大菩薩。所以心量要夠廣大，修行才會快速。

像這樣的灌頂，才是佛法中眞正的灌頂。如果只是像密宗那樣，弄一堆寶特瓶，每一個人發一罐，跟著喇嘛唸誦咒語以後自己在頭上灑一灑，這樣就叫灌頂嗎？如果是天氣太熱，唸咒也唸到熱惱了，只是用水把頭頂灑一灑、涼一涼，是可以清醒一些，然而全無佛法中灌頂的實質。至於他們密壇的灌頂，那叫作下三濫，根本沒有資格談灌頂，眞的是下三濫！只要能把《密宗道次第廣論》或《菩提道次第廣論》中的〈止觀〉內容讀懂了，你就知道宗喀巴也是下三濫，那都是雙身法的淫樂境界，沒有絲毫灌頂的實質；達賴喇嘛以時輪金剛的雙身法宗旨爲人灌頂時，一樣是下三濫。雖然他們表面上裝得一派冠冕堂皇、道德清高，背地裡卻是一天到晚想著女人和淫樂，全都是騙人的，所以密宗那些法會中的灌頂，都沒有絲毫灌頂的實質。講到這個，讓我想起來，台灣早期的一貫道也是搞密宗這個東西，那是很早期了，這二、三十年來應該是沒有了。那是我還沒有成年的時候，算是很早期了；所以那時候一貫道就被民間知道內情的人叫作鴨蛋教，那時他們都是祕密聚會，有一堆男女脫光了在那邊拜拜。拜完了以後幹什麼呢？他們那時候是很神秘的，其實搞的就是密宗的東西。不過那已是很早期的事了，後來知道那樣無法推展，就取消了。當然現在應該都不會再有了，如果還有的話，早就被罵翻了，又如何在台灣合法化？不過，一貫道其實是不應該被合法化的，因爲他們沒有自己的教義，只是竊取佛、道、儒、耶、回等五教的教義，綜合起來以後仍然是以佛教的教義爲主要，誇口說他們能夠一以貫之，其實對佛教的教理絲毫也貫通不了。說穿了，一貫道就是一貫盜，自始至終一貫以竊盜之手法竊取五教的教義；像這樣子專門竊盜別人教義的信仰也能合法化，眞是匪夷所思。就像專門弘傳外道性力派雙身法的喇嘛教，他們在近代改名藏傳佛教以後依舊是邪教，而且不是普通的邪；並且與一貫道一樣是專門竊取佛教教義的竊盜者，但在大陸竟然也是合法的，一樣也是匪夷所思。

言歸正傳，解釋十地菩薩的灌頂以後，這個灌頂的意涵懂了呵？就是被諸佛以寶光灌頂了以後，獲得無量無邊的三昧與功德，所以他就成爲法王子了。因爲成爲法王子了，成爲頭戴寶冠的大乘勝義僧寶。所以菩薩們，不管你多有威德、多有錢財，請你不要隨便戴寶冠。你注意看看，菩薩們戴寶冠的都是什麼人？文殊、普賢、觀音、勢至、彌勒，才有寶冠可以戴。其他的人，你看看誰敢戴？這才是眞正的灌頂菩薩，因爲他們已經是法王子了。由於有諸佛的灌頂，成就十地滿心的功德。那意思就是說，他從此可以戴那一頂寶冠；那頂寶冠代表的，就是十地已經滿足了。十地心的滿足其實還是依靠諸佛加持，不是靠自己努力去修行而滿足十地心。想想看呵！九地菩薩進入十地的時候，得要很努力修行很多、很多劫，最後還要靠諸佛的灌頂加持才能滿心。那你想，十地菩薩還會起慢心嗎？當然不會啦！他們都知道說：「**我們能成爲十地滿心，進入等覺位，都是仰仗諸佛的加持。**」

但是諸地菩薩都是從初地開始就知道這個道理，所以初地菩薩們都很清楚知道說，十地滿心菩薩依舊不會對諸佛起慢，特別是對本師佛。然而我們回頭來看看末法時代的人間，那一些凡夫大師們動不動就說：「**釋迦佛已經過去了，現在是換我了。**」如果有人說：「**我是觀音菩薩再來，我是釋迦牟尼佛再來，我是阿彌陀佛的化身。**」結果竟然還沒有斷我見，竟然還只是一個凡夫，你能想像那樣的佛嗎？所以你看，十地滿心菩薩都還不敢跟釋迦佛相提並論欸！那些凡夫竟然動不動就說是成佛了。你說，這些眾生是不是七月十四號的鴨子？眞的啊！明天人家就要宰牠了，牠還不知道，還在那邊洋洋自得大搖大擺啊！牠根本就不知道死活，所以這句閩南話「**七月半的鴨子**」，歇後語就是：不知死活！這是台灣特有的歇後語。

這句經文的意思是說，諸佛都有這種超越三界的灌頂寶冠，佛陀就是因爲這個金剛正智所建立，以種種殊特超於三界的灌頂寶冠的功德，能夠有大瑜伽，自在無礙。瑜伽意爲相應，講的是與解脫相應或是與佛菩提智相應。

大乘的修行解脫總共分爲十七品，就是十七個層次的境界，所以稱爲十七地；這就是《瑜伽師地論》所講的：瑜伽師總共有十七地。也就是總共有十七種層次的瑜伽師。瑜伽的意思，就代表與解脫自在及實相智慧相應。而佛陀的解脫，是屬於大解脫，不屬於一般的解脫。解脫，爲什麼會分那麼多的層次？所以瑜伽師要分成十七地，是因爲凡夫也有凡夫的解脫。譬如超脫欲界，就是第一種解脫相應，表示他已不被欲界所繫縛。也有人超脫於異生，也是一種解脫的相應。乃至超脫於色界，也是一種解脫境界的相應，不被色界以下的境界所繫縛。或者有人稱說：「我超脫於三界，不受後有。」那就是阿羅漢的解脫相應境界，就是解脫瑜伽。也有智慧更好的，藉因緣觀而解脫於三界，那就是緣覺的瑜伽。然後再來看看菩薩，菩薩要分成幾地來說？有時候，從凡夫是否能超脫於五塵、五識境界來講解脫的相應，也是一種瑜伽。所以瑜伽的意思就是相應，是能否相應於各種不同層次的解脫境界。

所以瑜伽的意思是相應，說你已經「與解脫相應」，就是有瑜伽了，就是已經有相應的意思。密宗可好了，他們把瑜伽當作運動，在修雙身法時該怎麼動，就說是應該怎麼瑜伽；他們說的無上瑜伽，自稱是與無上佛果相應，其實全無解脫上的瑜伽可說。密宗喇嘛教把佛法的名相以外道法亂套一氣，你說要命不要命？每一個佛法的名相，每一個佛法的實證，在密宗裡面全都用外道法來解釋、來取代。好了，譬如說一個蜂巢，本來是能生產很優良蜜蜂的那一些組合或整個群落，也有很多蜜蜂很努力辛勤地收集了最好的花蜜，來灌注在蜂巢裡面。現在竟然有人主張說：「**到處去收集那些花蜜，那太辛苦了，時間也太久了，我就弄一支針筒，把糖汁打好了，一個一個灌進蜂巢中的每一格，不就立即成爲蜂蜜了嗎？**」至於人家是以什麼樣的物品叫作蜂蜜，他們可不管，就說這些灌在蜂巢中的糖汁叫作蜂蜜。也許他們很聰明，怕糖漿太稀了，他就加一點洋菜粉稍微凝結一些，不就好了嗎？那些稀糖漿加了洋菜粉的假蜂蜜，就如同西藏密宗的無上瑜伽，那完全不是佛法，都是假冒佛法，一點點佛法的本質都沒有。

這段經文中說的「**摩訶瑜伽**」，爲什麼叫作摩訶？因爲二乘的瑜伽—二乘聖人與解脫道的相應境界—不能稱爲大解脫，他們的涅槃不能稱爲大涅槃，只有 佛陀的涅槃才是大涅槃，因爲具足四種涅槃。二乘聖人只有有餘涅槃、無餘涅槃，但是 佛陀具足四種涅槃，因爲 佛陀的證量中又加上兩個，一個叫作本來自性清淨涅槃，就是你們現在明心所得的涅槃，而二乘聖人得不到這個涅槃；另外一個就是無住處涅槃，既不住於生死中，也不住於無餘涅槃中，卻是遠勝於二乘聖人的無餘涅槃。諸佛因爲具足這四個涅槃，所以諸佛的涅槃就稱爲大般涅槃。因此諸佛在人間示現而入滅的時候，也稱爲大般涅槃。如果不是成佛以後入滅，不許稱爲大般涅槃、大圓寂。阿羅漢入滅、辟支佛入滅，只能說爲涅槃或圓寂。

如果凡夫大師死了，他宣布說：「我要圓寂了。」對不起！這句話一說出來，不但不能圓寂，還要下地獄，因爲他成就了大妄語業。圓寂的意思，就是圓滿而寂靜，就是入涅槃。當他這句話一出口，本來一生度人無數，雖然都是度入佛門在學表相佛法，但那個功德也很大，本來應該生欲界天長壽享福去的，竟然只是這麼一句話就下地獄了，因爲他騙人家說他要圓寂了。所以我們倒希望看見以後那一些佛教月刊，報導某些老比丘、大法師捨壽時，盡量少用到「圓寂」兩個字。他們往往這樣報導：「某某比丘、某某住持比丘尼，什麼時候圓寂了。」那是在害他們的師父欸！如果那個稿子沒有先給他師父看過倒也還好，如果先給他師父看過而獲得同意了，那就害慘他師父了；因爲他師父接受了，他接受用圓寂二個字來報導他的捨壽，那就害到他了，因爲他的師父可能沒有根本罪、方便罪，但至少會有成已罪。

所以解脫境界是有大有小的，大解脫與小解脫是不一樣的；這是因爲菩薩捨壽前所證的涅槃，阿羅漢、辟支佛就無法想像了，何況是諸佛的大涅槃相應境界。二乘聖人很難想像，心想：「**菩薩在初地心的時候捨報可以取涅槃，竟然不會去取涅槃，眞是傻瓜！**」可是成佛之道跟二乘菩提大不一樣，傻瓜才是最佔便宜的，因爲他得到最好的涅槃，佛陀也給他最好的；而佛陀也照顧他最久、最多，因爲一直到成佛爲止，諸佛都照顧著菩薩。所以到底誰聰明、誰笨，還不知道呢，光看表相是不準的。

經文中說，佛陀這樣的寶冠，是大解脫而自在無礙的。自在有兩個意涵：第一個意涵是一般人所用的，就是無所恐懼、怡然自得的意思；第二個意涵，是大乘法中說的自己本來就在。凡是自己本來就在的本住法，祂絕對無所恐懼。被生的法才會有恐懼，因爲被生的法不是本來自己就在，會死、會滅。譬如意識，意識最怕的是什麼？（有人說：死。）對啊！爲什麼怕死？因爲死了以後自己就不能繼續存在，所以意識在臨死前，最看重的就是這個身體不能壞、不能受損；因爲身體萬一壞了，意識就不能繼續存在人間了。這就是說，意識不是自在的心；只有金剛心眞如才是自在心，因爲祂是自己本來就在的，本來就在的心是不生的心，本來不生的心在將來就不會滅，所以就無所恐懼。

意識要依別的法才能存在，所以意識就是害怕祂所依的法不見了。意識所要依止的法不但有六根，還包括六塵。有很多人修定的時候，知見不正確，因爲他的師父也不懂怎麼樣修定；其實他自己的定根是比他師父好，所以當他自己實修的時候，反而很容易就離開五塵；可是當他突然離開了五塵以後，他心中有恐懼了，他以爲說：「怎麼變成這樣？我怎麼聽不到？」這一嚇，嚇出心病來就出定了，又接觸五塵了。這就是他的知見不夠，被他師父教錯，因爲他師父教的是：「你一定要了了分明，聲音來時要很清楚知道。」好了，結果他很精進打坐修定，坐到進入深未到地定裡面忘了聲音了，他就害怕起來：「怎麼沒有聲音了？」心中就有恐懼。其實要保持離開五塵的境界才是對的，但他反而因爲師父錯誤的教導而使他害怕恐懼，於是無法長住於深未到地定中，初禪就更難修得了。這就是說，凡是自己本來就在的法，一定離見聞覺知而不作主，才能夠無所恐懼；凡是依他而有的法，就一定會滅而有恐懼。

這跟一般人講的自在，跟那些大師們講的自在就不一樣了。他們講的自在，譬如說：「我於眾生中得自在，因爲我是國王。」他們是講世間法的那個自在。又譬如說：「我於千軍萬馬中得自在，因爲我是大將軍，我武術也是最高強的，敵人都殺不了我。」那是相對的自在，不是本來自己就在。又譬如說，你們有時候也許聽到我們會裡面哪一個同修私底下告訴你：「我於佛教界得自在。」爲什麼呢？因爲出到會外去，所有的佛教界，他可以五湖四海任他行，哪一個大師敢跟他對話？但這個不是說他有慢心，而是說他希望讓你生起稀有難遇之想；因爲你聽他這麼一講，會想：「眞的不簡單，他在同修會裡面都還沒有當親教師，就能夠於會外佛教界得自在。」當你有了這一種難遭遇想的心態出現了，你就會投入正法中受學。

可是若要去推究說：他能夠於佛教界得自在，是怎麼樣得自在？這其實也是相對的。是因爲他知道涅槃本際，也知道那些大師們連我見都沒有斷，當然可以在那些大師之中得自在。因爲眞有哪位大師想要跟他談話時，老實說一句不客氣的話，直接問就好了：「請問大師，您證初果沒有？」其他就不用講了，他們可就支支吾吾、結結巴巴，不敢回答了。大師如果承認說：「**我大法師連初果都沒有證。**」他事先就會想：「**那我算什麼大法師？**」可是如果承認證初果了，明明知道自己是大妄語啊！怎麼辦呢？那你說，我們這位師兄這麼一句話問出去，他對於那位大法師能不能得自在？得了！一定自在嘛！因爲明明知道那位大法師沒有斷三縛結，也明明知道大法師不曉得涅槃中的本際；而自己都實證了，當然可以得自在嘛！所以哪天一群大法師來了，他也不怕，因爲他只要開口質問：「**你斷了我見沒有？**」就好了。他們都不敢回答，除非他們有誰準備著下地獄。那他們如果答了，我們這位師兄可得要跟他探討：「**你說你斷了我見，可是你的所悟都在意識裡面呵！那你怎麼敢說你斷了我見？**」這一下子就更沒面子了。本來是爲了要面子，所以回答有證初果，結果被人家拈提出來，原來還落在識陰裡面，那就更加沒面子了，那他們如何能在我們這位師兄面前得自在？當然是我們這位師兄可以得自在。所以，自在，要看是什麼樣的自在；菩薩可以於聲聞、緣覺中自在，聲聞、緣覺不能於菩薩中得自在，何況凡夫大法師們？所以對這一點要先瞭解。

因此，自在有兩個意思，一個是世間法中相對的自在，另一個是從佛法來說自己本來就在的；既是本來已在而無生的，當然就永遠不滅，就是第八識金剛心。金剛心從來都沒有恐懼，所以祂也能夠於萬法中得自在；你恐嚇不了祂，因爲不管你怎麼恐嚇，祂就是不理你；你對祂褒獎，祂也不理你；所以恐嚇之法不能到祂的境界中，褒獎之法也不能到祂的境界中，所以祂是最自在的心。大解脫的自在是無所遮障的，沒有任何障礙，因爲諸佛的解脫是沒有侷限的。所以，諸佛有時候會罵人欸！像釋迦牟尼佛有一次遇到個外道，就說：「你們祖先，」有時候或者說外道：「你爸爸、你祖父七世以來都是當我們家的僕人，所以你是賤種。」那外道婆羅門是當時人們公推爲最尊貴的人，沒想到人天至尊就這樣當眾告訴他，是因爲那個外道氣焰太囂張了。那外道婆羅門當然不服啊！佛就一樣一樣數落給他聽：「你們的祖先在往世就已經是釋迦族的奴才，難道你們的經典中沒講過我剛才說的你們種族的由來嗎？」外道婆羅門當然不敢回答，因爲他們的經典中就是這樣說的；世尊就說：「那麼請問，你們是不是釋迦族的奴種？」還眞是釋迦族的奴種，那個摩納外道又能怎麼樣？眞的不能怎麼樣。

這就是說，摩訶解脫才有資格於一切有情中都自在無礙。如果不是大解脫，那個自在還是有侷限的。所以，阿羅漢的自在是什麼？是捨報的時候有把握入無餘涅槃；這一世苦就讓他苦，捨報時間到了是可以入無餘涅槃而永脫生死輪迴的。因此，在此生所餘的日子裡，世人對他供養是多是寡，他都不掛心，這就是他的自在的層次。可是，假使突然間一群賊人持著刀槍要來殺阿羅漢，阿羅漢照樣會跑開，他不會等著人家來殺。因爲他想：「**我捨報的時間還沒有到，爲什麼平白要給你殺死？**」所以，他的解脫是有個侷限的。但如果是諸佛呢？諸佛絕對沒有走掉的道理，諸佛就等著要度那個準備要殺祂的人，這才是諸佛的自在。那麼菩薩呢，菩薩就學著諸佛這樣作，所以菩薩不接受恐嚇，恐嚇對實證無生法忍的菩薩是沒有用的。

這就是說，因爲三乘菩提中所修的解脫之道不一樣，所以唯有諸佛有這個摩訶瑜伽，才能夠自在無礙。這個自在無礙的摩訶瑜伽，其實是基於那個灌頂寶冠而來的。可是那個灌頂寶冠，卻是從金剛正智所建立的。金剛是指不可壞的法，就是正覺同修會四眾開悟明心所證的第八識如來藏；金剛正智，就是證悟如來藏而生起的，對於金剛心常住不壞而又能生萬法的法界實相智慧。要證得這個第八識金剛心，才會有金剛正智；如果沒有證悟明心，其他就都不用提了。否定了這個第八識金剛心，還說什麼成佛之道？都是講著好玩的。這段經文說 佛陀以這樣的自在無礙，來爲眾生演說深妙的實相法界。想要獲得深妙智證平等法，必須是具足了這一些實證而能現觀法界實相了，才能算是最深妙的智慧，也才能算是最平等的法性。因爲這種智慧連二乘聖人都無法想像，何況是那一些否定第八識的凡夫大師們；而這種深妙智慧的深廣淺狹，在於第一義諦的所證各不相同，所以說下地不知上地事；乃至到了妙覺位都要成佛了，竟然還不能猜測 佛陀的智慧，這才叫作深妙。

而這種智慧所證的是究竟的平等，因爲所謂的平等，其實各地的層次之所證是不相同的；只有到達佛地的時候，諸佛互相之間才是究竟的平等、圓滿的平等。這個時候就說，所作的功業已經究竟了。譬如說解脫道的修行，解脫道的修行到了阿羅漢位，就說：「梵行已立，所作已辦。」如果沒有到達阿羅漢位，那麼聲聞菩提的解脫道，都叫作「梵行未立，所作未辦」，不免還要繼續接受後有而有生死輪迴。也就是說，清淨行還沒有具足建立，所修的解脫之法還沒有具足精修，所以要到了阿羅漢位時才說「梵行已立，所作已辦」。那麼，如果在大乘法中，就不跟你完全談梵行了，因爲阿羅漢是可以離世間一切染汙法，菩薩卻要一世又一世不斷地在染汙法中修行來成就佛道，因爲菩薩必須要成就於一切染汙法中的免疫力。阿羅漢看到染汙法是避之唯恐不及，深怕再落到裡面去；菩薩卻不一樣，反而投入染汙法之中，特別是投入欲界之中卻依舊具足離欲功德，使自己的免疫力不斷地增長，最後染汙法根本就不是染汙法，因爲對他完全沒有任何的影響力，雖然世世都住在欲界中，卻都可以離欲而證初禪、二禪等。

所以世間人對於諸地菩薩，都沒有辦法威逼利誘。你再怎麼威逼他，譬如這件事情明明沒有錯，你若是要威逼他說：「你只要承認這個事情你錯了，不要再堅持說你沒錯，我就不殺你。雖然你真的沒有錯，但你若是要堅持說你沒錯，我就要殺掉你。」菩薩卻說：「沒關係！要命一條；要扭曲我說的法義，門都沒有！」這就是菩薩，因爲大是大非才是最重要的，命不看在眼裡，菩薩就這樣子看待。所以皇帝老子如果來奉承菩薩，那菩薩也跟著奉承他，即使稱呼皇帝是老爸也行，只要他能夠護持正法就好。可是你皇帝如果不肯護持正法，那麼對不起！菩薩也就不理他了：「你當皇帝，當然可以奪菩薩的命；那你有種，就來砍我的頭去，隨時可以來要。只要你敢殺，也沒關係。」儘管來殺，菩薩也願意捨命。

可是在法義的大是大非上面，菩薩是一絲一毫都不苟且的；你可以把菩薩抓了去關，關上三十年，他也願意讓你關；但是你要扭曲他的法義，硬說他實證的法義是錯誤的，那是不可能的，這就是菩薩。爲什麼能這樣？都是因爲有這個金剛正智才能作得到。菩薩雖然未離胎昧，但在世間法中的免疫力很高，所以才能一世又一世在欲界中陪著眾生打混，卻永遠不會淪落三惡道中。可是阿羅漢不敢，他們怕下一世再來的時候，忘了這一世的解脫修證，於是又不小心造惡業而輪轉生死去了，很怕這個。但因爲菩薩一世又一世不斷在人間陪著眾生，所以他的免疫力越來越好，這樣次第邁向佛地，到達妙覺位，終於成佛了，所作功業皆已究竟了。假使是阿羅漢，終於發了願，願意再來人間；可是他還沒有如來的金剛正智，如果用對待悉達多太子的待遇給了他，他還會出家成爲阿羅漢嗎？他不會啦！他那一世就只是吃喝玩樂，一輩子就過去了。娶了個最漂亮的女人給他，還有許多每天都裝扮得很漂亮的女人陪著他；你想，有這麼漂亮的王后，然後又有好多漂亮的嬪妃，也都不讓他見到生老病死。那你想，他還會成爲阿羅漢嗎？早就忘光了啦！

菩薩一世又一世在欲界陪著眾生一起混，一起過生活，他很習慣於這欲界法；欲界法對他來講，不算一回事，因爲完全不能動其心。所以即使那樣去奉事他，悉達多太子還是出家去了，這才是菩薩啊！因爲「**所作功業皆已究竟**」了，所以自然就能夠「**隨眾生心悉令滿足**」。耶輸陀羅對 佛陀，如果依世間美好的名詞來形容，就說：「**她對佛陀多麼癡情。**」眞的很癡情！可是她不曉得 佛陀的境界，佛陀卻知道她的境界。所以，依據《大智度論》的記載說，佛陀出家後成佛，托缽第一次回到淨飯王的王宮；因爲前一天已經通知淨飯王了：佛陀明天要來托缽。淨飯王心裡面就想：「**我這兒子還能不能再一次成爲我的兒子？**」就要耶輸陀羅好好去打扮等等，那耶輸陀羅還設計，她就故意去弄一些歡喜丸來。歡喜丸當然是色香味俱全，問題是她特地在裡面加了春藥，因爲她希望 佛陀被她引誘了，將會還俗而又成爲她的好丈夫。她根本不知道 佛陀的境界，那東西根本影響不了 佛陀，因爲習氣種子都斷盡了。佛陀明明知道，就當著面把它吃完了，沒事，然後 佛陀才把它點穿，讓她看到 佛陀吃了根本沒事，讓她知道以後不必再用這個心機了，都是白費心機啦！

這表示說，佛陀眞的「所作功業皆已究竟」，才能到這樣的地步。所以外道用毒藥毒 佛，也是毒不了；用大火要燒死 佛陀，也燒不了，因爲 佛陀一腳踩出去，那整個火坑就變成很漂亮清淨的蓮華池。這就是說，佛的所作功業全部都滿足了，才能夠於相自在、於土自在，然後無妨再來示現有生老病死，讓眾生親眼看見：我成佛了，但我的色身還是得要死，所以你們不要再貪生怕死了。像這樣子方便度眾生，所以不管什麼樣的眾生，佛陀總是有方便善巧，因此才能夠「隨眾生心悉令滿足」。

這樣的 佛陀當然「三世平等常無動壞」。因爲阿羅漢所見的三世是不平等的，即使是三明六通的大阿羅漢，他所見的眾生一樣是不平等的。所以，有一次 佛陀問三明六通的大阿羅漢：「你看地上這隻螞蟻，牠過去世是什麼？」一世又一世看，實在太慢了，乾脆就一劫又一劫、一劫又一劫，結果推到八萬大劫前，牠還是螞蟻。佛陀又問他：「那你看，牠未來會是什麼？」仍然一劫又一劫，推到八萬大劫後，牠還是螞蟻；所以阿羅漢的所見，牠永遠就是螞蟻，牠不能當人。那麼請問諸位，阿羅漢這樣的所見，平等或不平等呢？（有人答：不平等。）當然不平等。可是 佛陀可以看到未來無量劫以後，牠終於不再當螞蟻了；也能看到過去無量劫之前，知道牠是什麼時候還沒有下墮去當螞蟻。因爲 佛陀是依如來藏來看的：由眾生的如來藏所含藏的過去世的業種，從那一隻螞蟻的如來藏所含藏的種子來看，就可以全部看清楚了，知道牠並不是無量劫以前就當螞蟻，而是一樣曾經是人類，所以 佛陀看有情才是究竟的平等。但是，三明六通的大阿羅漢看有情時不可能是平等的，因爲他的所見有限，而且不是依這個金剛心來看的，那當然不是究竟的平等。所以三明六通大阿羅漢所謂的三世平等，還是可以動壞的，因爲到了 佛陀面前就不平等了。但是諸佛所看的三世平等是常，而且是「無動壞」，因爲永遠都是這個如來藏；而且是依這個如來藏的種子來看，就可以「常無動壞」了。

在這樣的實證之下，所以諸佛「三業堅固猶如金剛普光明身」。也就是說，還沒有到達 佛陀的境界之前，身口意業都還有可以被毀呰、評論的地方。但是如果到達 佛陀這個境界，祂的身口意業是堅固而不可改變的；所

以　佛陀說將來會怎麼樣，那麼將來就一定是怎麼樣，不可能被改變。因為　佛陀是看到究竟的狀況以後才授記的，所以　佛陀的授記是不會被改變的。因此　佛陀如果授記說：「外道究羅帝七天之後，將會在什麼地方如何死，死了以後會變成什麼有情。」那就不可能改變。佛陀是口業堅固的，祂的授記不可能被改變的。那善宿比丘不信，就跑去跟外道講：「佛陀授記你七天後會怎麼樣、怎麼樣，你可千萬不要像祂預記的那樣呵！」佛陀也裝作不知道。可是善宿比丘每一天去跟外道吩咐，到第七天以後那外道死了，善宿因為　佛陀告訴他：「我以前告訴你說，那個究羅帝外道七天會怎麼樣死亡。現在七天到了，你去看看吧！」那善宿比丘真的難度啦！他去看了回來，那個究羅帝外道明明就像　佛陀講的那樣死了，善宿比丘還要在那邊硬拗，還要虛假亂說：「沒有像佛陀您說的那樣死亡。」佛陀問他說：「真的沒有那樣嗎？」善宿這時默然不語。佛陀連著問了三次，終於才承認說：「那外道就像佛陀您所授記的那樣死亡。」你看，這善宿比丘真夠愚癡呢！他每天跟隨在人天至尊身邊，竟然充滿了懷疑而不信受，佛世就是有這樣的愚弟子啦！可是　世尊的授記畢竟如實無虛啊！

所以說，佛陀的身業、口業、意業是不可改變的，因爲佛地的無垢識內外都像金剛一樣。所以提婆達多慫恿阿闍世王說：「明天開始，你當人王，我當法王。」他說：「我要當新佛，要把舊佛給殺了。你把你的父親給殺了，你來當新王。」阿闍世王眞的殺了他的父親，提婆達多則是從山頂推下石頭想要砸死 佛陀，但沒有成功。第二天，知道 佛陀一定要入城來托鉢，提婆達多請阿闍世王把一隻象給灌醉了，象牙上綁著利劍，又在象尾綁了一堆沾了油的棉絮稻草等東西，在那邊等著。看見 佛陀遠遠走過來了，因爲只有那一條路可以入城，然後阿闍世王就把那一頭大象的尾巴點了火。大象因爲尾巴好痛啊！就往前狂衝過去。那時跟在 佛陀身後的阿羅漢們大驚失色，各個都跑光了，只剩下一個阿難尊者跟在 佛陀後面；因爲他對 佛有信心，阿羅漢們的信心都還不夠。那麼請問：這時阿難尊者有沒有明心？就是有嘛！才敢這樣，才會有這麼大的信心。然後，那大醉象衝過來時，佛陀就把手掌張開伸出去，化作幾隻獅子王，又於大象後面化大火坑，那頭大醉象當場嚇得屁滾尿流，動也不敢動；然後 佛陀就爲牠說法，牠聽完法就當場死掉了。也眞的是好命，死了就隨即生到欲界天去，在欲界天享福去了。所以，佛陀的身業是不可改變的；乃至提婆達多從山上滾下大石頭想要砸死 佛，佛也明明知道，還是繼續一步一步地往前走。誰想要威脅 佛陀停下腳步來——不可能的！所以 佛的身業不可改變。

如果是 佛陀的意業，你更無法去改變它。如果你懂得這些道理，當你未來捨報的時候，如果 釋迦世尊來了說：「你到某一個星球去利樂眾生吧！那裡眾生很苦，都沒有正法可以修學，你要多承擔一點，不要怕苦。」那你就當場接受，如果你拒絕了，說：「不！我還是要去極樂世界，那邊日子好過。」那你就是笨蛋！因爲如果能指派你去，那是你的福報。去那邊被外道罵，被外道打打殺殺，再怎麼樣都比去極樂世界好，因爲那是要讓你把長劫化作短劫，那是瞧得起你，才派你去，等閑人還派不上呢。所以，在正覺同修會裡努力修行、植福的目的，是爲了什麼？爲了希望捨報的時候，能夠讓佛陀派到某一個星球去住持正法，那就是你的福報。雖然很辛苦，但是讓你那麼一生就超過好幾、好幾個大劫，大家要瞭解這一點。因爲 佛陀的意業是不可改變的，祂如果作了這樣的決定，一定有祂的原因，那對你是一個特大號的福音。所以要從很多個層面，才能夠去瞭解 佛陀的三業堅固，這很不容易。可是有多少人能瞭解　佛陀的三業堅固？現在幾乎沒有人了。

那麼，因爲「**三業堅固**」不可改變，所以說祂的三業「**猶如金剛**」，到這個地步才能夠示現「**普光明身**」。有了這個「**普光明身**」，你什麼地方不能去？包括天魔波旬的魔宮宮殿都可以去了。如果你沒有到這樣的地步，你說你要去他化自在天王的天宮、魔宮，都不可能啦！也許有人想說：「**那天魔波旬不都是在破壞正法嗎？**」沒錯啊！都是在破壞正法，可是天魔波旬也有兩面。大家想一想，如果他不是這樣破壞正法，那還能夠顯得出正法的勝妙嗎？有沒有想到這一點？

如果你的法是勝妙的，你就不要怕人家來破壞。這就好像說，現在二〇〇八年，那是五年前的事了，楊先生他們私下聚集在一起議論說：「**阿賴耶識不是如來藏，阿賴耶識是生滅法。**」那時候會裡有好多人氣得要命，爲什麼生氣呢？因爲他們每一次出手都是想要讓正覺同修會一招斃命，每一招使出來都是狠招，都是嚴重破壞正法的弘揚，所以有的人很生氣。我說：「**別氣啦！給他兩週的時間，如果願意回來，親教師的位子還爲他留著，當作什麼事都沒發生過。**」但有的人很生氣：「**我才不要讓他回來，這種人每一次**

出手都是要我們滅亡。」我說：「沒關係啦！你從表面上看來是這樣。可是你若從實質面來看的話，他們這樣否定正法，將來對同修會反而是一個正面的幫助。」正因爲他們這樣作，反而能夠實現正法住世的威德力，所以我就寫了〈略說第九識與第八識並存…等之過失〉，但才寫了四百多點而已，還是小兒科。那時寫到四百多點時，我覺得對楊先生他們已經足夠了；可是對初學的眾生而言，這樣夠了嗎？還不夠。

偏偏正好有個跟他們走得很近的法師，他心地倒是不錯，把他們對正覺的質疑用信寫了來問。看到那封信，我是心大歡喜。爲什麼呢？因爲他們私底下否定正覺的第八識妙法，但又禁止追隨者講出他們的質疑內容，我們拿不到具體的質疑內容，還眞無法回應；如今這位法師以信件一一明白寫來，我們才有具體內容可以回應。而且如果正覺要寫勝妙法出來，得要師出有名；假使師出無名，那你寫出來就準備挨罵：「你這個人眞愛現，又沒有質問到那個部分，你寫出來幹什麼？」是不是？是啊！好啦！既然他們有人寫了來，因爲他們信中寫出來的各項質疑也很徹底，包括我們講的九種現觀全都質疑了，我說：「啊！有機會可以寫了。」就這樣寫出來，讓佛教界看一看：到底正覺同修會這個法的本質是什麼。才能讓人家看得清楚，所以我才有機會以三個月時間寫了《燈影》那本書。也就是說，你如果眞正有智慧，你就沒有燈下黑，能夠內外通明，上下也全都可以鑑照。可是，如果沒有那個勝妙的智慧，光明都只是在鑑照別人：某甲有那個過失，某乙有那個過失。可是，自己的燈下照不到處，卻都是黑漫漫底，自己的一大堆無明都沒看見。所以有人好奇說：「這本書怎麼會叫作《燈影》？」我說：「就是要叫作《燈影》。」也就是說，他們都只鑑照別人，從來不鑑照自己烏漆的影子。別人臉上一點點髒東西，他們都照得清清楚楚，可是自己臉上的髒完全沒看見；自己燈下一大堆的黑色在那邊，也都沒看見。

所以，那個時候我就說：「我們不要把它當作壞事，雖然眼前大家會比較吃緊一點，親教師們都得特別辛苦去承接他們丟棄的爛攤子。」你看，張老師南北奔波，到處去接他們搞爛的班級。我們孫老師也接了一班，是被楊先生搞得最爛的一班；結果帶到後來，品質變最好。爲什麼呢？就是因爲我們法正確、法勝妙。所以，我們不必擔心人家來挑戰。如果你擔心人家來挑戰，就表示你對這個法的本質認知不夠，所悟都還很淺。所以，那個時候臨時親教師會議中，我就說：「其實這件法難應該當作一個好事，雖然我們在弘法的事相上看來不免會吃虧，因爲人家都會用耳語亂傳，卻從來不落實在文字上，我們一定會吃虧。但是從長遠來看，反而能夠讓佛教界瞭解我們的本質是什麼，因爲這是一次最徹底的檢驗。楊先生率領著四位親教師和二百人，將我們的根本法第八識推翻掉，算是最徹底的檢驗。」

徹底檢驗以後會變爲怎樣呢？就如同我的預料一樣。我早就公開講過（他們才一離開，我就公開講）：「他們首先會說我們的法有問題，然後我們會提出辨正。辨正階段完了以後，他們會改口說：『法沒有問題，是人有問題。』可是人有問題嗎？造了一大堆的謠言以後，都會被證明是子虛烏有。」我在他們確定不會回來以後就當眾這麼預記了。所以，那時候當他們在法上沒有辦法繼續談下去了，就開始謠言流傳：「哎呀！你們知道嗎？蕭老師在同修會裡面搞了多少錢，你們知道嗎？」那時候，有好多法師聽了這一句話就相信了、就走人了。但問題是，我既不收紅包，不論公開或私下我都不收；然後我既不管帳，也不管銀行裡的錢，也都不經手錢。如果這樣還能搞錢，那眞是天下奇才，所有的金融公司都應該請我去當董事長了。南部還有人傳得更離譜，有個法師說：「這蕭老師說修證多麼好，我才不信，還派黑道來打人、來要錢。」這個話也會傳出來，你們想像不到吧？眞的，我竟然沒有想到黑道這一招，他還眞厲害呢！但他所謂的黑道，只是台南的師兄供養他幾年，也提供房子給他住了幾年，看到他竟然這樣忘恩負義、欺師滅祖，眞的看不下去了，就去向他要回以前供養的錢；要到以後再當場回供給他，目的是教訓他不該欺師滅祖，但竟然被他講成是黑道，而且還套在我的頭上。這事我也是後來才知道，還眞佩服這位師兄有智慧、有見解。

所以，經過這樣一次徹底檢驗，你看，我們出了什麼書呢：《辨唯識性相》、《假如來藏》、《眞假開悟》、《識蘊眞義》，然後是《燈影》，就有五本書，加上一篇文章〈略說第九識與第八識並存…等之過失〉。如今也經過三年、五載，今年就正好是五載了；因爲從二〇〇三年，到今年又已經是五月了，所以已經滿五載了；好像可以慶祝一下：結果是我們通過了佛教界的檢驗。其實我們本來就不需要被檢驗，但是由於有這樣一批人來檢驗，那就最有公信力了。

所以你看，我們這些書一寫出來，好啦！原來有一些佛學院都在講安慧的《大乘廣五蘊論》，現在看誰還敢繼續講？如果還有誰在講，就得準備接受學生的質問：「**蕭平實的書裡面說安慧的講法是錯誤的，因為如此、如此……。師父您怎麼說？**」那時要怎麼辦？所以有些佛學院就把那個課程廢了，改為講《八識規矩頌》，那就很棒了！那麼跟著他們學的人就會漸漸回歸到正道了。八識論才是正道，因為安慧的《大乘廣五蘊論》是六識論的邪見。那麼你看，由於有這樣一個窩裡反的檢驗過程，反而是好的；所以當時我就講過：「**我們未來將會因為這一次的事件，反而被佛教界普遍承認為正法。**」只有什麼人不會承認我們是正法呢？只有兩種：第一種是為了照顧名聞利養，偷偷讀了我的很多書，明明知道是正法，也要說我是邪魔外道，這是第一種人。第二種人就是迷信的，完全的迷信：「**因為我師父說那蕭平實是個大壞人，大壞蛋還能修行多麼好？**」他們是迷信的，迷信者就會永遠這樣子。我當時說將來毀謗正覺的就會只剩下這兩種人，現在證實果然如此。只要願意實事求是去探討的人，他就算不來正覺修學，他讀了正覺的書以後，佛法知見的層次也會不斷地提升。所以，以前誰出來講唯識學八識心王正理，或者有誰敢出來講第八識如來藏，誰就會被罵：「**那是外道梵我、神我。」現在有不少人出來講如來藏、八識論妙法，有誰敢罵呢？沒有啦！

這就是說，凡事都有一體兩面，不要只看天魔波旬是這樣破壞正法的表相，天魔波旬搞不好是個大示現，他不斷地到僧團裡面來搗蛋，結果竟然動不了僧團，這樣不也顯示出佛教正法的殊勝奇特嗎？正是如此嘛！所以佛陀到他化自在天宮，或是去到天魔波旬的宮殿之中說法，那也不奇怪，《華嚴經》有一部分也是在他化自在天宮講過。佛陀講《華嚴經》是這樣講的，始從人間開始講起，然後上天接著講，一天又一天講上去；所以不要覺得奇怪，這都是正常的。接下來經文中說：

「其王宮殿種種嚴好，皆以大寶摩尼所成；繒蓋幢幡眾彩交映，珠瓔寶鐸風動成音；一切如來常所遊踐，咸共歎美吉祥第一；有菩薩摩訶薩八千萬人，前後圍繞供養恭敬。」這是說，這一部《實相般若波羅蜜經》宣講的場地，是在他化自在天宮裡面講的。這個時候，他化自在天王的宮殿有種種的莊嚴，這些莊嚴用的飾物都是用特大號的寶珠來作成；然後也懸掛了種種的繒、蓋、幢、幡，有很多美麗的光彩互相映照。「珠瓔寶鐸」，譬如人家民間信仰迎神賽會，那些神轎扛出來的時候，神轎上方不是都有掛著一張大網子嗎？網子下面都有流蘇。網子的每一個網孔不是都因爲線頭交叉才能一孔又一孔成爲網子嗎？在每一個網繩交叉的地方其實都應該繫著寶珠，這樣的寶網就叫作珠瓔。也就是說，那是寶網，而寶網的網線中的每一個交叉地方各都繫著一顆瓔珞或者一顆寶珠，而寶網的下面則是流蘇，這才叫作「珠瓔」。「寶鐸」，就是會響的東西，類似風鈴。凡是屋頂飛簷的下面，每一處都有掛著很小很小的銅鐘，鐘裡有一個小銅球，球下以線懸著竹子薄片；正當風吹時，銅球就會撞擊小銅鐘，會響得很清脆，好像寶鈴那樣的聲音，這叫作「寶鐸」，其實就是我們現代說的風鈴。那風一吹動便成就了美妙的聲音，他化自在天王的宮殿是有這樣的聲音。

但也是「**一切如來常所遊踐**」，只要這個他化自在天王是肯學佛的人，如來有時候也會來講一些佛法；今天是這位如來前來說法，明天可能換另外一位如來。所以說「**一切如來常所遊踐**」，也全部都讚歎；是用美好的言語來讚歎說：他化自在天王的寶殿是「**吉祥第一**」。釋迦牟尼佛這時就是在這個地方，當時有菩薩摩訶薩八千萬人聽　佛說法。八千萬人，我們要蓋幾個講堂才能容納？那個擴音系統，可不曉得要拉多長的線、要多少支喇叭了；

可能還要每隔多遠就要增加一個強波器，不然多數人可都聽不見法音宣流。八千萬人眞的太多了，可是在天界都不嫌人多，說法時也不用這麼麻煩地裝設一大堆的擴音器，因爲大家都聽得見。這一些菩薩們都是摩訶薩，最少都是明心的人，他們已經上生到欲界天去了。這些「菩薩摩訶薩八千萬人」，在 世尊的「前後圍繞」著，而且對 世尊「供養恭敬」。

「佛爲說法初中後善，其義深遠，其語巧妙，純一無雜清淨圓滿。」然後 佛陀爲這八千萬的菩薩們說法，所說諸法初善、中善、後善；這裡面的法義非常的深妙，並且很難窮究到底。而且 佛所說的這些法語，也都有許許多多巧妙施設，但是並不花俏，所說的法純一而無雜、清淨而圓滿。純一，是說所說的完全都是成佛之道，都不會離開如來藏而說法，永遠依著這個金剛心來說法。

以前我們有一位親教師很好笑，都當上親教師了，竟然還跟人家說：「導師講來講去，都在講如來藏。」我說：「我不講如來藏，我講什麼？我要講梵我、神我嗎？」問題是，一個如來藏就要講到成佛、要修到成佛，世尊也是把如來藏妙法講到究竟成佛的階位啊！我不講如來藏，那我該講什麼？當然要講如來藏啊！世間人也說，三句不離本行。我兒子小時候常埋怨我：「爸爸每一次不論講什麼，都講到佛法去。」我說：「什麼都要帶到佛法裡去啊！因為不論什麼都從佛法中來啊！」可是得度的因緣還沒有到，就沒辦法。這就是說，釋迦牟尼佛這個時候所說的法，純粹都是成佛之道的根本，都是依這個金剛心來說的，所以純一而無雜，不會夾雜著世間諸論，並且所說的是究竟的清淨、究竟的圓滿。

「其名曰金剛手菩薩、觀自在菩薩、虛空藏菩薩、文殊師利菩薩、轉法輪菩薩、降伏一切魔菩薩，如是等菩薩摩訶薩而為上首。」這八千萬的菩薩，名為金剛手菩薩、觀自在菩薩、虛空藏菩薩、文殊師利菩薩、轉法輪菩薩、降伏一切魔菩薩，以這六位大菩薩作為那些大菩薩們的上首。這六位菩薩中，金剛手菩薩到底是什麼？大乘法裡面有金剛手菩薩，密宗裡面也來搞個金剛手菩薩；反正你正統佛教裡有什麼，他們密宗就會有什麼，可是他的金剛手菩薩卻不是我們的金剛手菩薩。所以你有禪定，他們也有禪定；他們所謂的禪定是雙身法裡面的一心不亂境界，證得淫樂時的初喜就說為初禪，證得淫樂時的第四喜境界就稱為第四禪。可是我們講的禪定完全是離欲的色界天境界啊！密宗所謂的禪定卻完全是欲界法，全都到不了色界去，都跟我們正統佛教講的禪定背道而馳。那我們說成佛之道要實證如來藏，他們密宗也跟著說：「**我們也有證如來藏。**」但他們的如來藏是什麼？只是觀想中脈裡的那一顆明點，也跟著正統佛教說他們也有證得如來藏。反正你佛法裡面有什麼，他就有什麼，可是他們說的都不是你正統佛法裡的東西，只是名詞一樣而已。這就是密宗——以外道法全面取代正統的佛法，那他們到底是不是佛教？根本就不是佛教。所以密宗其實說穿了，就是獅子身中蟲。他們混進佛教裡面來，穿著僧衣、住在如來廟中、吃如來食，然後說如來法而破如來法；就這樣從正統佛教裡面把你蠶食鯨呑，讓你成爲一個空殼子，裡面的內容都是外道的內容。所以我們有金剛手菩薩，他們也跟著弄個金剛手菩薩，但卻是全無金剛性、也無證得金剛心。現在來看，我們的金剛手菩薩到底是什麼意思，《佛說如來不思議祕密大乘經》卷八：

【三千世界諸眾生，一切皆證緣覺果；縱經一劫盡籌量，一眾生心不能曉。】

三千大千世界的一切眾生，請問這樣的數目到底是多少？不是光指人，是一切的眾生；換句話說，螞蟻、細菌都算在內；也不只是一個星球，是三千大千世界所有星球的一切眾生，眞的很難算清楚呵！老實說沒辦法算。那麼這些眾生，所有的眾生全部都證得辟支佛果了，這些人應該算是很有智慧了，因爲凡夫眾生根本不知道辟支佛的證境。這麼多的無法計數的辟支佛們，不是給他們一天、一年，而是給他們整整一大劫時間去思量；思量什麼呢？思量眾生心。不必思量很多，只思量一個眾生的眞實心就好，或者只是思量其中一位辟支佛的眞實心到底是什麼；結果呢？竟然是「不能曉」，「攏總未曉（河洛話）」就是不曉。對啊！古時候禪門就是這樣問弟子：「曉了沒？」「不曉。」就是台灣人說的「未曉（河洛話）」，「不曉」就是「未曉」。你看，這是什麼心？竟然這麼難理解；無量無邊數的辟支佛，大家聚在一起來商量、來討論，整整討論了一個大劫以後，結果竟然對於眼前一個眾生的眞實心，都還不能理解。

以前，我們說阿羅漢、辟支佛不知如來藏、不證眞如，台灣與大陸的佛教界某些重要人士聽了可都氣壞了：「阿羅漢、辟支佛是我們最恭敬的聖人，你怎麼可以說他們竟然比菩薩差那麼多。你們正覺也說證悟明心了才只是第七住位，阿羅漢、辟支佛竟然不如七住位的賢位菩薩，你說的有沒有道理啊？」特別是南傳佛法那些人最氣我了，但也不敢出來講話；可是他們影響了五年前那一批退轉的人，竟然敢公然挑戰說：「阿羅漢也是有證眞如的。」阿羅漢們什麼時候曾經證了眞如？我們就把它給推翻掉；不但是實際上如此，聖教裡面也是如此。不證就是不證，不能狡辯說阿羅漢們有證眞如。

可見這個眞實心確實很難了知，所以無量無數的阿羅漢們聚集在一起討論一個大劫之久，大家依舊都不曉。想想看：這到底是個什麼心，如此難曉？當然是難曉啊！如果容易曉，那就應該變成百萬大師一徒弟了，因爲大家只要經典讀一讀、想一想就通了，那應該只有剩下最後一個最笨的人來當徒弟，不然百萬大師都沒人侍候了。可是其實不然，因爲祂眞的很難證悟。假使是很容易證悟的，那麼自從明末清初以來直到我們出來弘法前，爲什麼就只有一個不識字的廣欽老和尚才能悟得？那麼多所謂的證悟者，竟然沒有一個是眞正證悟的。那個年代，我在江浙過的生活是很優閑，因爲戰亂使我沒有辦法出世弘法。我看看說，戰亂的時機不是弘法的時機，我們出來蹚那個渾水幹什麼呢？所以私下度了些人，私底下說一說法也就好了，有法樂自娛，不就夠了嗎？

也許有人聽到了我這麼說，他會這樣罵：「哼！原來你還眞的能忍，人家在那邊求法求到痛苦的不得了，都被誤導了，你還能安忍，你這個人眞不是人。」也難怪啦！我也接受，因爲我本來就不是人，我是如來藏，我怎麼會是人呢？不是人，才能成爲菩薩，是人就不是菩薩了；因爲若是人就落在意識裡頭、落在五陰裡頭了，怎麼會是菩薩？所以菩薩不是人。你悟了以後，人家罵你說：「你眞不是人。」你說：「對啊！我叫作如來藏。」「啊！你現在姓如、名來藏？」可以啊！也沒有關係啊！不但這一世要這樣姓如、名來藏，未來世世都還是要如此。在那個戰亂而沒有是非的年代，如果還要逞強出來弘揚第八識正法，不必兩年就會被殺掉了，還能繼續住持正法嗎？所以說，這個心並不容易悟得，必須悟得這個金剛不壞心，才有資格說你是金剛手菩薩。若沒有悟得這個金剛心，不管他用什麼來代替金剛而宣稱他們是金剛乘、金剛手，全都是假金剛。只有這個心是不可壞的，才是眞金剛。密宗講什麼金剛？那根本都是無常之法，有什麼金剛性可說？但是，我們所證的這個金剛心，沒有任何人能夠找到一個方法來把祂毀壞；包括十方三世諸佛都是如此，因爲十方三世諸佛也都由祂出生。既然都由這個眞實心出生，怎麼可能回過頭來毀壞這個心呢？

我們再來看，菩薩在人間講話，有時候常常會跟人家不一樣；有時候爲了避免驚世駭俗，所以是有時候不得不跟人家一樣；但他心中的想法其實與人不同，這都很正常，這些其實也是小時候就有跡可循。所以我小時候，人家都說我是個怪人，因爲我講話跟人家不太一樣，可是他們又沒有辦法推翻我。我自己也弄不明白，那時候根本不知道自己過去世是什麼來歷，那時都還不知道啊！也不曉得自己爲什麼會那樣講。可是講出來，人家覺得很奇怪，可就推翻不了。別人喜歡的，我不喜歡；我喜歡的，人家不喜歡。就這樣子，好奇怪！其實也不奇怪，這只是如來藏中的種子流注出來，所以就變成這個樣子，因爲往世的熏習就是這樣。

所以菩薩在人間，言說有時候異於常人，有時候常常是跟別人都不一樣；但是我們大家要有正確的知見，不要輕易就去作評論。不然，往往會招來大過失，接著就是無量的遮障道業。這個事情眞的千萬不要等閒視之，如果你能夠有十迴向位那個如夢觀，你對因果就會很害怕，一點一滴都不敢隨便去觸犯，因爲你看見過去世的那些事情，看多了。所以口業眞的很重要，特別是初學佛或者剛剛踏入正覺道場時，口業要特別注意。為什麼要這樣講呢？那就是《叢林盛事》中記載的事情，應該要為大家講，可是時間又到了。

上一週《實相經宗通》講到《實相般若波羅蜜經》補充資料，說菩薩在人間言行思惟往往與一般人不相同，孩提時期就會顯現出來。這種徵象確實存在，識貨的人就會說這個孩子異於常人，不識貨的人會說這孩子腦筋有一點問題。我想諸位很多人都經歷過這樣的孩提時代，我也不例外：凡是在人間生活利益上的事情，沒什麼興趣；但是對於方外之術，興趣可就大了。所以，以前讀書的時候正課不讀，總是喜歡讀一些奇奇怪怪的東西。譬如說國文好了，大家很努力在國文課本上用功，那國文課我不讀課本，我讀一些稀奇古怪的東西。就像高中生最不喜歡的，大概就是古典文學，像《紅樓夢》，我就讀那種東西。《紅樓夢》，我總共讀了三遍。那個《鏡花緣》，讀了兩遍。若是十三太妹《兒女英雄傳》那一類的只讀一遍，因為覺得那沒什麼內容，就只是消遣。《木皮散客鼓詞》以前常常帶在手上，至於《聊齋誌異》，那我可不只讀三遍。

《聊齋誌異》還有一個名稱，叫作《鬼狐列傳》，有沒有聽過？它都專講一些狐仙以及惡鬼、好鬼的事，鬼也有好鬼。以前小時候鄉下窮，食指浩繁，又只靠耕田維生，所以很窮，根本就沒有檯燈可以用。那時候也沒有天花板，天花板是方便說，就是從屋梁吊下來一個五燭光的透明燈泡，現在電器行還有在賣。然後等到人家睡了，我就把頭偷偷伸出蚊帳外面，對著五燭光這樣讀，那都是讀《聊齋誌異》。人家說晚上不能讀那個，讀了會怕、不敢睡覺。我說：「**我都不覺得可怕，我倒是想：這些狐仙、這些好鬼，交幾個當朋友也不錯。**」我的想法跟人家可不一樣，所以人家讀了會害怕，我卻從來沒有怕過；並且都一直讀、一直讀，讀到被人家發覺了罵將起來，只好趕快收起來睡覺。因為很喜歡《聊齋誌異》，想要常常帶在身邊讀，所以我就一巨冊把它切開分成兩冊，隨時帶著半冊在書包裡，就這樣隨時隨處在讀。那西洋的，像但丁《神曲》，或是《三劍客》、《紅字》，那些都讀過。不過讀最多遍的小品文，叫作《茵夢湖》，不曉得讀過幾十遍了，我也不知道，反正就當作修心養性的一個消遣。

這些文學類的書籍我都很喜歡，凡是賺錢的，可都沒興趣。這就是說，從小就被人家罵作什麼不學無術。其實那要看是哪方面，在賺錢之道上面我確實是不學無術，但是在方外之法卻是學而有術，所以我學得很廣，但都不是爲了求財。譬如金石，金石知道嗎？刻印章一類的，刻印章講得文雅一點叫作金石之法，這些我也弄過。又譬如說人家喜歡彈吉他，我當兵時也學著彈一彈、也會和弦，現在可都忘光光了。學生時代也學了整整三年針灸，如今也差不多都忘光了。然後也練拳，山東譚腿以及福建的鶴拳，我也練過；並且還要過七節鞭，七節鞭是很罕見的武器。總之，什麼都亂搞一通，但是都跟賺錢無關，賺錢的營生就都沒什麼興趣。譬如說吹口琴，以前吹口琴的人，很少有人會和音，能打節拍就算不錯了。我們那時候還學三度、五度、八度的合音。不過，那時候覺得我這張嘴有點太小，因爲三度、五度合音還可以，到了八度合音時嘴就要張得很辛苦。所以我是什麼都學，就是不學賺錢之術，因爲從小就對賺錢沒什麼興趣。

賺錢之術是後來到了社會上，因爲我的職業跟房地產有關，所以後來就買了一本《地產投資術》，然後有一點錢就開始投資地產；就這樣，不算大發，總算是個中產階級，所以四十幾歲我就退休了。這就是說，人家以爲好的，菩薩不一定會喜歡。所以菩薩有的是福德，卻不喜歡賺錢；以前我開始賺錢之前，家鄉的左鄰右舍都說：「這個孩子完蛋了。」閩南話叫作「撿角」，有沒有聽過？意思是：老搶不到肉塊，只能去地上撿一些死牛羊的角過日子。「撿角」是說這孩子沒有用，將來是撿破爛的貨色。可是奇怪呵！我自從當兵一直到社會上，總是給人感覺我家裡好像很有錢，其實我以前口袋裡總是空空如也，因爲我爸是被招贅的，我不是跟著母姓，沒有任何財產可得，長大就得離家自己找飯吃；那時想要吃一頓午餐，都要先好好去籌劃怎麼樣是最省錢的。因爲窮，所以我從來不花錢，可是部隊裡長官都說我家很有錢；其實我是窮光蛋一個，我也不敢說出眞相，想來是因爲往世的福德給人的直覺就是如此。

但我對賺錢一直都沒興趣，也就是說，菩薩愛樂的不是世間法，所以和以後進入社會謀生有關的課內讀物，我都不喜歡讀，無心於學業；但是那些方外之術以及《七俠五義》、《拍案驚奇》……等書，卻有興趣。《拍案驚奇》你們大概沒讀過，《拍案驚奇》是帶有黃色味道的，老實說，眞的很黃。又如《金瓶梅》，我也有。還有一本比較文雅的，也算是黃色小說，叫作《西廂記》，是王實甫寫的。我一直嘗試說，我要從《西廂記》跟那個《聊齋誌異》裡面去尋找其中的文字用得不好的地方，是否能用別的字把它代替？可眞的沒辦法，很難找到適合的代替文字。我從初中就開始讀《古文觀止》，這可沒有人願意讀，因爲都讀不懂；可是我初中時讀《古文觀止》，讀到李密的〈陳情表〉時，讀到會掉淚，因爲太感人了，所以這都算是怪事。但當時鄉下人不曉得這些事情，他們只看學業讀得好不好，而我的學業很差、很差、很差，後來畢業考時還是老師送分數才能畢業的；老實說，我的數學補考，其實考不過去，所以補考了二次；第二次補考，是老師覺得可憐：「算了！讓你過去了。」否則是畢不了業的。爲什麼呢？因爲我數學很差，補考也考不好，眞的沒辦法，那老師覺得說：「可憐啦！可憐！好啦！讓你過去了。」就這樣畢業。

不過，緣於過去世的福報，所以後來白手起家，投資賺錢。人家說：「你那個投資絕對不會賺錢。」我二哥就曾罵我：「那個算什麼投資？」我說：「不然！你等著看。」結果十年後算一算，剛好是十倍，那要怎麼說？另外一次投資，他也笑我：「你投資那個不會賺錢啦！」我說：「不一定啦！你慢慢看啦！」結果一年以後一塊錢變成六塊錢。所以我如果是決定要投資的，一定會賺錢；但如果是要用的，我就不計較未來性，買了到處丟著，都是不賺錢的，因爲那不是以賺錢爲目的而買的。但是我們跟人家不一樣，人家如果賺了錢，一定是頭髮油亮、西裝筆挺，皮鞋是擦得雪亮、雪亮地，我永遠不是。一九八二年、八三年、八四年，那時候我一個月賺十萬塊錢台幣；以那時一般市民的經濟水平來說，這不是小錢。可是當時我忙得沒時間買鞋子穿，偏偏我又喜歡穿大陸手工縫的那種布底的棉布鞋，現在牯嶺街、廣州街可能還有人賣。那個黑布鞋面很薄，很容易就破洞，鞋底也很容易就壞，因爲裡外上下都是棉布縫的，穿到後來腳大姆指的指甲可就露出鞋外了。但我實在忙到沒時間，賺錢忙到沒時間去買黑布鞋。

有一天，我丈母娘上台北來，看見我穿那雙破鞋子，她沒問我，我也沒說什麼，我也不知道她看見了。可是她回故鄉不久，就叫我大舅子開了車上來，載了一大袋的米給我。然後有一次，我送大嫂去台北火車站，她大哥也在場；她大哥看到我，好像有一點在搖頭的樣子，因爲我那個鞋子已經破洞，大拇指已經穿出鞋外了。我大嫂看見了，跟他說：「**你不要看他這樣，他一個月賺十萬塊錢。**」那是正賺錢的時候，但是並沒有特別去營謀，而是說該賺的就賺。到後來我退休了，人家還強拉著我，一定要我賺他的錢。我想：「**我不賺錢還不行呢。**」因爲那時候我不想賺錢了。但是也有朋友投資什麼租賃公司，說他去找過高人指點，一定要找我參加當股東才會賺錢。我說：「**我不要。**」他就一直請託，請託了好久，我說：「**這樣好了，既然非要我們夫妻兩個投資，我們一個人入股一萬塊錢，代表性的參加就好。**」我反正就當作肉包子打狗，也從來不過問賺或賠。後來他果然還眞的倒了，因爲他不聽我的建議。這就是說，你如果要行菩薩道，就別怕人家給你異樣的眼光。異樣的眼光，我是自小被人家看到大，窮光蛋一個，眞的很窮，因爲寄人籬下。但是，誰也想像不到說，這個沒用的孩子，將來日子過得還不錯；更沒想到的是，這不肯讀課本、沒用的孩子，竟然會跑到佛教界裡面來，弄出這樣一個正法，眞的沒人想得到。

不過這些事情其實都有徵象，就是說，這樣的人對世間法並沒有喜好，那麼心裡面一直有一個念頭在：「**我要找一個什麼，是我找到以後永遠都不會再變卦的。**」所以我學很多東西，有一段時間還自己搞國畫，亂畫一場，自己也就會畫了；我也沒有人教，就自己亂畫一場，什麼都來。你們一定也想不到，後來我也開始玩起錢幣來。玩錢幣，玩到後來在行天宮的善書攤上面看見某些善書，就知道那裡面有些地方寫錯了；我是因爲那個錢幣學而懂得它寫錯，就把它拿回來改好了，重新找人打字後重新再印。因爲玩錢幣久了就知道，那裡面寫錯了。譬如有一段文字講到「阿克蘇」，「阿克蘇」是新疆地名；我玩錢幣玩到後來，就知道那意思叫作「白水」，是講新疆的一條河流。那個寫善書的人不懂，亂寫一通；我就把它拿回來改好了，請人重新打字再重新印版，印好了再送回去。不曉得後來有沒有人改用那個新版的再印，我不知道，那已經是二十年前的事了。所以菩薩專幹一些稀奇古怪的事，不務正業啦！你看，我現在出來弘法也是不務正業。我如果要務正業，就應該出家去，然後去搞道場，不要以在家身來搞這個如來藏妙法的弘傳，所以這也是不務正業。可是這個不務正業卻已經是我的正業了，雖然都不是爲了賺錢，而且還貼錢來作，卻是無量世都應該要繼續不斷延續的正業。所以一般人不懂，菩薩小時候的事，其實有許多的徵兆都是可以看得見的。

譬如胎裡素，以及出生以後都不吃肉，這也是一個徵象。所以，我小時候最怕過年初二被派去姨媽家，因爲以前年初二小孩子都要被派出去，請姨媽們回娘家。我們家就是這個禮數太周到了，她們幾位老人家自己回來就好了，還要勞動娘家派人去請。每年派人去請，她們可都一樣不回來，我們都要被留著在那邊吃飯。你知道嗎？那鄉下過年，尤其是田莊家裡，一碗飯裝出來滿滿的，不會只有裝半碗，沒那麼文雅；然後這鵝肉切出來，兩塊放上去就滿碗了，連飯都看不見了。可是我生來就怕吃肉，特別怕吃禽肉；即使豬肉或什麼肉，聞得來都覺得很腥；白斬的禽肉就更可怕了，如果不是把醬油放很濃去滷很久，根本就不敢吃；所以我小時候最怕的是鵝肉，而且最怕是白斬肉。哎呀！好痛苦！吃不下去，吃了真的想要吐，卻又怕新春時節失禮，怎麼辦呢？這些都是痛苦的陳年往事。

不過由這些地方可以看得出來，其實你們如果有孩子，他生來不吃肉，你就別煩惱。但是，如果這個孩子生來不吃肉又很小氣，那你就得煩惱，因為他將來會是個聲聞人，你無法把他留在家裡面。如果他生來不吃肉，可是大方而不小氣，朋友需要錢，他縱使沒錢，也會去跟人家借來轉借給朋友；那朋友若是把他倒債了，他就自己去還錢，也不抱怨。像這樣的孩子將來長大不一定會出家，但也許會出家；總之，他是菩薩，那你就安心了，他會是自己就帶有福報的人。這一些事情都顯示說，菩薩從小就是與眾不同。所以，如果你的孩子小時候被人家罵是怪人，你別慌！也許是個修證很好的菩薩再來。我就是個實例，從小被人認定是長大以後沒用處的人，竟然白手起家以後又自通佛法，教導大家實證如來藏、眼見佛性、修學種智，那些很會讀書的人竟然都讀不懂我的書；所以小時候的事其實多少都會有一些徵象，只看大人們懂不懂得觀察罷了。講到這裡，當然要來看看《叢林盛事》裡面記載的菩薩是多麼的怪，可卻是個大菩薩呵！《叢林盛事》卷二：

【慈恩法師，唐尉遲將軍之子也。始年十歲，能造戰策，父賢之。玄奘以計，欲其出家以大教乘；密竊其所造戰策，教小行者諷之，攜訪遲。遲極口稱賞其子善能作文，奘請一看而乃曰：「此文者，小行童亦能誦之。」遲驚，呼來誦之，果不差一字。遲大怒：「此子以古文謔戲。」即欲誅之。奘師告云：「佛有救護眾生之說，若君不救，吾非佛弟子矣！可捨出家，何如？」遲從。用是，奘師得之，即為大僧，眾莫能及。常對御講論，賜以玉環；見天子，更不致禮。但入出，有經論、酒食、婦女之三車隨行，宣公服而疑之。法師（編案：指窺基法師）亦薄其小乘而疑其神供之說，一日訪宣，特求天供，語論終日而不見其供。法師歸後，初至，宣公責之：「非時而到，何也？」神告曰：「非懈怠也！今日師與大乘菩薩議論，毫光罩定，遍界竟無路得入。」從此更傾心敬之。故知大乘所，非小根之能測底也。」】

這是眞實的典故，不是說給小朋友聽的故事，因爲這是眞正的事跡。慈恩法師，知道是什麼人嗎？（有人答：知道。）可是有的人還不知道。玄奘菩薩歸國弘法以後收了窺基大師爲徒。窺基大師法名叫作慈恩，光大了玄奘的門楣，所以後來玄奘這一宗，人家就稱爲慈恩宗。玄奘本意並沒有想要創立宗派，但是後來慈恩法師認爲應該成立一個宗派，免得玄奘所傳的這個勝妙法散落了，於是立宗派，所以法相唯識宗又稱爲慈恩宗，這就是法相唯識宗名爲慈恩宗的由來。

所以慈恩法師就是窺基大師，他是唐朝尉遲恭將軍的兒子。尉遲恭，大家記得嗎？很有名啊！以前還沒有電視、還沒有收音機的時候，那時台灣的布袋戲、歌仔戲裡，尉遲恭出場時的氣派是很大的。有沒有？尉遲恭，他是唐朝遠征西域的大將軍，現在道教廟門畫的二尊護法神，其中一尊就是尉遲恭。尉遲恭將軍的兒子就是慈恩法師。慈恩法師才剛滿十歲就能夠寫戰策，也就是行軍該怎麼行，對陣的時候如何布陣，戰爭應該如何進行才能夠勝利；山河地勢怎麼觀察，要如何來布陣；包括糧草要怎麼運行，如何籌措等等。這就是戰策，就是戰爭之策。果然是虎父無犬子，那麼因爲這個緣故，尉遲恭將軍就非常的看重他。可是玄奘菩薩知道他有法緣，想要度他出家，因爲這法相唯識宗如果有他，就不怕在自己捨壽之後立即斷絕。越深妙的法就越怕後繼無人，勝妙的法一定要有很好的弟子才能延續很久，因爲很難實證也很難弘傳。所以玄奘菩薩考慮到這一點，一定要這個人來出家才行。

可是慈恩法師個人不想出家，而他的父親也不可能放他出家，因爲他十歲就能造戰策，將來一定是能征慣戰的大將軍。百萬兵易得，一大將難求，所以他父親不可能放他出家。後來窺基漸漸長大了，玄奘菩薩就設計。你可不要說：「**玄奘菩薩這樣實在不老實。**」這是爲法，假使有機會可以設計使一個很重要的人物——譬如將來對正法有大貢獻的人——出家，我眞的會去設計；只要以正法爲最重要的考量，對眾生是最有利的事，就沒有什麼設計的過失可說。他希望這孩子將來可以出家，進入最大的法教之中，那就是大乘教。所以派人把他的戰策偷了出來，抄好了再送回去。抄好了以後，就教一個剛出家不久的沙彌，也只是小兒的歲數，大概是十歲左右，教他背誦。這小行者，就是出家了還沒有圓頂，因為十歲還不能圓頂，所以名為行者，叫他背熟。等他背誦熟了，就帶著他去訪問尉遲恭。

因為玄奘大師是唐太宗很看重的人，所以委託他翻譯經典，因此他想要見誰，誰都得要見。他就帶那個小行者去見尉遲恭，看見了小沙彌就會談到孩子，當然尉遲恭對自己的兒子很自豪，極口稱賞說：「我這個兒子善能寫文章，不但是文章，而且所造的文章還是戰策。」玄奘菩薩就裝作不知，說：「那請讓我看一看吧！」玄奘菩薩拿過來看一看，看沒幾頁就說：「這文章，小孩子也能夠誦，這不算什麼啦！」尉遲恭將軍說：「豈有此理！怎麼可能是這樣呢？這麼勝妙的戰策，若不是大將軍的料子就寫不出來的。」因為他自己是大將軍，知道那個戰策不是凡庸之說，所以他就說：「我不信，你說誰的小兒能誦？找來當面誦給我聽聽看。」玄奘菩薩就喚那個小行者到前面來：「你把那篇戰策誦來聽聽。」那小行者果然就誦了出來，一字不易，完全相同。尉遲恭當時認為兒子欺騙他，盛怒之下就說：「沒想到我這個兒子拿古文來當作玩笑的事情。」就要把他殺掉，因為軍人就是這個性格，不許開玩笑；軍營裡面一向不許開玩笑，開玩笑是要重重判刑的。這孩子竟然如此，在他的觀念裡面，這是要殺頭的，不能留著。當場就想要殺掉他，那玄奘菩薩就說：「諸佛有救護眾生的說法，雖然你是大將軍，軍令既出不能修改，但是如果你不能救他的命，在我面前殺了他，那我就不能算是佛弟子了。」這言外之意是說，你尉遲恭要陷我玄奘於不義，要讓我玄奘眼睜睜看著你殺人而不救。言外之意就是這樣。

尉遲恭當然聽懂，因爲跟隨皇帝跟久了，言外之意都會聽懂的。所以玄奘菩薩接著說：「你可以把他捨了出家，當作沒有這個兒子，我也沒有見死不救的問題，這樣好不好？」尉遲恭畢竟還是有一點父子之情，所以就聽從玄奘菩薩的建議。接著問題是，他雖然聽從了玄奘菩薩的建議，但窺基大師——當時尉遲恭這個兒子——卻不想出家，寧可被殺也不出家，他就說：「你如果要我出家，要答應我三個條件：第一個條件，我只要出門，就要有一車的經書跟著我走。」古時候一車的經書很貴，因爲古時候不是隨隨便便像我們現在這樣電腦製版再用機器印刷很快，一套沒多少錢；在古時候，那一車子可就不得了。這是第一個條件，玄奘菩薩說：「我答應你。第二個條件是什麼？」「我要一車好酒跟著我。」要一車美酒，玄奘菩薩也答應，反正正法能大興就行了，這些都沒關係啦！「第三個條件是什麼？」「第三個條件，要找一車漂亮的婦女跟著我。」玄奘菩薩也答應，就這樣答應他。（大眾爆笑…）妳們別笑，也許妳們以前就曾經是那一車裡面的一位，要不然今天憑什麼開悟？好，這是玩笑話，免得有人聽法聽到打瞌睡。睡神跑了呵！

玄奘菩薩說：「可以。」但是答應了以後，很多人就擔心說，一車的經書，顯然他是要炫耀他懂學問；還要一車的美酒、一車的婦女，這種人怎麼可能會出家？不可能出家啦！這種人出家以後也沒什麼用處啦！要他作什麼？玄奘菩薩卻說：「你們不知道啦！」就交代準備了三車，約定的時間到了，就去尉遲恭的府上迎請了來。玄奘菩薩另外叫人準備了一口大鐘，一口很大的鐘；迎請了來，三車跟隨他所坐的車子漸漸來到了寺前，玄奘就叫人扣鐘。這一扣鐘，他一聽到鐘聲，就放下一切了。因爲玄奘菩薩知道他的來歷，佛菩薩早就告訴他了。他早知道，所以等他接近慈恩寺的時候，就扣鐘。這一扣鐘，可把他震醒了。以後這三車就變成模樣而已，他心裡已經不在那上面了，不久也就廢了。這就是三車之師，有的人可能還沒聽過。

這個三車之師，在中國佛教史上，可是一個很重要的人物，因爲法相唯識宗就靠他延續下來。可惜的是，第三代開始就沒有像這種人才了，所以到了慧沼法師時，也就一蹶不振了。因此，法一定要好好的傳，不能吝嗇。吝於法或是沒時間多度一些人開悟，你這一個宗派法脈就無法永續流傳，這就是我的觀念。玄奘菩薩得到了他，就剃度他成爲大僧，後來大家都稱呼他爲慈恩法師，就是有名的窺基大師。大僧就表示說，他不同於一般的僧人，並且他也眞的是有智慧，大眾都跟不上他，沒有辦法與他辯論。窺基大師後來也常常是對著皇帝面前來講解佛法的深論，皇帝也賜給他玉環。玉環或者玉珮，只要是皇帝所賜的，就不是一般的價值。等於是說，皇帝如果賜給你玉環，那是比大將軍的那個符節更厲害的。大將軍憑著符節，有時候要到什麼地方去，還不一定能去。皇帝賜的玉環或者玉珮，甚至於後來演變成扳指——大大的一個綠玉套在大拇指上，憑著這種東西出入宮禁無所避諱。因爲這是皇帝親賜的，他的權力就是哪個地方都能去；只有後宮不能去，其他地方都可以去。所以憑著這個玉環，他戴在身上可以四處行走。

出家人腰帶繫個玉環，你覺得怎麼樣？但古時候就是這樣啊！有時候皇帝賜給你紫衣，穿著紫衣就隨時可以進皇宮與皇帝論事；不論到哪個道場去，都沒有人敢瞧不起你；因爲如果瞧不起你，就等於瞧不起皇帝，當然就不敢讓你吃閉門羹。可是後代也有許多凡夫穿著紫衣，但也有許多禪師不接受紫衣。那麼，他就因爲是大僧的緣故而「**對御講論**」，所以皇帝賜給他玉環。他見了天子—也就是見了皇帝—從來都不禮拜皇帝的。古時候你是大禪師，見了皇帝也得要禮拜。古時候不禮拜皇帝的人沒有幾個，那就是說：「**我堅持菩薩僧的格。**」所以古時候我也跟皇帝鬥過心機，因爲他希望我禮拜他，我就偏不禮拜他——有種，你就把我砍了。諒他不敢，早就料定他不敢。這就是說，中國自古以來，皇帝都這樣想：「**我當了人王，還要當法王。**」可是你在文字上可以讓讓他，沒關係！讓他覺得受尊敬，只要他願意護持正法就行了。可是如果要你禮拜他，那就免了。但你嘴上可不能說，你心裡面可以這麼想：「**有膽，你就砍了我。**」但嘴上千萬都不要講。這就是說，古來皇帝都是這樣；所以演變到現在大陸的名山古剎，都還要由國家派住持，這眞的叫作陋規。

那麼，雖然他是這樣，可是他在出家時有經論一車、酒食一車、婦女一車跟隨著他。就因爲這個緣故，所以那個道宣禪師（他其實不能稱爲禪師，因爲他走的是小乘的路），也就是道宣律師啦！他很精通戒律；他雖然佩服窺基大師，可是心中懷疑說：「一個證量這麼高的菩薩，出家竟然還要婦女跟著、還要酒食跟著，這算什麼？」可是他畢竟不敢毀謗，因爲窺基大師說出來的法太勝妙了，沒有人可以跟他對談。但他心裡面就是懷疑，而這懷疑的話，後來傳到窺基大師那裡去。窺基大師心裡也疑著他，因爲道宣律師號稱有天人供養，說他吃的是天人供養的食物，可是窺基大師看看說：「你的修持這麼差，連大乘的見道都沒有，你憑什麼受天人之供？」他也懷疑，兩個人互疑。窺基大師就想：「既然如此，說有天神來供養你，我就來拜訪你，看看是不是眞的有天神來送食。」好了，有一天就主動去訪問道宣律師。道宣問說：「大師！你今天何緣到此？」窺基大師明著說：「我特來求你天神之供。」明講了，等於就是踢館：「我不太相信，如果有的話，我今天來了，我就是要吃你天神所供的食物。」結果兩個人，你講你的小乘法，我講我的大乘法，講來講去講了一天，可就沒看見有誰送供來。窺基大師也沒有跟他戳破，就說：「好了！我告辭了。」既然沒有送供來，不就等於戳破謊言了嗎？窺基大師就告辭了。告辭以後，那天神倒是送供來了；當他剛到的時候，道宣律師就責備他：「你今天為什麼非時而到？有什麼原因？」那天神就說：「我不是懈怠！今天師父您跟大乘菩薩議論，可是那時毫光閃閃，把你們住的地方都給遮住了。我找來找去，找不到路頭可以來，所以才會這麼晚才到，因為菩薩已經走了。」所以道宣律師就因為這樣，才真的佩服窺基大師。那麼，這個故事在告訴我們什麼？說大乘菩薩妙法的所在，不是小根小器的人所能夠測量他的源底。

所以，有好多人聽說我在書裡面寫著：「阿羅漢們來到正覺同修會裡，都沒有開口的餘地。」他們氣得要命。問題是，我不是因慢而說，我只是敘述事實。大菩薩在這裡，天神也進不來；因為大菩薩的所在，總是毫光罩頂，周邊好多的護法大神擁護著。不要說山精鬼魅，就算是天神，也沒有辦法隨意想作什麼就作什麼。所以，菩薩永遠都是被阿羅漢所恭敬尊重的，因為阿羅漢的所知，菩薩也知道；但是菩薩的所知，阿羅漢不知道。因此，阿羅漢一定是很恭敬菩薩的。那麼，初果人更是恭敬菩薩，因為他從菩薩的言論之中看得出來，菩薩是早就不存我見的：「菩薩不存我見、沒有三縛結，這是跟我初果人一樣；但問題是菩薩所寫的很多很多法，我都讀不懂；而我所說的，菩薩都早就講過了。」所以眞正證果的人，一定會尊重菩薩；凡是不尊重菩薩的人，一定都是凡夫，這是絕對可以確定的。所以外面只要誰罵我，你就知道那人是凡夫啦！（大眾笑⋯）這樣講，最容易啦！因爲我所斷的我見，他們沒有斷；我所證的如來藏，他們沒有證；我所見的佛性，他們都沒見；我所有的般若智慧，他們都沒有；所以只要眞的是初果人，就不會誹謗我了。如果會誹謗我的，一定連初果都沒有，這是很容易判定的事。

現在，這個眞實的典故讓大家瞭解了：菩薩的行止，有時候是千奇百怪的。你看，這三車大士，誰會想到他是個大士呢？所以，一般淺學初機只能看表相，不曉得其中的蹊蹺。這如同武林，有一句話說：「外行看熱鬧，內行看門道。」在這邊賣藥，他要得一手刀槍棍棒、內功、氣功等等，但他是不是眞的有料，內行人一看就知道。那外行人要看他花拳繡腿要得好，就說：「哎呀！這個人厲害。」同樣的道理，內行人只看對方所說的法妙不妙。也許未來世你們遇見一個菩薩，他每一次出入都坐名貴的轎車，都有幾個女電影明星跟著他。也許你會遇到這樣的菩薩，這可不一定。你看二祖慧可，晚上他住到哪裡去？住到酒樓，住到妓女戶裡面去，人家罵：「你一個出家人跑到那邊去幹什麼？」他說：「我自調心，何關汝事？」他要藉那個環境斷除習氣種子，練到不動其心。習氣種子很厲害的，還沒有去開始面對習氣種子的人，不知道習氣種子的厲害；那如果已經開始面對習氣種子去鍛鍊的人，往往出人意表，但這都是正常的。這樣看過了才知道奇奇怪怪的菩薩們，眞的是很奇怪；但是爲什麼能夠這樣？都因爲他有實證金剛心的緣故。如果不是以實證的金剛心作基礎而使得他的種智修持出來，他就不可能到達這種地步，能夠這樣的人才是眞的金剛手菩薩。我們再從理上來說說金剛的道理，《大般若波羅蜜多經》卷五百七十八：

【爾時世尊復依一切如來智、印持一切佛祕密法門如來之相，爲諸菩薩宣說般若波羅蜜多一切如來住持智印、甚深理趣金剛法門，謂：「具攝受一切如來金剛身印，當證一切如來法身；若具攝受一切如來金剛語印，於一切法當得自在；若具攝受一切如來金剛心印，於一切定當得自在。若具攝受一切如來金剛智印，能得最上妙身、語、心，猶若金剛無動無壞。」佛說如是如來智印般若理趣金剛法已，告金剛手菩薩等言：「若有得聞如是智印甚深理趣金剛法門，信解、受持、讀誦、修習，一切事業皆能成辦，常與一切勝事和合；所欲修行一切勝智、諸勝福業皆速圓滿，當獲最勝淨身語心，猶若金剛不可破壞，疾證無上正等菩提。」】

這是《大般若經》所講的，其實大品般若、小品般若都各有勝妙處，沒有辦法去分高下。這一段是大品般若五百七十八卷裡面的聖教：「這個時候，世尊又依一切如來智，印持一切佛祕密法門如來之相而說法。」什麼是一切如來智？一切如來有什麼智慧？有一切種智，就是金剛心如來藏所執藏的一切種子的智慧，這叫作一切如來智。這一切種子的智慧具足了，就是一切種智圓滿，就是佛地的智慧；有一切種智就能夠四智圓明，所謂大圓鏡智、妙觀察智、平等性智以及成所作智。但是這四個智慧，其實要從金剛智來；金剛智就是法界體性智，而法界體性智是什麼？就是一切法界根源的智慧，也就是一切法功能差別根源的智慧，這叫作法界體性智。一切法的功能差別的體性是什麼？就是如來藏的自性；一切法的功能差別莫非金剛心如來藏所攝，所以法界體性的智慧就是金剛智。而金剛智就是緣於你所證的金剛心如來藏而產生的智慧，就是般若實相智慧，所以金剛智是實相般若的智慧。

密宗四大派在近代自稱爲藏傳佛教，其實只是喇嘛教—坦特羅佛教—譚崔性愛的假佛教；他們看見你正統佛教裡有金剛手菩薩，他們也自稱有一個金剛手菩薩；你有金剛智，他們也有金剛智；你有法界體性智，他們也弄個法界體性智；不管你正統佛教裡面有什麼，他們就會有什麼；但他們的東西都是自己發明的內容，不是正統佛教裡原有的內涵。就好像說，你們要買勞斯萊斯，他們騙你說他們也有賣；不過，他們的勞斯萊斯只是有勞斯萊斯的外殼，殼裡面的東西都不是勞斯萊斯的產品，都是從廢車場去撿來零件拼拼湊湊起來，也能開上路啊！但人家勞斯萊斯開起來很平穩、很寧靜、很快速，他們的勞斯萊斯開起來是「鏗鏗鏘鏘」，並且一個小時只能走一公里，那一公里路都好像是在石頭路上慢走卻又顚躓搖晃，原來只是仿冒品，但不知眞相的愚人就坐在裡面得意洋洋。假藏傳佛教密宗就是這樣，你佛教有什麼，他們就有什麼，但他們的那些東西都不是佛教原有的東西，都是從外道那裡弄一些東西混進來，有時則是他們自己也不知道是什麼，只是隨便弄一些東西再把佛法名相套上去，騙人說就是佛法；而且還高推爲至高無上的佛法，說是比佛教的　釋迦牟尼佛更高，這就是假藏傳佛教密宗古今不變的行徑。

一切如來的智慧就是一切種智，而這個一切種智是印持一切佛祕密法門如來之相。也就是說，這個智慧可以印定，不會有差異，一印下去剛剛好是與諸佛都互相符合的。這印不是講印章那個印，古時候調兵遣將有很多的符與節，那個符節有很多種，有的是一邊作爲一個印信，要與另一邊互相密合而成爲可以印定的信物。怎麼樣的印信呢？就是二件東西，一件是鏤空進去的，另一件是突出來的，這兩個湊起來剛好是密合爲一個整體的四方形或長方形。或者說有腰牌，如果是軍隊的腰牌，那就不一樣了，它通常是有一對，指揮者的腰牌與接受指揮的腰牌共有兩個，必須一模一樣；做好了，雙方各執一個。當主官要傳命令給下屬的時候，主官要把這邊的腰牌交給傳遞命令的人，去到軍隊那邊核對；若果核對後完全正確，那麼這個人所傳過去的命令才算數，這也叫作印。所以印可以分成很多種，譬如虎印等等；乃至宗教信仰中也有桃符之印等等，所以印有很多種。這個「印」的意思，是說可以完全相符合。譬如古時候人們迷信，每年新春爲了閃避鬼邪，在大門框上左右各掛一個木片，上面畫著二位神將，如同現代廟門的門神一樣，不會畫的人就在木片上直接寫上二位神將的名字也行；但是模樣和名字可不能畫錯、寫錯，必須兩個是一對而不能亂寫的，否則就不相符契了；這就是成語說的「桃符相契」，有沒有？講的就是這個道理。當然，後來桃符漸漸演變成討喜的春聯，那是後話，也就不談它了。

那麼，一切如來住持智印，可以印定什麼呢？印定「一切佛祕密法門如來之相」，也可以用這個智慧來受持「一切佛祕密法門如來之相」。一切佛的祕密法門是依如來之相而說的，那麼如來之相是什麼？就是眞實如來的法相；什麼是眞實如來？法身佛才是眞實如來；可是法身佛無相而不可見，不可見之中卻又無妨生一切相，然後於一切相中可以親見這個無相的如來之相，這個如來之相就是第八識如來藏的法相，又名眞如，所以一切佛的祕密法門就是這個眞實如來之相。一個人修學大乘佛法，能不能進入內門廣修菩薩萬行，能否眞的邁向成佛之道，就看他有沒有證得這個眞實如來之相。如果能證得這個如來之相，就知道一切佛的祕密法門了。

舉個例子說，有一天 佛陀走在路上，突然指著一個地方說：「這個地方應該建立一個清淨的佛剎。」釋提桓因聽了就去旁邊摘了一枝草來，往那個地方一插就稟告 世尊說：「梵剎已經建好了。」就是這個道理，這就是如來之相。可是如今正覺同修會之外還有誰懂得其中的蹊蹺呢？要證得這個如來之相很難，所以一般人只能看表相，只看見 釋迦如來師徒兩個人這件奇怪底事，這葫蘆裡是賣什麼藥呢？等到你證得這個如來之相，你就知道當時 世尊與弟子釋提桓因在弄什麼玄虛，就知道一切佛祕密法門是什麼了。所以，無門慧開禪師寫了〈無門關〉四十八則公案拈提時，才會這麼說：「**釋迦老子掛羊頭賣狗肉。**」掛著羊頭當然應該是賣羊肉，結果背地裡卻在賣狗肉。羊頭是什麼？羊頭是指大家從表面上看到的，地上畫個圈說：「**這裡應該建一座清淨佛剎。**」釋提桓因也配合，也跟著 世尊掛羊頭，就拿根草來插上去說：「**這樣已經建好梵剎了。**」可是，看見門道的人就知道：「**原來那個羊頭底下賣的是狗肉。**」他看見狗肉了。眞要是看見「狗肉」了，把「狗肉」拿過來吃，就成爲菩薩了。這就是說，當你看見了如來之相，你就知道一切諸佛的祕密法門，原來想要證悟般若是這樣證的。而這個如何證的方法卻不對外明著教授，是不向外明傳的，只傳給家裡人。也就是說，得要是眞正的菩薩，才能得這個法。在世俗法裡面，有很多法門是傳子不傳女的，因爲傳給女兒，女兒嫁出去就跟她丈夫另立門戶了。這不行，所以只傳給兒子。佛陀也是這樣，這個如來之相，佛陀只傳給菩薩，菩薩才是眞正的兒子，所以這個不二之法是不傳給二乘人的。

當你親證這個如來之相，你就能夠用這個如來之相，來一一理解一切佛的祕密法門；因爲你證得如來之相的時候，你就有了如來智，那麼這個如來智、如來住持智印、甚深理趣金剛法門，其實都是依這個如來之相而說的。而如來之相無相，無相才是實相；因爲這個無相的實相函蓋一切相，這才是眞實的佛法。世尊就是依這樣的智慧、依這樣的祕密法門、依這個如來之相，爲諸菩薩宣說般若；這也就是智慧到彼岸的一切如來的住持智印，以及一切如來的甚深理趣金剛法門。因爲如來都要以這個如來之相而生的智慧來印持一切諸法，一切如來也都依這個如來之相來宣說非常深、非常深的契入正理的金剛法門，也就是「具攝受一切如來金剛身印」。

「一切如來金剛身印」，其實你們之中也有許多人在二千五百年前見過；只是那個時候還沒有什麼因緣可以悟入而已，所以不知道那時的「如來金剛身印」到底是怎麼回事。那就留到這一世來，終於從天竺生到中國，然後又生到中國的邊疆——蓬萊仙島，終於有機會證悟了。而現在蓬萊仙島已不是中國的邊疆，反而是中國的中原，知道嗎？因爲現在佛法的中國就是指台灣。所以內地佛弟子寫信來，往往說：「沒想到我們今天生在佛法的邊陲。」說台灣才是佛法上的中國。這是眞實話，而正覺同修會傳授的這個如來智都是從哪裡來的？從「如來金剛身印」而來。

可是「金剛身印」，其實我已經爲諸位講夠多了。當年你們有人來到 世尊法會中的時候，見了 佛，點個頭就坐下來，那你這一世要開悟就不容易。如果當年到了法會中，看見 佛陀時連點頭都沒有，就找個地方自己坐下聽經了，今天是進不了同修會的。所以，當年親見 佛陀時的狀況怎麼樣，都跟後世的法緣有關聯。爲何有關聯呢？因爲這表示當時與 佛陀間的師徒關係是否夠緊密，顯示往世與 佛陀之間的師徒之緣是否夠久長，都從這些微細的身印中顯現出來了。這裡說「具攝受一切如來金剛身印」，是要能夠懂得一切如來的金剛身是以什麼爲法印，這個才是最重要的。對一切如來的金剛身能夠在心中契符的法印完全信受了，未來就可以證得一切如來法身。也就是說，只要能攝受一切如來「金剛身印」，也就是說一切如來以什麼爲金剛身、用什麼來印定這個金剛身？當你弄清楚了：「原來是這個如來之相。」

你弄清楚了，也就是你找到第八識如來藏了，那麼未來你就一定可以證得一切如來的法身。也就是說，將來次第進修以後一定會到達佛地，證得究竟地的法身無垢識。

又譬如說，「**具足攝受一切如來金剛語印，於一切法當得自在**」；如果你「**具足攝受一切如來金剛語印**」，並且你這個「金剛語」的法印已經印定而不會改變，也沒有過失了，你「**於一切法當得自在**」。換句話說，你如果知道如來在說法的時候什麼是祂的「**金剛語**」，你在未來，譬如在這一世未來的十年、二十年、五十年後，乃至未來世中，就可以「**於一切法**」中「**得自在**」。經文中說的是「**當得自在**」，不是悟後立刻得自在，所以你不可以說：「**我禪三被你印證了，爲什麼我不能像你這樣說法？**」要請你想一下，我能像這樣說法，是因爲過去世一世又一世這樣走過來，並不是這一世才開悟的；並且我這一世悟了以後到今天，算算也快二十年了（編案：這是二〇〇八年十月講的），才有許多往世熏修的法義不斷地跑了出來。所以，不能要求齊頭式的平等，你可以要求立足點平等；反正你來了，我就是幫你開悟，這個可以啊！但不可以要求說：「**我悟了，爲什麼我跟我的親教師還差一截？**」

你也想想，人家悟後多久了？有的人過去世就跟著我的，不是這一世才悟的，也是大有人在啊！所以不能要求齊頭式的平等，但立足點平等是可以向我要求的。

那麼「金剛語」的法印是什麼？也就是說，要能隨時隨處都聽得出 釋迦牟尼佛說的「金剛語」。那麼到底什麼是「金剛語」？當大家都拉長了耳朵在聽 佛陀說法，一字又一字、一句又一句、一段又一段、一部經又一部經，可是聽來聽去，都在語言文字上聽，沒有聽出祂的「金剛語」。如果能懂得「金剛語」，禪宗的公案你就可以通達九成七、九成八。如果你懂得「金剛語」，那麼雲門禪師的答話，你就全都懂了。人家來問：「如何是佛？」答：「露柱。」「如何是佛？」答：「綠瓦。」「如何是佛？」答：「胡餅。」可是很多人都聽不懂，近代就有大禪師主持禪七時說了，後來又整理在書裡面：「禪師都是講反話啦！講反話就是禪，亂講一通就是禪。」其實那就是不懂「金剛語」的凡夫才會這樣講，他根本就沒有明心，還跟人家講什麼開悟、不開悟的；然後當人家悟了出來說法時，他還不許人家講開悟的道理。

但是如果懂了，你就知道「金剛語」了。所以如果人家來問你說：「有人問趙州『如何是佛』，趙州說『六六三十六』，那你怎麼說？」你就答他說：「七七四十九。」如果再問你，就答他「八八六十四」，再問就「九九八十一」。如果再問，你就戳著他的鼻子罵：「你回去把九九乘法給我背熟了來！」他回去就好好背了，一乘一等於一、一乘二等於二，二乘二等於四，他就好好去背了。背會了又來了，還不會，還問，你只要把他打出門去就行了；因為「金剛語」已經很明白地教給他了，他還不會，那你有什麼辦法？像這種弟子度一萬個來也沒有用。禪師就是這樣，禪師度人，從來都是挑精揀肥的。如果不是要幹一番大事業，需要很多人來幫襯，誰都會挑精揀肥。如果不是挑了又挑，他可不要。禪師一生都是度兩、三個徒弟就夠了，那麼辛苦度一大堆弟子幹什麼？快活日子不會過？所以古來這個「金剛語」就是難會。

這個「金剛語」，你要是會了，禪宗公案你就通了。「如何是佛？」「東山水上行。」你說，我們台灣又沒有東山，那該怎麼說？你想：那總有草山吧？我們講堂後面就是草山，你就回答說：「草山海底滑。」也可以啊！隨便你講，反正你已經把「金剛語印」顯示出來了。這個印記顯示出來，要誰才能看得懂？得要家裡人才能看得懂，這就是「金剛語印」。那你如果能夠具足攝受一切如來「金剛語印」呢，不久的未來就會於一切法得自在；因爲如果連這種微細的地方，你也能夠悟得清楚，不久就能於一切法得自在。所以，我們現在禪三不是只有「金剛心印、金剛身印」而已，現在禪三的印證也包括「金剛語印」，全都得弄清楚才行。因爲我們希望大家品質都很好，禪三圓滿下得山來，就可以立刻爲正法所用，這才是我們辦禪三想要達到的目的。如果不是正法需要人，我那麼辛苦辦禪三幹什麼？我一個人辛苦不打緊，還帶累一大堆護三菩薩們跟著辛苦。

接下來，如果具足攝受一切如來「金剛心印」，「於一切定當得自在」。也就是說，如果想要證得禪定，其實等到開悟了以後來修，是很容易的。一般學佛人、那些外道們，或者佛門裡的六識論常見外道，他們修禪定都是不好修的。諸位看看，到今天爲止（大陸佛教就不談，因爲大陸佛教可以說是文革十幾年之後都沒有開放弘傳，直到這十來年才開始萌芽而已，還在幼稚園階段），而台灣佛教呢，也還只是小學階段；而我們正覺這裡呢，有初中班、高中班，有大學班，也有碩士班、博士班。「你蕭老師講話，爲何這麼誇口？」不然你就試著學看看呀！等你悟了以後，公案讀懂了、經典讀懂了，你再來看看：會裡先開悟的別人智慧怎麼樣？他只要比你早幾年，你就無法想像了，卻還只是初級中學罷了；那些還沒開悟的大師們，不都只是小學的層次嗎？所以，「言無虛妄」是我們正覺的特色，我們雖然不誇大其辭，卻也從來不矯揉造作，不會說明明有這個東西，還故作謙虛地說：「沒有啦！我們還沒有開悟啦！」那不就是虛言矯情嗎？只是故作謙虛而成爲說不實語啦！那你的開悟是假的囉？下座！下座！別再上座說法了。本來就應該如是。

你得要有那個料，才能夠說那些深妙法嘛！你若沒有那個料，那你上座說什麼深妙法呢？所以說，你看那一些人，海峽兩岸、南北半球，如今有誰證得初禪？有誰能講得出他的初禪體驗？拿得出來嗎？都不行！以前常常有人宣稱證得四禪、二禪的，後來我們講出初禪的證量、二禪的證量以後，如今還有誰敢講他證得第幾禪呢？全都閉嘴了。所以，他們所謂的證初禪……等，那都是纏著腳的纏，不是眞正的禪定；因爲初禪要有初禪發起的過程和修行的過程，以及證得以後禪定境界中的演變過程，可得要有這些過程啊！不應該靠著閱讀，然後憑死記的印象去講出來；應該從自己的體驗，從自心裡面不用看任何筆記就直接講出來。如今台灣、大陸佛教有沒有這種人呢？南洋佛教有沒有這種人呢？都沒有！因爲他們其實都沒斷我見，就不容易修證禪定；他們也不懂禪定的修證原理，眞的很不好修。

但是我們正覺的同修們悟後來修禪定，爲什麼就好修？是因爲我們修禪定以前，是要先斷我見及明心。明心之後，繼續爲眾生的法益、爲正法的久住而無私無我地努力作事，於是在這過程中漸漸地修除了煩惱，而不是用數息法硬壓下來的，煩惱少了以後要修禪定就容易了。如果沒有先在弘法利生的事相上修除煩惱，將來修禪定是很辛苦的，眞是事倍功半。就是說，當你有了「**金剛心印**」，你可以用這個「**金剛心**」來印定實相般若、印定涅槃本際；然後也可以用這個「**金剛心**」來印定世俗法蘊處界一切我與我所都是虛妄不實，那麼在弘法利生的過程中繼續進修的結果，性障就越來越少；到後來正式修學禪定時，由於性障修除而沒有五蓋了，當你一上了座，就是沒妄想，修禪定還不容易嗎？不必像那一些人在那邊數呼吸：「**一呀、二呀、三呀……**」他們心中一面還在「三」、還在「四」、還在「五」數著呢，可是心裡已經同時在想著說：「**我兒子今天在學校，會不會調皮搗蛋？**」坐在蒲團上的公司大老闆也想著說：「**我今天那筆生意，派張經理去對方那邊，到底**

談得怎麼樣？」他在這邊打坐，心裡的數目還在繼續數著，可是他也同時在打著妄想；不曉得數過幾遍的一到十了，然後才終於發覺那個妄想，總是過了很久的時間才發覺到。像這樣子，禪定怎麼修得成呢？所以，當你有了金剛心的實證，用「金剛心印」來印證諸法以後，煩惱漸漸少了再來修禪定，就不必在那邊用那麼多的方法去修定，往往是一坐下來，妄想自然不起。

妄想不起了，漸漸的進入未到地定，繼續熏習這個定境。然後，配合著平常歷緣對境繼續去把性障給修除，初禪自然就發起來了。也許你正在吃飯，吃著、吃著，突然發覺到了：「怎麼會這樣子？」突然就發起初禪來，這可不一定啊！這是很難說的。可是你看看現在，誰有眞的證得初禪？以前他們自稱有得初禪的人，敢把他們的體驗寫出來、講出來嗎？都不敢，因爲全都沒體驗，都只是自以爲已證初禪了。所以，如果能夠攝持一切如來「金剛心印」，成功轉依「金剛心印」而開始修除性障了，要修禪定也就很容易了。因此，修禪定最好是悟了以後，經過一段時間的修除性障，然後再來打坐修禪定，就不會出亂子。一般人修禪定，常常會出亂子，心裡面愛樂稀奇古怪的境界，往往會被鬼神入侵，然後就精神錯亂，不得不住到榮總精神病房裡面去了。我們可不想再看見這個樣子，所以我到現在都還不肯教禪定，因爲我的法務非常忙，沒有時間再每天去精神病院裡，爲那些修禪定而修出問題的人開導。我希望等大家悟後把五蓋修除了再學禪定，那時我就不必爲某些修定出問題的人，每天早上去病院裡爲他開示。

其實禪定沒有什麼很深的道理，那個都很粗淺；比起般若來，那是非常粗淺的東西；只是需要把那個原理告訴你而已，只是要把方法告訴你而已；但是我不要太快教，要讓大家悟後把性障除了，以正知見經過長期的薰陶，性障都修除到差不多了，那麼以後正覺寺蓋好了，我們再找時間來講。這就是說，你用金剛心印，是可以印定禪定境界的，但是要有善知識教導；因爲禪定境界全部是意識的境界，並不是金剛心如來藏的境界，沒有金剛心可印。

悟了實相般若以後，可以由這個金剛心如來藏，再來印定種種的定境。譬如，慧上面的定境叫作三昧，例如大乘法中的空三昧、無願三昧、無作三昧……一類的三昧，這也叫作定；意思是你心中對於這類出世間智慧或世出世間智慧，已經心得決定了，不會再被任何人所移轉了，就依所證的智慧而稱爲某某三昧。譬如你若是證得金剛心如來藏了，當你心得決定而不懷疑時，就稱爲證得金剛三昧；如果心中有所疑，只能說是證得金剛心而沒有三昧，就不能說是證得金剛三昧；所以三昧——定——是說心得決定，不是指四禪八定的定。

定，在三昧上面的定義是比較廣泛的，因爲既有智慧上的心得決定，也有制心一處不起妄念的禪定裡的心得決定；所以三昧——定——大多是說心得決定，而禪定只是其中的一小部分；所以，三昧涵意很廣，而般若諸經中說的很多三昧，都跟禪定無關，都是與智慧有關的心得決定的意思。也就是說，你證得金剛心，並且心得決定而不懷疑了，就是有了金剛三昧，才能說是有了「**金剛心印**」；有了「**金剛心印**」來印定各項世間法、出世間法，然後心得決定而不退轉，這就是證得《楞嚴經》中說的「**金剛三昧**」。三昧就是定，最重要的是在這些智慧的心得決定上面。所以，「定」的這個心所法，不是專指禪定，禪定只是定心所中的一個小部分；大部分還是在心得決定上面，而心得決定主要是在慧門上面。這意思就是說，如果能夠攝受一切如來「**金剛心印**」；以這個心印，於慧門的各種慧定上面，或者於禪定的定境上面，將來都可以得到自在。

接下來，「若具攝受一切如來金剛智印，能得最上妙身、語、心」，如果能夠具足攝受一切如來金剛智這個寶印，將來可以得到最上妙的身、語、心；也就是到達如來地，獲得如來地的最上妙身、語、心。最上妙身，因爲有三十二大人相、八十種隨形好，以及一一隨形好都各有無量好，所以是最上妙身。最上妙語，所謂說法時初善、中善、後善，語意深遠，深不可測，這就是最上妙的佛語。最上妙的佛心，是第八無垢識中的一切種子不再變異，超過二種生死，具足一切種智而能四智圓明，這就是最上妙的佛心。到這個時候，猶如金剛一樣不動不壞。沒有誰可以來要求 佛陀改變祂所說的法義，也沒有人可以來要求 佛陀改變祂的授記，也沒有人能夠改變 佛陀心中的任何種子，所以說最上妙心「猶若金剛無動無壞」。

只有愚癡人才會妄想要去轉變 佛陀。那個善宿比丘就是這種愚癡人，他看見外道究羅帝修苦行，趴在牛欄、馬槽的糞堆上吃穀皮。穀皮知道嗎？河洛話叫作粗糠。這東西既難吃又沒營養，一般人吃了還會壞了胃腸，因此善宿比丘就讚歎說：「這個人眞是個阿羅漢啊！」原來善宿比丘看見那個外道修的苦行無人能及，因此認定他是阿羅漢，卻不懂得從對方有沒有解脫道智慧來判斷。佛陀說：「你這個愚癡人！他不是阿羅漢。」因爲善宿曾經質疑 佛陀：「某某人是阿羅漢，佛陀爲何要對阿羅漢生起嫉妒心？」他還曾經恐嚇 佛陀（大眾笑…），你看，世間竟有這種愚癡人！敢恐嚇 佛陀；這就是說，他妄想要改變 佛陀心中的想法。他不知道說，佛心是無動無壞猶如金剛的。但是我們要瞭解，佛陀的這一切功德都從哪裡來的？都從金剛智來。而金剛智從哪裡來？從所證的常住不壞的金剛心而來，而金剛心就是第八識如來藏。

佛陀說完了以上的如來智印般若理趣金剛法以後，告訴金剛手菩薩等人說：「如果有人能夠聽聞像這樣的如來智印，對非常深妙理趣的金剛法門，能夠信解、也能夠受持，而且能讀誦與修習，他的一切事業都能夠成辦。」也就是說，他想要利樂眾生、想要弘法度眾，他所作的事與業都可以成辦，並且常常可以和一切殊勝的事業和合而成就。假使你所證的心眞是這個金剛心，那你就會有「金剛智印」；你有這個「金剛智印」，外道們說法—不論那些外道是佛門內或佛門外的—他們只要說錯了，你就可以拿「金剛智印」來檢驗他們；當你的「金剛智印」一印下去，發覺對方的與你的不符合，就知道對方錯了，就可以確定他們悟錯了。當你悟後有了「金剛智印」，智慧越來越深妙了，那些大師們、那些外道們說法的時候，你只要聽到一句話、兩句話，就會知道那是常見外道、或是斷見外道；你一聽就曉得了，因為法界裡的實相就是這樣。

可是，不知道法界實際的人聽了我這樣說，他們就毀謗：「這蕭平實好狂傲呵！憑著人家書裡面一段話，就說人家沒有悟，他又沒有把整本書都讀完。」但我何必讀完？浪費我的眼力。因為從一段話裡面就可以看出來：他落在意識裡面。如果他在這一段話中是落在意識裡面，下一段或上一段就全都不可能住在如來藏眞如法性上面，這是一定的道理嘛！只要有一段話所講的實相般若是落在意識裡面，那他書中每一段話的意思都會是落在意識裡面了，又何必要把整本書的每一段都去讀完？就好像鎔鑄成一大塊的金塊拿來了，你隨便一個地方拿一枝刨刀或是什麼工具隨便一挖，挖起來裡外都是黃金，那麼這一整塊就是黃金了。可是你如果隨便一個地方一挖，發現裡面是黃銅，其他地方就不可能都是黃金。檢驗別人悟得眞或悟得假，也同樣只要一段重要的文字就夠了。

這就是說，悟了以後，你已經有了「金剛智印」。當你有了「金剛智印」時，甚深理趣的金剛法門——也就是實相般若，能夠這樣拿來運用，就表示你已經有了勝解，就是勝解行位的實證菩薩了；有了勝解時就一定會完全信受而且理解，就是已得信解的人。如果聽聞了以後，不能馬上去理解它究竟是什麼？表示還沒有信解。信了以後還得要能解，也就是聽了就懂；懂得他在講什麼，這就是有信解了。有了信解以後要繼續受持，受持就是永不放棄；一定是心得決定才能受持，心得決定當然就是定，就是三昧。心不決定，是說信解了以後，心中還在懷疑：「是這個嗎？我來同修會才二年半、才三年，」或者說：「我才四年就悟了，這麼簡單就開悟了，這到底對不對？」就有懷疑，懷疑就是心中不得決定，就不能受持，當然沒有證得金剛三昧。

所以，一般人的想法都說：「參禪，最少要三十年、五十年，才可能開悟啦！哪有人參禪只學個三、五年就開悟的？我不信啦！」這是一般人的觀念，可是請問，佛陀在世的時候，好多人都是由於 佛陀一句話、兩句話就悟了，有沒有三年、五年之久？都還沒有欸！所以，我們這裡二年半、三年開悟都還算很長欸！有合意聽麼？（閩南語，意謂「聽得愜意麼？」）（大眾笑⋯⋯）

對啊！所以，開悟與否的判定，不在參禪時間的長短，而在個人的慧力、個人的福德夠不夠，眞的不在時間的長短上面區別。所以，以前有一個法師還跟我講：「**你們正覺都説那麼短時間就開悟，我啊！參三十年能夠明心就好了，見性我就不敢想了。**」我當時一個手刀砍下去說：「好！那你就**三十年**開悟。」對他好不好？（有人答：不好。）好！怎麼不好？你們不應該搖頭啦！因爲我爲他授記三十年開悟，那算是便宜他，好多人是根本沒有開悟機緣的。只是說，他如果要提前，最多就只能提前三年。我對他那個授記已經幾年了？差不多有十年了，所以他後面最快還要十七年——最少還要十七年才能開悟。再過十七年，他的年紀可也差不多六十好幾、都快七十歲了。

所以，當你有了金剛智印，千萬不要去懷疑，要能夠心得決定。可是，心得決定的前提是：解。不但要信，而且要解，也就是要有勝解，不是很粗淺的理解。信是因爲：「**這是蕭老師給我的，我相信蕭老師，所以我就信了。**」但是，光是信，還不行。光是信，有一天人家故意把蕭老師推翻了說：「**那蕭老師，不曉得在同修會搞了多少錢，蕭老師家裡可能金屋藏嬌好幾房。像這樣的人，證量能有多好？你就別再迷信了。**」那你就退轉了。所以光信不行，還得要眞的生起勝解才行。有了勝解的時候，自己會去不斷地推敲：「這到底是眞的或是假的？」從眞正的體驗、也從聖教量上面去檢驗，再不然也可以從比量上去推敲，就可以證實。證實以後就一定能夠心得決定，心得決定就會是受持不輟。若無法心得決定，就不可能受持。

那麼能夠受持的人，經典就不必勤讀了嗎？也不行，還得要深入研讀。因爲經典中說的不是只有剛剛證悟的部分，經典中說的，是包括你將來到達佛地所要的內容，全都幫你準備好了，所以還要讀、誦大乘經典。光是一個明心，絕對無法完成三賢位的般若實證；所以明心後，還得要繼續讀、誦經典，才能夠快速把三賢位過完。然後，還要「修、習」（就是修練與熏習），因爲經典裡面有好多妙法都不是讀一遍就能懂的，往往是要讀好多遍；不但要讀好多遍，今天讀過還是不懂，明年再讀還是不懂，但是十年後可能就讀懂了；因爲有一些深妙法，你得要悟後不斷地熏習才會眞的懂。不斷地熏習，在讀、誦的過程當中，你同時去修學、去熏習。然後，由於某一個部分的通達，觸類旁通就使你從那個法貫通到這個法來，這個法你就通了。

所以，你們如果讀我的書，讀到哪一個部分不懂，不要死在那邊；可別死腦筋：「我非要把它弄懂不可。」你就暫時把它放著，先讀別的部分；別的部分讀懂了，回來再看這一部分就懂了。常常會這樣，所以不要死腦筋，不然你會浪費很多時間。這個就是說，當你悟後能夠長時間修、習的時候，就表示你已經能夠出來弘法了。因爲你不是只有信解、受持而已，也能讀、誦、修、習，所以一切事業皆能成辦，就能夠常常與一切殊勝的弘法大事和合運作。那麼，心裡面想要修行證得的一切勝妙智慧，以及種種殊勝的福業，也都可以快速地圓滿，未來不久可以獲得最殊勝的清淨身、清淨語、清淨心。那時候，心地是像金剛一樣不可破壞的，沒有人能夠使你再退轉了；那麼，想要快速證得無上正等菩提、快速地成佛，也就不是難事了。

第一段經文，我們上週已經把理說講完了，接著來講宗門的說法，《景德傳燈錄》卷六：

【忻州酈村自滿禪師 上堂云：「古今不異，法爾如然，更復何也？雖然如此，這箇事，大有人罔措在。」時有僧問：「不落古今，請師直道。」師云：「情知汝罔措。」僧欲進語，師云：「將謂老僧落伊古今？」僧云：「如何即是？」師云：「魚騰碧漢，階級難飛。」僧云：「如何即得免茲過咎？」

師云：「若是龍形，誰論高下？」其僧禮拜，師云：「苦哉！屈哉！誰人似我？」

明心破參以前，讀禪宗祖師這些公案，都覺得意味深遠；可是等到破參以後，這時全都是實相的境界，任何意識想像的意味都沒有了，因爲它們全都是分明的實相法界。所以祖師們有些話，悟後的人聽起來，他的理解是和錯悟者不一樣的。假使你聽到有哪個大師說：「祖師這些公案眞是意味深遠。」你就破口大罵：「你根本不懂公案。」因爲不懂，所以他覺得意味深遠，又深又遠讓他搆不著、摸不清，只有意識想像的味道。可是，如果悟了以後就是囊中物，其中的意味還有什麼深、有什麼遠的呢？所以大乘宗門這件事眞的很奇妙，往往不用讀完人家整本書，也不用看其中的一篇一章或者一節，乃至一段都不用，往往只要聽到他講出某一句話，就知道他有沒有悟了；古時的禪師們往往會憑當代大禪師的一句話，就拈出來問諸方，原因就在這裡。假使誰說這些公案意境深遠，那表示他還落在意識思惟的境界裡面，才會叫作意境。當他說深與遠，表示說他根本就搆不到、也摸不著，所以才成爲深、遠。所以你看，就這麼「意境深遠」或「意味深遠」四個字，他的狐狸尾巴已是撩向半天高了。

接著再來看看，忻州酈村這位自滿禪師跟那座下僧人間的事。在禪宗公案裡面，往往只有一個字叫作僧；譬如記載說「僧問」，往往問話的這個僧，在當代是非常有名的大師，只是不好意思把他提名道姓，所以用個「僧」字取代他的名號而記錄下來，然後就可以把他悟前參禪的事情世諦流布了。上堂，是說專門為了大家破參的事而到法堂來開示，這叫作上堂。這可不能像某些禪師亂解釋說：「**上五觀堂來開示。**」這不是在五觀堂開示，這是上法堂。在百丈大師以後，佛寺裡面凡是稱為禪寺的，這個寺院裡面就沒有佛像，他只是設法堂而不設大殿；所以叢林中的法堂，就等於一般寺院的大殿。叢林裡面為彰顯法的緣故，所以不設大殿、不安佛像，是古時的慣例。

所以，如今海峽兩岸到處都有禪寺，四處都可看見某某禪寺、某某禪寺一大堆，其實都不符合叢林最初的規矩。那是到後來，才終於如同一般的寺院一樣，設立大殿安了佛菩薩的金身，所以我們的正覺祖師堂也就隨俗了。隨俗還有一個目的，就是請了 佛陀、菩薩安座，時時照看著這些弟子們。因為我們跟叢林還是不很一樣，特別是我們經過這五、六年來的弘法方式演變，其實是比較偏向慈恩宗的作法，已經不完全是禪宗叢林那樣只有參禪的事了。事實上，我們是一半叢林，一半慈恩宗，這樣合起來，就是我們現在禪三道場與禪三過程中進行的狀況，而我們平時弘傳的法義卻是函蓋佛教裡的全部佛法的；但是禪三的內容與要求的層次，是可以隨時改進或提升的。總之，想到什麼就改什麼，只要能適應當代，也能符合整體佛法的前提，往世的東西都可以拿來用，不適合當代環境的就不用。所以現在禪三時的引導，其實比較像當年玄奘菩薩對弟子們引導的那個樣子；所以我們的祖師堂不叫作禪寺，也就沒有違背叢林規矩的問題存在。

將來正覺寺建好了，就叫作正覺寺，絕對不會叫正覺禪寺。因爲如果叫作正覺禪寺，那層次就低了。我們的法不只是有宗門禪，還有禪定，並且還有般若的別相智以及一切種智；而且將來正覺寺也會作爲傳戒的場所，所以不能侷限在禪裡面，因此我們就叫作正覺寺，絕對不會叫作正覺禪寺，這是很早就設定好的名稱。這在告訴大家，叢林裡面有很多規矩，其實後代的大師們並不瞭解，所以誤會了，也亂解釋一場。因此，這個上堂，不能像某個大師說是在五觀堂進齋的時候開示。五觀堂進齋的開示，是現代咱們正覺的禪三期間才有的；因爲在齋堂裡面是從來不語的，但我們是辦禪三，過堂時也是禪三精進共修的一部分；又因爲我們太老婆，可以說是老婆到無以復加，所以晚上普說了覺得還不足以利益大家，即使加上白天的小參也還覺得不夠，所以每天三次過堂時又講三次，這樣三次過堂的分量合起來也比得上一個普說，大概可以稱爲白天的短時間普說了，何況這樣的普說過程中還有機鋒呢。由於宗門裡面的普說，通常都是在晚上；禪宗自從百丈大師修訂了叢林清規以後，所謂「一日不作，一日不食」，所以叢林裡面白天都是要下田的，或者上竹園培土、到菜園擇菜、到田裡除草等等。因此，都是晚上才有空來普說，並且普說的時間都不會很長；又因爲怕大家累了打瞌睡，所以乾脆都是地上站著聽。聽普說的人都不能坐下來，只能在地上站著聽，表示尊重了義正法與和尚。站著聽，總不容易打瞌睡了吧！這就是普說的規矩。古時候，晚上點的油燈大多是食用油，要點很多盞才能照明，算是叢林裡的一大負擔；所以油燈不能點很久，因此普說的時間都不會很長，這是一般的狀況。

現在回到這件事情來，說這個公案裡講的上堂，也就是上法堂，就是以晚上普說的時間來開示宗門禪。上堂時自滿禪師開示說：「**這件事情，從古**

時候一直到今天都沒有差異，這個法是本來就像現在這個模樣；它是本來就如此的，還要另外去找尋個什麼道理？還要另外去說個什麼道理呢？雖然話是這麼說，但這件事情還是有許多人不知所措，並且這樣子不知所措的人還眞不少呢。」當時有個僧人就站出來請問：「師父！您說這個法是古時候跟今天都完全一樣、都不會變，那就請師父您不要落在古時候，也不要落在今天，請師父您直接告訴我吧！」他說得容易，想請人家直接跟他講了。他都沒想，人家師父以前行腳千里，走到腳都結繭了。那時候都穿草鞋，腳上大拇指跟第二個指頭夾著這樣走，那都要走到結繭的；都是腳底結繭了，腳指頭也是結繭；有的禪師甚至是挨了好幾次的痛棒，才終於悟了。他這位大師僧這麼簡簡單單來，就要請自滿禪師爲他明講；可想而知，自滿禪師當然會這樣跟他說：「情知汝罔措。」我早知道，你還是不知所措底。

自滿禪師這一句話可是事、理雙全，不單只是在事相上說，在理上也已經講了。眞悟的禪師每出一句語，都是有偏有正、有事有理，沒有單說事而不顯理，也沒有單顯理而不說事，所以理與事雙全；這才是眞悟的禪師，每一句話都有爲人處。可是，這個僧人不曉得他的弦外之音，誤以爲自滿禪師不肯爲他開示，所以又想要再發問；當他正要開口再問的時候，沒想到自滿禪師倒是先說了：「你還以爲老僧我落到古今裡面去了嗎？」你看，那僧人還沒開口，自滿禪師已經看到他肚子裡面去了，因爲早知道他會再問，早知道他不曉得。「情知汝罔措」一句話雙具事、理，所以才直接跟他堵了嘴反問說：「你還以爲老僧我落到古今裡面去了？」也就是說，自滿禪師答他的話時，其實意在言外，只是那個大師僧自己聽不懂。

如果這個大師僧是個伶俐底漢，正好過來拉著自滿禪師底手說：「感謝啊！感謝啊！」就好回去了。只是他當時不懂，又增問了一句說：「那麼到底怎麼樣才是？」因爲自滿禪師說：「你還以爲老僧我說這個話，落到古今去了嗎？」所以那僧誤以爲自滿禪師只是在事相上回答他，沒有爲他指示本地風光。因此那位大師僧還是從事相上問：「那麼到底怎麼樣才是？」這自滿禪師說理就兼罵人了：「魚騰碧漢，階級難飛。」說如果是條鯉魚，不管牠再怎麼會跳，即使跳到雲霄寶殿去了也還是難脫階級；牠的階級仍然是魚，因爲牠沒有跳過龍門。沒有跳過龍門，而直接跳到忉利天雲霄寶殿去，還是沒有用，仍然是魚，不脫階級。說這個階級，牠是飛不過去的；必須要跳過龍門，才能超越了魚這個階級而變成龍。那麼自滿禪師如此說了事，到底有沒有說理呢？罔措者便說沒道理，早就措心於此的人就說自滿禪師是理事雙全。這個僧人還是聽不出弦外之音，又說了：「**那我要怎麼樣才能夠免掉這個階級難以飛過的過失呢？**」自滿禪師就說：「**如果已經跳過龍門變成龍身，那你還要再去論什麼高下呢？**」沒有人需要在這個狀況還要去論高下。同樣都是龍了，早就過了階級了，已沒有高下可分了。

宗門裡就是這樣，你這一跳，得要跳過龍門了，否則都得在他師父的法水裡面游來游去，總是跳脫不了。將來有一天能力夠了，藉著那些法水這麼一跳，躍過龍門，你就成爲大龍了，從此以後無時無刻都在大龍之定中。什麼是大龍之定？無出無入。世間的大師們，不管佛門內或者外道，說他的定多麼好，他總是要出定的吧？給他入定三年好了，三年以後還是要出定；出了定以後，將來有時間他還是會再入定，所以他這個定是有出有入的，是變異法。你如果把自己的大龍找出來了，依著這個大龍，祂永遠不出於定外，並且祂也不住在定裡面，永遠如是不出不入，你說這個定高、不高呢？那些外道們一聽：「**還有這種定啊？我怎麼從來都沒聽過？**」你就告訴他：「**今天已經告訴你了，還嫌遲嗎？這叫作大龍之定。」這就是說，如果你已經藉著多年來的法水滋養，這回奮力一躍，躍過龍門去了，成就了大龍之定，這時候，還有誰需要再去論高下呢？

這文字表面是這樣講的，那到底自滿禪師是不是在講這個？看來是在講這些事相，是在答覆他，暗地裡其實已經肝膽捧出，已經跟你肝膽相照了。所以，如果是家裡人這麼一聽，就說：「謝師肝膽相照！」禮師一拜就可以下田去了，可以挖竹筍去了，可以為竹園培土去了，可以擇菜去了。這就是報恩，報師恩應該是這樣報的，不是口頭上說：「感謝師父！」然後每天送了好吃的來，送了金銀財寶來，叢林裡面不看重這個。如果一向看重你要送金銀財寶來，表示那個人不是真正的禪師，因為叢林裡從來都不看重這個。叢林看重的就是你悟了以後要會用，你能用才能夠利樂眾生，正法便可以久住，那就是報師恩。所以拚出來了以後，「若是龍形，誰論高下？」禮謝一拜就可以下竹園去了。

可是這個大師僧，他到底是會、還是不會？他也禮拜。通常是悟了才要禮拜，表示說：「我已經領了師父的法旨。」結果這個僧人也禮拜，但他的禮拜卻是無效的。自滿禪師是不接受這個禮拜的，他就說了：「苦哉！屈哉！誰人似我啊？」這回眞夠老婆了，前面還沒這麼奢侈，最後倒是很奢侈。這個大師僧禮拜他，他卻在那邊叫苦、叫屈。眞的奇怪！是、或不是？

表相大師最喜歡人家禮拜，當人家禮拜他的時候，他總是要讚歎客氣說：「免了、免了！禮佛、禮佛！」其實是歡喜接受禮拜。他老哥卻是在那邊叫苦又叫屈，原來這個屈禮他不受，所以就要叫苦、叫屈：「什麼人能夠像我呢？」如果那僧悟了，這個禮拜就不是屈禮，自滿禪師就會接受。到底那僧像不像他？有人說像，有人說不像。全都對！就看你從哪個角度說。如果說像，是像那個不像底；如果不像，是不像那個不像底。所以都對，法界裡面就是這樣。這樣子說了，諸位領了沒？

我可比那自滿禪師更老婆，他雖然是這樣子老婆，我卻是陪著你們入泥和水，跟你混在河水裡，混在泥巴地裡面，可不只是眉毛拖地了。人家說眉毛長的人是慈悲的人，所以你看那些阿羅漢畫像，如果老了，眉毛都畫得好長，有沒有？事實上，阿羅漢們的眉毛都還不夠長，禪宗祖師們的眉毛可都是拖到地上的。可是要論眉毛拖地，禪宗祖師們都沒有像我那樣長，因爲我不只拖地，我還放在地上讓人家踩，人家踩了還對我說：「**我也沒看到你的眉毛在哪裡？**」眞是冤枉啊！這個公案講到這裡，大眾好生會取。再來看下一個：

【自滿禪師 一日謂眾曰：「**除卻日明夜暗，更說什麼即得？珍重！**」時有僧問：「**如何是無諍之句？**」師云：「**喧天動地。**」**】**

有一天，他向大眾開示說：「**除了白天很亮、晚上很暗以外，還叫我說些什麼給你們？大家珍重啊！**」珍重，就是叫大家可以下去休息了。好奇怪呵！上得法堂來，既然要開示，爲什麼說得這麼簡單：「**除了白天光亮、晚上很暗，把這個除掉了以後，我還有什麼可說的呢？**」於是叫大家下去休息。這好怪呵！可是不怪，因爲他被請了去，是去當禪師，不是去當經師，也不是當律師。既然是當禪師，禪師說法本來就如是；沒有像經師一上座，講了好幾個鐘頭都依著經文講；禪師可不來這一套。經師轉經，一轉就是兩、三個鐘頭；禪師轉經，是一會兒就完畢了，不需要幾分鐘時間，沒有這麼多的囉嗦。所以經師、論師們悟了以後，個個想當禪師，都不想繼續當經師，更不想當論師。論師很辛苦，因爲論師把筆拿著一直寫，不輕鬆。在叢林裡面，紙筆很貴，墨也很貴，都很珍惜著用。古時候，紙都是手工的紙，墨也是手工的墨，筆更是手工的筆；不像現在機器大量做出來的原子筆可以一直寫，便宜又方便；所以古時的書寫都是大筆費用，也很辛苦，禪師們當然也都不喜歡當論師。

而且當論師很麻煩，論師就等於我們寫書一樣，擬一個主題出來要寫什麼，你要先把架構設想好；一定要先把架構弄好了你才能動筆寫，那得要勞神費心，並且每天還得要和水磨墨，然後拿了筆在那邊寫，眞的辛苦。禪師可輕鬆了，白日裡讀經享受，晚間上得堂來兩、三句就把晚參打發了，誰不想當禪師？但是，就有人願意悟了以後去當論師，只是爲了正法的血脈幾如懸絲，想要把它堅固地延續下來，才要去當論師。另外一種論師則是另一個極端，是爲了博取名利，向人炫耀：「你看，我能寫論。」近代最有名也最可笑的論師，就是月溪法師，寫了個什麼《大乘絕對論》，其實那個《絕對論》還是不脫相對論，全都是相對於世間法的意識、識陰的境界，並不是絕對論，因爲全都落在世間相對的事相中，並非絕待之法。所以禪師最好當，大家都要當禪師，只不知佛法的血脈誰要來照顧？如果只是當禪師，大家都當禪師，那麼佛弟子們悟後永遠都停留在總相智裡面，那要如何能進步呢？佛教正法又如何能夠久住不壞呢？所以一定要學習五祖法演、克勤圓悟那樣來作，要學玄奘大師、窺基大師這樣來作，佛法才能夠永續流傳。

好，題外話說多了，言歸正傳。「**除卻日明夜暗，更說什麼即得？珍重！**」他說完準備要下去了，當時有個僧人就趕快出來請問：「**如何是無諍之句？**」因為實際理地沒有諍論可言，實際理地也從來沒有分別可說，那僧還沒有實證，當然得把握機會請問。好多大師們就緊緊抓著這個道理說：「**你悟了就悟了，講別人錯悟幹什麼？**」你們有沒有聽過？不但聽過，而且聽很多了。所以，有好些人、也有好些大師們說：「**正覺都在罵禪宗，正覺都在罵佛教，為什麼不去罵天主教？**」問題是，天主教又沒有在佛法這一鍋好粥丟進了老鼠屎啊！對不對？他們只是煮他們自己的一鍋粥，也沒來壞掉我們佛教的粥，我何必去找他們的麻煩呢？佛法這一鍋粥被放了老鼠屎，都是那些佛教裡的大法師們放的啊！那我要把粥弄清潔，該怎麼辦？我當然要把老鼠屎和屎旁的粥一起挖掉。如果哪一天天主教說：「**你佛法這樣講不對，應該依照我們講的才對。**」我們就會跟天主教對上了。如果他們不把我們的佛法亂講，我們對上他們幹什麼？井水可以不犯河水啊！各教之間何妨互相尊重！

即使是佛門裡面，我們早期弘法也是井水不犯河水的。他們是河水滾滾，我是一泓井水清澈見底；可是大師們的河水偏要故意流進我清澈的井水裡面來，我怎麼能接受？因爲他們都不斷地說：「**如來藏是外道思想，正覺是邪魔外道**。」那我就不能接受了！所以我的井水就開始大量湧出來混進他們的河水裡，希望把他們的河水弄清一點。可惜，到現在河水都還沒有清淨起來！因爲他們全都誤會什麼叫作無諍、無分別啊！所以有大師是在暗地裡指責我說：「**當你在跟人家作法義辨正的時候，你已經沒有悟了，因爲你已經在分別了**。」你看，可憐啊！原來依舊落在意識有沒有妄念分別的境界中，我說了老半天的第八識實相法界妙義，他們都沒有聽進去，一心只想著意識或識陰六識的境界；我也只能夠說：嗚呼哀哉！

這就是說，無諍、無分別、言語道斷等聖教，是常常被大師們誤會的。其實經中說的言語道斷、無分別、無諍，都是講自心如來的本來清淨自性，可是因爲他們堅持六識論，不肯回歸八識論正法來，始終不肯承認　佛陀說的第七、第八識眞實存在，就只好把第八識的本來清淨自性套在第六意識上面來說，就要求學禪的徒弟們說：「我們意識覺知心不能起念，起了念就是有分別而不清淨，就是離開悟境了；所以你悟了以後，如果來說我有什麼不對的時候，你就是沒有悟了。」就變成這樣了！那些徒弟們也眞乖，都不敢再上去問他悟得眞不眞，眞是可笑！可是，那一些信徒們沒有一個人認爲那是可笑的，並且認爲那大師講的都是眞理。不幸的是，這種現象是海峽兩岸佛教界中很普遍存在的現象。

這僧人來問：「如何是無諍之句？」當然他問的是那個眞如心，沒想到自滿禪師卻跟他開示說：「無諍之句，喧天動地啊！」好奇怪呵！無諍當然是很安靜的，一句話都沒有，爲什麼卻喧天動地？還記得我在前面講《金剛經》時說的方程式嗎？所謂喧天動地，即非喧天動地，是名喧天動地。這告訴你什麼？是說他不在告訴你「喧天動地」，他說的「喧天動地」不是說「喧天動地」，你要去聽他「喧天動地」的弦外之音啦！不要落在文字相上。既然那僧要問的是「無諍之句」，人家悟了的禪師總不會告訴你有諍之句吧？所以那句「喧天動地」的意思並非「喧天動地」，你就不要管他「喧天動地」嘛！這時候假使有個人好奇站起來問我說：「不管喧天動地，那我要管什麼？」很簡單，我就回答：「喧天動地。」會就會，不會就不會。且看下一段經文：

經文：【爾時世尊在大衆中，爲諸菩薩說一切法自性清淨實相般若波羅蜜法門，所謂：愛清淨位是菩薩位，見清淨位是菩薩位，深著清淨位是菩薩位，悅樂清淨位是菩薩位，藏清淨位是菩薩位，莊嚴清淨位是菩薩位，光明清淨位是菩薩位，身清淨位是菩薩位，語清淨位是菩薩位，意清淨位是菩薩位，色清淨位是菩薩位，聲清淨位是菩薩位，香清淨位是菩薩位，味清淨位是菩薩位，觸清淨位是菩薩位；何以故？一切法自性清淨故，一切法自性清淨即般若波羅蜜清淨。】

講記：先來回憶一下第一段經文裡面的最後二句：「其名曰金剛手菩薩、觀自在菩薩、虛空藏菩薩、文殊師利菩薩、轉法輪菩薩、降伏一切魔菩薩，如是等菩薩摩訶薩而爲上首。」還記得這些菩薩們有次第性嗎？這是告訴大家，修學大乘法得要先求見道，見道就是開悟明心，明心就是證得眞如心如來藏；當你證得了如來藏，那麼你便成就了金剛手菩薩的智慧功德，隨時隨地只要有誰上來問佛法大意，或是上來問如何是佛，你一掌劈過去就好了，你就當上了理上的金剛手菩薩；因為你有了金剛智，所以你才有資格成為金剛手菩薩。接著，你就來返觀自己這個金剛心阿賴耶識，祂是不是自己本來就在？當你返觀自己本有的第八識金剛心時，發覺沒有一法可以把祂壞滅，也沒有一法可以出生祂，也無法推知祂是什麼時候才有的，原來金剛心阿賴耶識是本來自己就在，稱為自在；當你能夠觀察自心如來阿賴耶識本來自己就在，你就是理上的觀自在菩薩了，但還不是事上的 觀世音菩薩，只是觀自在而已。

在理上當上了觀自在菩薩之後，你可以越來越深入去觀察，發覺祂猶如虛空無所不包，一切法都含藏於猶如虛空的金剛心如來藏之中，無量無邊猶如虛空廣大無比而含藏著無邊萬法，你就是理上的虛空藏菩薩了。虛空藏菩薩，是要現觀能取所取都由這個猶如虛空的金剛心中生出來，能取的七轉識攝歸金剛心，所取的五色根與六塵也攝歸金剛心，能取的七轉識與所取的色陰這十一法都歸屬於金剛心，所以能取的心取所取的色陰十一法時，只是自己取自己，所以沒有能取與所取可說；由這個現觀，證實能取與所取函蓋的萬法全都是如來藏性，這就是理上的虛空藏菩薩。然後你就有了實相法界的智慧，知道宇宙萬有是從哪裡生出來的了，這個實相智慧就是你從現在開始直到未來無量劫以後成佛的老師，那你就是理上的 文殊師利菩薩了。既然當上了理上的 文殊師利，當然漸漸地開始能轉法輪了；有誰轉法輪會比 文殊菩薩更厲害的？都沒有嘛！那你有了理上 文殊師利的智慧時，就可以轉法輪了；既然你開始為眾生轉法輪了，那你就是理上的轉法輪菩薩。一切能轉法輪的菩薩一定都是會通三乘法的，沒有哪位轉法輪菩薩是只會大乘法的；如果哪個轉法輪菩薩告訴你說：「**你別跟我談二乘法，那我不懂。**」他就不是真的轉法輪菩薩，只是個凡夫菩薩，而且不會是二乘聖者；因為一切轉法輪菩薩，都是通三乘法的。當他能夠這樣轉法輪，就能夠降伏一切魔；不管什麼魔遇到這個心眞如的智慧時，就全部壞滅了；但任何一魔都無法壞滅這個證得心眞如而出生的智慧，所以悟了心眞如時就能夠成為降伏一切魔菩薩，除非是別人告訴他般若密意，不是他自己辛苦參究獲得的智慧。成為理上的降伏一切魔菩薩了，我們就可以來解說這第二段經文了。

「**這個時候世尊在大眾之中，為菩薩們宣講一切法自性清淨實相般若波羅蜜法門。**」這個法門的名稱好長呵！雖然很長，其實沒有所謂長或短可說，只是要把它講詳細一點而已。你要把它稱爲「金剛般若波羅蜜法門」也可以啊！因爲是二而一、是一而二。一切法的自性清淨，這是法界裡的實相，可是初學者往往會想：「一切法哪裡會自性清淨？當我們眼識生起來以後，眼識向來就是喜歡看漂亮的；看到花就欣賞，看到狗屎就不想看，這是有貪有厭，這怎麼能叫作清淨？當耳識生起來，最好就可以聽到天樂飄飄，所謂『此曲只應天上有，人間能得幾回聞』，產生貪著了，怎麼會是自性清淨？」所以初學者讀了這一段經文時會產生的問題是：這到底是有貪有厭或是本來清淨的心？依舊是有貪厭取捨啊！就是不淨的心啊！所以，正好天樂飄飄時，他用天耳通聽得好高興的時候，突然間老婆大人喊著說：「老公啊！該上班了，你還發什麼呆？」在他耳裡聽起來覺得說：「哎呀！好吵喲！」覺得好吵，就不喜歡了，這同一個耳識哪裡是自性清淨的呢？

鼻、舌、身乃至意識，當意識生起來的時候，希望所觸的五塵都是美好的；都要是勝妙五塵，不希望接觸下劣的五塵。所以你看，自古以來國王很多的傭人，長得醜的派到外面去，不要放在身邊服務，都是這樣嘛！皇帝後宮裡，一后、二妃、三宮、六院、七十二嬪妃，如果長得不很漂亮，他一生都不到她房裡去，眞的只能當深宮怨婦，因爲君王不照看；這全都是因爲意識心在運作，所以意識是本來就不清淨的。意識也會有善心，但也是由於往世熏習過，或者基於自我爲中心來行善：「**這是我女兒，我不疼她，誰疼她？**」因爲是「我的」女兒；別人家的女兒再怎麼苦，他也不憐念的。意識本來就是如此，那怎麼叫作自性清淨？又怎麼可以說是實相？眞的講不通了。如果用意識套上來講本來自性清淨，是怎麼講都講不通的，所以一切法自性清淨，說的不是指意識境界中的一切法。

這個「**自性清淨**」是在講什麼呢？是說一切法的自性雖然都不清淨，但是從實相法界來看，一切法都是本來自性清淨的；因爲一切染淨諸法都攝歸這個金剛心，從金剛心來看待所生的這一切不淨之法，卻沒有不淨可說；都是意識在那裡分別染淨，金剛心從來都不分別染淨；而一切法不論染、淨，都只是在金剛心如來藏裡面現行、生滅，從來不曾外於金剛心而起滅；然而金剛心的自性是本來清淨的，所以攝歸金剛心的一切染淨諸法，當然也歸屬於自性清淨的法性了，這就是法界的實相。能夠有智慧這樣現觀時，就是「**一切法自性清淨實相般若波羅蜜**」。這就是菩薩與二乘人所證不同的地方，二

乘人所見的 釋迦牟尼佛土如是不淨，可是當 釋迦佛把腳拇趾伸出去，點了地上的時候問菩薩們，菩薩們都說：「我們所見釋迦牟尼佛土究竟清淨。」爲何差這麼多呢？因爲二乘聖人落在現象界中來看 釋迦佛的世界，證悟菩薩們是從實相法界來看 釋迦佛的世界。

阿羅漢所見都是現象界，現象界的蘊處界都是不淨的；可是，菩薩隨著佛陀修學而實證時，是同時看到了實相法界。一切二乘人所見的不淨的世界，都包容在實相法界裡面；而實相法界本身卻是清淨的，只是內含的現象界不淨而已。菩薩看到二乘聖人入了無餘涅槃以後，只是把不淨的五蘊諸法滅掉而已，仍然是維持著原來的實相清淨法界，仍然是這個金剛心的本來涅槃；而祂的清淨，仍然是那個實相法界。所以菩薩這麼一看，自然知道：根本用不著把自己五蘊滅掉，因爲像二乘聖人那樣滅掉了現象界的五蘊以後，還是如來藏的本來自性清淨境界；可是在自己染污的五蘊還沒有滅掉以前，自己的如來藏本來就是自性清淨的，何必滅掉五蘊自己來成爲本來就已清淨的如來藏獨自存在的清淨？所以，阿羅漢滅掉自己入了無餘涅槃，依舊是他的金剛心如來藏的本來涅槃；而菩薩們看到阿羅漢還沒有入涅槃之前，也看到菩薩自己還在人間的時候，雙方各自的如來藏都還是一樣本來清淨、本來涅槃。

不論是菩薩或阿羅漢，不論是滅掉或不滅掉五蘊，同樣都是各自的如來藏的本來清淨、本來涅槃；既然這樣，何必要把自己五蘊滅掉去取無餘涅槃呢？所以菩薩們依這個現觀的智慧而世世留惑潤生，繼續受生於人間自度度他，不會像阿羅漢們死時一定要滅掉五蘊而取無餘涅槃。修學佛菩提道—成佛之道—的所有菩薩們，都應該這樣實證、這樣現觀、這樣生起智慧而進修到成佛。這就是在講：一切法自性清淨實相的智慧就是讓菩薩到達無生無死彼岸的法門——實相般若波羅蜜法門。

那麼我這樣說明過了，我們會裡面也有那麼多人親自實證了，當然可以當下觀察而證實我剛才的說法。你如果還沒有證，就要比較一下：「我是要像阿羅漢一樣落在現象界裡面嗎？或者我要像菩薩一樣，住在實相界又同時雙照實相界與現象界？我要像阿羅漢滅了自己去入涅槃？或者我要像菩薩們一樣，不必滅了自己就已經在無生無死的涅槃彼岸？」到底你要選擇哪一個？除非是愚癡人，否則當然要選擇當菩薩，誰要當阿羅漢？阿羅漢也曾聽

過　佛陀講解這個道理，他們也聽懂，所以大部分阿羅漢們才會迴小向大，不然他們迴小向大成為菩薩幹什麼？聞　世尊說法就能修行成為阿羅漢，就表示他們也不是很笨的人；聽到　世尊解說這個實相時，當然就知道應該迴小向大親證實相般若波羅蜜多，於是舍利弗、富樓那、迦旃延、須菩提、迦葉、阿難……等阿羅漢們，才會迴心成為大乘菩薩，終於在法華會上被　世尊授記未來成佛。

所以，一切法自性清淨實相般若波羅蜜的法門，入手之處就是你要去親證實相。而實相就是真如，因為「真如」其實是實相心—金剛心—所顯示出來的真實與如如的法性；第八識實相心的這種真如法性，自始至終永不改變，往前追溯無量劫又往後推衍無量劫，祂都絕對不會演變，永遠真實而如如。如果會演變的，就不能叫作真如了；因為它不真實也不如如，所以才會、才需要被演變。如果是真實與如如的，就永遠不會有所演變，因為沒有必要演變祂。那麼請問大家，佛教聲聞法的上座部分裂之後，後來又陸續分裂成很多個部派，後來總共有十八個部派；那十八個部派佛教的法，正是因為聲聞法中的凡夫僧們想要演變解脫道的法義才會開始分裂；然後不斷地演變，演變到今天變成應成派、印順派這個六識論的法，最後還混入大乘佛法中來，但是原來上座部長老們的法義依舊是八識論的聲聞法，仍然可以實證而且並未演變。那麼請問：從開始演變到現在的印順派、印順學的聲聞解脫道，其內涵會是眞如嗎？（大眾答：不是。）諸位很有智慧，都知道不是，因爲它既然會演變，就不是眞實與如如的法性了；所以當他們被指正時，就不得不再演變一次，只好新創一個業果報系統來取代第八識，但依舊是無法自圓其說。所以實證眞如的人，也就是古今一成不變的菩薩證悟的眞如內涵，是從古到今都不會演變的，也是盡未來際都不會演變的，否則怎麼能叫作眞如呢？所以那些佛學研究、佛學考證者所謂的佛法的演變，都只是凡夫所知的聲聞佛法的演變，以凡夫僧的聲聞法六識論邪見來臆想、猜測賢聖菩薩們所證的大乘法，只是一場張冠李戴的笑話，實質上都與古今一切賢聖菩薩所弘揚的佛菩提法無關。

而那些六識論的凡夫聲聞人考證的時候，把大乘賢聖所說的永遠不變的法義也擅自演變了，然後再來指說古今菩薩們的法義有演變。人家本來好好的在那邊都沒有演變，他們自己把人家曲解以後再來說人家的法義有演變，這到底是什麼心態呢？因爲菩薩不罵人，不然會罵得很難聽，我就說他們那樣叫作栽贓式的演變。因爲你從 佛陀說的經典、彌勒菩薩講的論、無著菩薩寫的論、世親菩薩造的論，玄奘、窺基、克勤圓悟、大慧宗杲、篤補巴、多羅那他……，一直到今天我們所寫的這些書（我們寫的這些書也就是現代佛教裡的論，譬如《眞假開悟》、《識蘊眞義》也都是論），那你們來看看從古代實證的菩薩們的論中內涵，來到今天我們寫的書中法義，有沒有演變過呢？都沒有啊！完全是一貫不變的第八識眞如的正義。有演變的其實只是聲聞上座部裡的凡夫僧們，分裂出去以後因爲法義有過失，不斷地被賢聖菩薩們質疑以後，爲了自圓其說才需要不斷地演變，想要補救過失，根本不是大乘佛法的演變。

只有一貫不變的才能稱爲眞如，如果是會演變的，表示它一定不眞實，才需要演變；這表示它開始的時候就不是眞實、也不是如如不動的，由於後來發覺有過失了才要演變。凡是究竟的都不會變，不究竟的才要變。譬如說，四個輪子造出來，拉著走，叫作馬車、牛車。後來有人發明了橡皮輪胎，拉起來就好一點了。後來又發明了機器把車子拉著走或推著走，這又更進步了。可是，汽車發展到現在幾十年，爲什麼每年一直都在演變？因爲都不是最究竟的，都還不是最好的。如果有一部車子是究竟的好，那種汽車就不會再演進了。這表示說，誰去買了一輛三千多萬、四千多萬元的勞斯萊斯，可是明年出廠的新車子內涵又有一些演變了；這表示說，它還不到究竟好的地步。如果已經究竟的，它就不會再演變了。

所以，那一些佛學研究者在那邊說，佛法裡講的眞如是如何、如何演變，說釋迦牟尼佛的教法經過二千五百多年以後如何、如何演變，才成爲今天的八識論眞如法義，其實都是在謗佛、謗法、謗僧，因爲所說的內容都是對佛、法、僧三寶的無根毀謗；那都是把部派佛教聲聞凡夫僧講的大乘法義拿來研究，又誤會勝義菩薩僧們所講的法義，然後就說佛法古今已有演變。這是把古時證悟菩薩們講的論曲解了，把它栽贓了以後說古今菩薩們論中講的佛法有演變；後代的實證菩薩們當然不能容許他們這樣栽贓，所以誰要繼續那樣弄，遲早總會有一個年代，會有證悟的菩薩出來破斥他們的。這就是說，一切法的自性清淨才是實相，因爲這是永遠不變的實相法界裡的事實。如果從實相法界來看一切法時不是自性清淨的，是需要演變爲自性清淨所以會演變，那就不是實相法界中的事實了。然而這一種永遠不可能演變的「一切法自性清淨」的究竟「實相般若波羅蜜法門」，到底是什麼？我們就來看 佛陀怎麼開示。剛才講了一大堆，還沒有講到 佛所講的，現在要來恭敬地聆聽 佛陀怎麼說了。

「愛清淨位是菩薩位」，這是在教我們要轉依實相法界，不是只有講給還沒悟的人聽，所以你證悟了當然得要聽。「愛清淨位是菩薩位」，怎麼樣是愛清淨？一般人總是想：「我對我的女兒都是無止盡、無條件地付出，沒有附帶條件的，這樣總算『愛』清淨了吧？」可以啦！在世俗法裡面可以說這是愛清淨，可是在佛法中就不清淨了；因為，你對過去世的女兒，為什麼不也這樣作？你過去世的女兒，這一世裡也遇到好幾位，為什麼你不能像對這一世的女兒一樣？是因為這一世她們不當你的女兒了，非你所有了。所以，你這個愛還是不清淨，還是愛不淨位，這樣就不是菩薩位了。也許有人說：「你講得未免太誇大其辭吧！哪有可能對每一世的女兒都一樣看待？」當然不可能都一樣看待，因為我蕭平實也作不到；莫說我蕭平實，釋迦牟尼佛也作不到，祂也不能夠把過去世所有的女兒都找來說：「我都一樣疼妳們，妳們都住到我家來吧。」但是我會效法 世尊，幫助往世的女兒們斷三縛結、證實相，眞的走上成佛之道。

可是，到底怎麼樣才是愛清淨位？這就要從理上來講了，然後經由理上的實證、理上的現觀，你意識心要轉依於這個金剛心的理，看祂是如何地「愛清淨」。理上要怎麼看呢？找到如來藏以後，不論自己是行善或者造惡，也不論是生天享福或者下地獄受苦，金剛心對所生的五陰永遠都寶愛如昔，永遠不會棄而捨置，除非壽盡。所以你看，那些造五無間業的有情，謗法謗賢聖、詐欺眾生，死後下無間地獄受苦無間，那五種無間的苦可不好玩。即使是那麼苦，可是他的金剛心還是很愛祂所生的地獄身，一直保護著讓他不會死掉；在無間地獄中受苦而苦到不得了，受不住了，終於死掉了，祂還是繼續愛著，馬上又把他活過來，你看如來藏對五陰愛不愛？眞的愛啊！金剛心就這麼愛祂所生的五陰，五陰正是祂的子女。這個金剛心出生了五陰，這個五陰在人間正好又生在富貴人家，結果這個五陰一天到晚享樂不斷；享樂還不夠，看見人家老婆漂亮，還要搶過來，逼死人家的丈夫也是在所不惜。這樣造種種惡業時，他的金剛心不會說：「**沒想到我生的這一世五陰這麼壞，**

早知道就不生他了。」金剛心不會這樣，還是繼續愛他，繼續讓他身體強壯，讓他繼續幹惡事，都沒關係，就是要愛他；還讓他惡事幹到八、九十歲才死掉，你說愛不愛呢？眞的愛呀！問題是，祂這個愛有沒有條件？沒有！沒有條件的愛，就是「愛清淨」。

達賴喇嘛一天到晚講博愛，他的博愛有沒有清淨？沒有！因爲他的博愛是要捐盡一切年輕美麗的女人都和喇嘛們上床，並不是孫中山和當代賢哲講的世間博愛。陳建民上師不就同樣如實履行這種博愛嗎？那就是達賴喇嘛和所有喇嘛們嘴裡講的博愛，可是那個愛不清淨。當菩薩看見了實際理地是如此無條件的愛，不管所生的五陰如何，金剛心眞如對五陰付出的愛是無條件的，也不會去干預所生的五陰子女行善或是造惡，祂只是無條件地支援，所以祂的愛是絕對清淨的。當你看清了法界中的這個實相之後，從此把意識心來轉依這個「愛清淨」的狀況；當你能夠轉依這種「愛清淨」的實相境界，就表示說，你已經進入「愛清淨」的「菩薩位」了。如果只是看到而不信，或者不想改變自己依於第八識金剛心的「愛清淨」，那就不是住於「愛清淨」的「菩薩位」中。已經能夠轉依這個實相，那就是「愛清淨」位，這樣的人就是眞的住在「菩薩位」中。喇嘛們愛盡一切年輕美麗的女弟子，認爲自己隨時隨地可以和不同的年輕女弟子合修雙身法樂空雙運，不會被一個女弟子綁住，就是住於「愛清淨位」，那是世俗人妄解實相佛法；當他們遇到年老色衰的女弟子時，爲何不也一樣隨時隨地與她們合修雙身法來愛她們？縱使他們有些人眞的作到了，也只是落在現象界中，還是貪愛五陰的我所淫樂境界，何曾稍微瞭解第八識實相法界中的「愛清淨」？

「見清淨位是菩薩位」，見，講的就是見解。你看，現在佛教界紛紛紜紜，比幾十年前、幾百年前更亂；因爲以前的亂，由於邪見散布得不夠快速，見不清淨就沒像今天這麼嚴重。以前要用信、或書籍流通，現在可不是了，現在電話一打就到全世界去了；網路上文章一貼，全球就可以流通了；所以現在邪見的流通，眞是無遠弗屆，見不清淨的情況當然就很普遍、很嚴重。可是那些「見」不清淨，我們只談一種好了，他們都說：「證得無分別智的人才是開悟的，因此開悟的人從來都不分別。」就這樣講了出去，或者貼到網站、或者寫在書裡面流通出去。有一天，突然有一個人問他說：「你這樣的見，眞的是不分別見嗎？」他老兄回說：「對啊！我這樣就是不分別見。」

沒想到對方是有智慧的，就問他：「你是不分別而見，請問你是見什麼？」他說：「見不分別啊！」菩薩又問他：「你見的時候知道自己是不分別，那你有沒有分別？」哇！這一下嘴掛壁上了，嘴不是他的了，這就是見不清淨位。見不清淨位，就是住在凡夫位而不是「菩薩位」——還沒有進入「見清淨位」的賢聖菩薩位中。

那麼，你要他用意識來住在「見清淨位」是不可能的，因爲「見清淨位」的所見，沒有所謂清淨與不淨，沒有所謂美與醜、善與惡，完全離兩邊，這才是「見清淨位」。可是當他宣稱自己有「無分別智」，所以宣示說：「在路上走的時候，我都不分別，所以我心裡面都沒有妄想。」不幸的是，菩薩又要問他：「那你在路上爲什麼不會走到水溝裡面去？爲什麼不會撞到路燈桿？爲什麼不會走在快車道上讓車子一直對你按喇叭？爲什麼你看見那位女眾從對面走過來時，她長得漂亮，你就多瞄了幾眼？雖然你依舊沒有語言妄想，但你到底有沒有分別？」這一下呢，口似扁擔，張不開嘴了。這表示說，他那個「見」是不清淨的，因爲所說不符事、理：理上違背，事上也違背了。

怎麼樣是「見清淨位」？還是要先從理上來看。當你證得第八識金剛心了，用這個金剛心來看待所有的「見」，雖然意識明明知道：那是外道見，這是佛門的正見；那是凡夫之見，這是正道之見；那是聲聞之見，這是菩薩之見。雖然都了了分明地分別完成了，但是你這個有分別的「見」卻是清淨的；因爲了了分明而分別完成時，是意識心在了了而分別，可是意識心的根源金剛心從來不起見，一見亦無。祂從來不曾起過任何一個見解說：「這是外道，這是內道；這是佛教，那是外教。」從來沒有起過任何一見，一律平等看待，意識這樣看清楚而確認、而轉依心眞如了，並且心得決定而不猶豫，這樣才叫作「見清淨位」，才能說自己眞的「入菩薩數中」。

當菩薩悟了金剛心以後，如此轉依於如來藏的見清淨位，這才是眞的入了「菩薩位」。不管什麼人見解多麼不淨、多麼歪曲偏邪，他的金剛心都不會也不曾起見。以印順法師來講，他一生否定金剛心如來藏，但是他寫了書也說了邪謬法，努力在否定如來藏的時候，他的如來藏依舊不起一見，從來不會生起一個見解說：「沒想到我生了這個釋印順的識陰，竟然一天到晚毀謗我。」祂從來都沒有，一向都不起一見；這樣看清楚而無懷疑了，才是「見清淨位」。你要能夠見到法界中這個實相，而這個法界中的實相，自古以來、無始劫以來，乃至窮盡未來際，這個實相法界的不分別性、清淨性是永遠不會改變的。當你悟了金剛心如來藏，轉依於這樣的實相境界時，才能叫作「見清淨位」，這樣才能夠說你已經入了「菩薩位」中。入了「菩薩位」就進入菩薩數中；不論菩薩僧有多少人，你現在就是其中的一個；凡是講到賢聖菩薩們，那就包括你在裡面了。如果還沒有如實見到這樣的實相境界，就是見不淨位，就還是在凡夫位中。不過，你們不要聽我這樣講就傷心了，因爲進了正覺，入菩薩位只是遲跟早的差別；再怎麼混，只要在正覺裡面混上五十年，還怕進不了菩薩位嗎？對不對？那是最笨的人了。但只要有心，總是可以入「菩薩位」的。

接著說「深著清淨位是菩薩位」。很深刻、很深入、很深重地執著，而這個執著卻是「清淨位」，這樣才是菩薩位。什麼人最執著？意根最執著：「這是我的覺知心，這是我的身體，這是我的世界。」透過意識的認知就普遍地計度與執著。執著了這些內我所之後，還要執著外我所：「你破壞了我的名譽，我要告你！」這就是外我所的執著。最重的執著是怎麼樣的呢？明明自己說謊被人家拆穿，還硬要誣賴，說是對方說謊，然後惡人先告狀：「**我去法院告你！**」這就是最深重的外我所的執著，是在名聲背後的利養上面生起執著。

再來，如果誰辱罵你的老父母，你回家聽到老父母涕淚雙垂訴說著：某一個惡人如何如何來無理辱罵。然後你想：「**我身爲兒子，怎麼可以不出頭？**」氣憤塡膺找對方理論去了。這是不是對老父母的深著？是嘛！如果我家寶貝女兒被綁架了，雖然我手裡只有一千萬元，還得要賣了房子來湊才夠贖款，我還是要把她贖回來；變成窮光蛋也要把她贖回來，不希望她被人家撕票。那麼這樣子，你對那個寶貝女兒是不是深著？是啊！可是這一些深著都是有先決條件的，這個條件就是「我」要活著，或者因爲那是「我」的女兒；如果「我」死了，「我」還能執著那個女兒嗎？不行嘛！所以這一些執著其實都不是最深的執著，都是有條件下的執著，基於自我爲前提而產生的執著，是有條件的。

可是金剛心對於所生的五陰，祂無條件地深深執著，不管怎麼樣都是很深入、很深刻地執著。所以你看，有好多人覺得說：「**世間眞的是苦啊！**」

是苦，所以想要死掉，偏偏他死不掉。譬如說，植物人躺在那邊（其實不能叫作植物人，他哪裡是植物？因爲他繼續有痛苦的覺受，他只是無法動用身業與口業來表示意思，他只是反應不出來，人們就以爲他沒有知覺），其實他還是有知覺；有知覺就有苦受，覺得說：「我想要表達意思都表達不出來，恨死自己了，希望趕快死掉，重新投胎再來。」可是偏偏死不掉。他的意志早就下決定了：「要死掉、要死掉、要死掉。」每天都在想著要死掉，問題是，他的如來藏非常深重地執著他，不願意跟他相離，他就死不掉。

又譬如說，不迴心大乘法的慧解脫阿羅漢。慧解脫阿羅漢說：「現在托缽這麼難，乾脆入涅槃好了。」坐上法座，想要入涅槃，卻是怎麼樣都沒辦法死掉入涅槃；因爲他是時解脫，要待時才能得解脫；既然捨報的時間還沒到，如來藏就不讓他死。所以，有的慧解脫阿羅漢活不下去時怎麼辦？就找人來說：「你本來就是個屠夫，現在也還是以殺爲業。那我拜託你，把我殺了；然後你可以把我的衣鉢賣了，這些錢都歸你得。」自己不便下手殺，就請人來殺。不迴心的慧解脫阿羅漢，有些人是這樣捨報入涅槃的。那麼請問：他的如來藏是不是很深刻地執著他？對啊！

可是如來藏對眾生的執著，是從來沒有條件的，他該活五十年就執著他五十年，他該活一百五十年就執著他一百五十年，都沒有什麼條件。不管他對自己的如來藏多麼好，或者對自己的如來藏多麼惡劣，不斷地罵祂、否定祂，如來藏也都無所謂，一直不斷地執著這個五陰，讓他可以很順利生存以及繼續否定祂，這個才叫作「深著清淨」。當你能夠如此去觀察金剛心對你確實很深刻地執著，卻又是這樣的清淨性時，你就入了菩薩位中，你可以毫無羞赧地拍胸脯說：「我是菩薩。」完全無愧於心。

「悅樂清淨位是菩薩位」。悅樂有清淨的嗎？大概一定都說：「有啊！你看，我每天孝順父母，我每天對師長都很恭敬，以我的身口意行來悅樂父母、悅樂師長，我對父母師長，都無所求，所以清淨。」看來好像是清淨的。但問題是，這個悅樂是有條件的：「因爲他們倆老是我的父母。」或者說：「因爲師父是我法身慧命的父母。」所以才孝順而悅樂父母、師長，這是基於報恩、反哺的心態而作的悅樂。也許有人說：「我另外有一種悅樂是清淨的。」怎麼說呢？他說：「不管我老婆怎麼樣花錢，我都不心疼，我賺錢天生就是要給她花的；所以不管她怎麼亂花，我也不心疼，我就是一心要悅樂她。」

這好像是清淨的，其實不然！爲什麼對別的女人，他就不肯這樣對待？單要對自己的妻子才這樣？因爲他認爲「這是『我的』妻子」，所以這還是不清淨，因爲這是我所——外我所。

「喔！原來這個還是不清淨，到底怎麼樣悅樂才是清淨的悅樂？」說句老實話，三界中的所有悅樂，並沒有眞實的清淨；還是要從法界實相來看，才有眞正清淨位的悅樂。所以當你找到了金剛心，看待這個第八識金剛心，不斷地在悅樂祂所生五陰的你，那才是悅樂的清淨位。譬如說，早上一醒來：「哎呀！好香呵！今天媽媽煮了什麼早餐，這麼香！」那個香塵是什麼相分？那個香塵既有外相分，也有內相分；外相分是媽媽去弄出來的，可是她的覺知心沒有接觸到外相分，她只能接觸到內相分；由於那內相分聯結著外相分，讓她感覺不到內、外相分的差別，總以爲所聞就是外相分的香塵，於是聞了好歡喜，食指大動。好！經由內相分而覺得很好吃，她的心情好極了！這到底是誰悅樂了她？還是她的如來藏啊！並沒有外人啊！全部是「內人」在悅樂她。接著，眼睛一張開：「啊！那衣架上掛著一套名牌連身裙。」心裡面想：「哎呀！好漂亮！媽媽買給我的，媽媽對我眞好啊！」這個色塵和意念裡的那個法塵，是誰給她的？還是如來藏啊！明明她昨天晚上說法時還在否定如來藏，今天早上如來藏還是給她很好的悅樂，如來藏對她的悅樂是無條件的。

當徒弟送了好吃的食物來供養印順法師，印順法師一面吃著那個好食物，好悅樂，一面在跟徒弟講：「**如來藏根本是個外道神我。**」可是他的如來藏依舊繼續用好的味塵相分在悅樂他，無條件；能夠這樣現觀時，才能叫作「**悅樂清淨位**」。舌根所觸如是，其餘五根所觸莫非如是。當你能夠這樣子來現觀：確實是如此，這是法界中的實相，無可推翻。只要眞的悟了，觀察出來就是這樣；這是眼前所觀察到的，是現觀，不是猜測臆想或思惟所得，那你就知道說：「**原來法界實相中的悅樂是清淨位的悅樂，不摻雜絲毫的染汙，沒有附帶任何的條件。**」那你就是菩薩位中的人了。

接下來說「**藏清淨位是菩薩位**」。執藏是許多人喜愛的，有的人收藏郵票，有的人收藏金幣，有的人收藏古錢幣，有的人收藏火柴盒，有的人收藏古時候的東西，奇奇怪怪的一大堆。收藏了以後就成爲「藏」（讀作葬音），沒有拿出來顯示的時候，那就是藏。有的古董收藏家說：「**你看，我收藏了**

皇帝的龍袍、最頂級的雞血石……等。」說了一堆寶貝。但他這個藏有沒有清淨？這是不清淨的藏，因爲是基於貪染而去收藏的，所以「藏」不清淨。

那有的人說：「我很清淨啊！我知道你在講心，我所收藏的佛法種子都是清淨的，我從來都不分別，我從來都是無私的。你看，我每一次到了週末、週日，都去當慈濟人；我雖然是董事長夫人，但是我從來都不把自己的身分看得很高。你看，我每週都去爲那些窮苦的老人家把屎、把尿。所以我這樣不斷熏習，我心裡的種子都是清淨的，當然我是『藏』清淨。」問題是，那老人家開口說：「妳今天爲何這麼粗魯，弄得我很痛欸！」那時心裡面就想：「我是個董事長夫人，我好心來服侍你，你還把我當狗罵。」這樣，她所謂的法種，種進去以後是清淨還是不清淨呢？還是不淨啊！也許有人說：「老人家怎麼罵，我都覺得應該的，我都沒有生過氣，我還當作他在消我的業障，我是歡喜的。」問題是，上了車以後才知道說：「喔！今天好累呵！」因爲好累，回到家裡，這兒子、女兒竟然沒有趕快把拖鞋拿來、把茶泡來，還坐在那邊看電視。喔！氣起來了，那到底她的「藏」清淨不清淨？這顯然可見，在事上都已經不淨了，就不必我再從實相理上分析下去了。

但問題是，怎麼樣才是眞的菩薩？眞的菩薩不好當。可是也最好當，因爲眞的菩薩要怎麼當呢？今天去大溪祖師堂除草，下個禮拜又去大溪祖師堂打掃——哇！作得很辛苦。可是你辛苦，祂不辛苦：你很辛苦，你的金剛心都不辛苦。然後呢，你從早到晚作下來以後，那一整天當然很累，你總是說：「哎呀！我作了一整天，這麼累。」你都沒有想到說，你的金剛心也跟你作了一天，祂卻從來都沒有喊累，一小聲的「累」都沒有喊過。當你吃麵的時候說：「哎呀！好燙！好燙！」你吃麵，祂也跟你吃麵；但你喊燙，祂不喊燙。一向都是平等運作，祂從來不跟你分別功勞說：「你妄心作那麼少，我作這麼多。」祂也不會高興說：「我眞心作得多，功勞大；你妄心作得少、功勞小。」祂也不會說：「你妄心作得多，我希望你妄心少作一點。」從來不會。而祂對你所作的業種也是一體收藏，祂從來不計較；由於祂都不用分別性來計較，所以祂才是「藏清淨」。即使你五陰所造的業種是不淨的，祂還是本於清淨性的心性來一體收藏，不去加以區別。因爲，五陰喜歡造惡而產生的種子，祂跟著隨後收藏起來，祂不會說：「五陰啊！你造的這個事情是惡事，這個種子我要幫你收藏嗎？這種子好不好？不太好哩！要不要丟掉？」祂不跟你問這個，祂也不認爲說：「你喜歡這個惡業種，我就幫你收藏。」祂就這樣子不加以了別就直接收藏起來，眞是一味平懷啊！

如果有一天學佛了，專門在幹善事，都不造惡業了，祂也是幫著一體收藏；因爲這時候喜歡的是善業種、淨業種，祂還是和以前一樣秉持著都不了別、都不取捨的清淨性；只要眾生造了業給祂，祂就收藏；祂都不拒絕眾生，完全隨順於眾生。祂是用這種清淨心、不分別的心，來爲你收藏一切的種子，包括無記業的種子也都如此，所以祂是「藏清淨」的。當你證得第八識金剛心的時候，你可以現前觀察到自己的金剛心確實是「藏清淨」；因爲這樣，你轉依了這個金剛心的「藏清淨」，所以你的身口意行就隨著轉變，也變成「藏清淨」了。從此以後，所收藏進來的種子，全部是清淨業種、善業種。能夠這樣現觀，也能夠依之而實行，那你就是「藏清淨位」的菩薩。

再來說「莊嚴清淨位是菩薩位」。有什麼「莊嚴」是清淨的？有人說：「哎呀！我們師父建了世界最高大的寺廟，金碧輝煌、一塵不染，那就是莊嚴啊！那個莊嚴就是清淨的啊！因爲是爲三寶而莊嚴的。」好！爲三寶而莊嚴。問題是，三寶需要他這樣莊嚴嗎？不需要啊！佛、法、僧三寶需要他莊嚴的，是法的永續而且無偏無倚地流傳，不是在這些物質的表相上。這表相上是在求什麼呢？求在佛教界中的地位——你看，我的寺廟又大、又高、又莊嚴。這其實還是基於「我」而產生的「我所」，所以這個莊嚴不清淨。也許有人說：「**這莊嚴怎麼不清淨？我們每天把它擦得一塵不染，這個莊嚴當然是清淨的。**」那請問爲什麼要每天擦？正因爲不清淨，你才要每天擦嘛！這不是很簡單的道理嗎？還有，請問：每天在那邊擦的人，他們自己清淨不清淨？又不淨了。爲什麼不淨？因爲他那個高廣莊嚴的寺廟裡面，好幾個地方都有廁所，還清淨呢！爲什麼要廁所？因爲他們每天都要使用嘛！因爲他們住在那裡面嘛！結果那個莊嚴還是不清淨。甚至於有的大法師還住在莊嚴的寺院裡面與女眾暗中合修雙身法，還說是清淨呢？

也許有人說：「**經上有說，世間的香只能隨風而聞，可是戒德香可以逆風而飄，這個莊嚴就是清淨的莊嚴。**」有道理呵！可是這個有道理，卻不是究竟的有道理，因爲這個戒德香有時候是不香的。譬如說，他受持戒法以後，一直都不犯任何的大小戒，大家都很讚歎他，所以他這個戒德之香就逆風而飄、順風而飄，到處都聞得到。但是你注意看一下：他吃飯的時候，今天誰弄了一道特別好吃的菜，他多吃了好幾口。當他遇見了某一個人的時候，他不由自主的撇了一下嘴角，因爲他不喜歡那個人；而那個人很好，也長得很莊嚴，也很溫文儒雅，也一直都讚歎他；可是他不喜歡，因爲往世結了怨。這時候，他的戒德香還是一樣莊嚴嗎？他戒德香的莊嚴有那麼清淨嗎？沒有啊！所以，現象界裡面的莊嚴，沒有永遠清淨的，也沒有絕對清淨的。那是誰的莊嚴絕對清淨？那還是實相心如來藏啊！因爲三句不離本行嘛！我們既然弘揚如來藏，當然都要講如來藏；從生至死都要講如來藏，一直講到成佛還是講如來藏；成佛以後爲了利樂菩薩們而繼續講，還是講如來藏，這才是了義法門。

現在來看這個猶如金剛的實相心如來藏，是怎麼樣的莊嚴法？眾生五陰總是會起貪，祂從來不起貪；眾生的五陰總是會起厭惡的心行，祂從來不曾厭惡過誰；不論在哪一世出生的五陰，祂都不曾厭惡。也許有人講說：「哪有父母不愛子女的？」誰說沒有？如果生了十個子女，其中兩個每月都送上好幾萬元來供養，另外一個子女一個月供養一萬塊錢，他看了就不喜歡：「你大哥每個月都送好幾萬元來供養我，你爲什麼一個月才供養一萬塊錢？」輕嫌了，對不對？有啊！確實有分別啊！後來這個不太會賺錢的老么乾脆說：「我以後都不供養您了，每個月供養您一萬塊錢，您都還嫌少，那我乾脆不供養了。」好，就不供養了。不供養久了，老人家便習慣了，因爲人會習慣的嘛！就這樣過了十年、二十年，很習慣了以後，這老么突然有一天想起來說：「我這麼多年都沒有去供養老爸，算了！不計較了！現在改爲一年份來供養一次，我就找時間回去供養一下，不要再每個月去給老人家嫌這嫌那。」一年有十二個月，就應該供養十二萬元。有一天心血來潮，過去一年的份就拿來一次供養，總共是十二萬元。這老爸見了老么的供養，就對大兒子講：「你看，你弟弟現在很不錯呵！竟然拿十二萬元來供養我。」他就一天到晚掛在嘴上，老大聽了很不高興：「我供養你那麼多錢，你幾年來沒有讚歎我。他好幾年沒供養您，突然間來了一次供養十二萬元，您就讚不絕口。」就抗議了。老爸聽了也不高興：「我才讚歎他幾句話，你就這樣不高興啊！」好，請問，這個老爸對兒子所造的業，到底是莊嚴業還是不淨業？不淨業啊！終於有一天，這老爸想通了：「不管怎麼樣，終究是我的兒子。反正我的錢多的是，眼看著年紀漸漸大了，我死後要依靠什麼去往生？」想一想說：「不管大兒子供養我的，小兒子供養我的，都幫他們去供養三寶，爲他們莊嚴一下善淨業，也爲我自己莊嚴一下。」他想：「我現在可都沒有藏私，全部都供養出去，這樣我的德業夠莊嚴了吧？」想一想，眞是莊嚴。問題是，這個莊嚴是有所求或是無所求？還是求啊！因爲求他的兒子未來世好一點、多一些功德，也求自己往生時可以有福德依靠，還是有所求，就不是眞莊嚴。

但是，他的實相心如來藏可不管這個，如來藏永遠都不生起這一些心行，永遠爲眾生作種種的莊嚴，而祂自己從來不起莊嚴之想，這樣的「莊嚴」才是眞正的「清淨」。如果你證得第八識金剛心以後，能夠這樣現前去觀察：法界的實相確實是如此，實相心確實是這樣的莊嚴一切有情；一直到未來成佛的時候，還會用三十二大人相，八十種隨形好來莊嚴我的佛身；乃至用一切種智來莊嚴我的佛心；可是金剛心祂自己從來不說祂在莊嚴我，這樣無條件的莊嚴才是清淨的。當你能夠這樣現觀，你的金剛心在法界實相中是這樣爲你莊嚴，而且是無條件的，究竟「清淨」地爲你「莊嚴」，那你就是眞的進入「菩薩位」中了，你就是眞正的菩薩了。

《實相般若波羅蜜經》上一週講到二十八頁第四行第一句，講完了。接下來說「光明清淨位是菩薩位」。光明，有兩個意思。光明的第一個意思，是一般人所知道的，譬如人們的心地會示現出光明。心地齷齪，就示現出墨綠色的光明。如果他是完全不信因果的，是屬於黑暗界的有情，他的光明就只有黑光。如果他是屬於欲界五欲的重度貪著者，他的光明就是純紅色的；然後因爲心地不光明，那個紅色就夾雜著一些墨色、深綠色等光明。天人的光明就是白色的，菩薩的光明是白光兼有金光。如果有修定，由於定力的證量，那就是金光裡面夾雜著強烈的白光。有定力的時候，白光也會增長金光，使金光比一般證悟菩薩強烈。這是一般人所認知的光明，但是光明還有一個意思，剛剛那個光明若要談到清淨，什麼是光明的清淨？也就是說，那個光明如果是夾雜著不清淨的、墨色的、綠色的、紅色的，而不是像諸佛菩薩強烈的金光之中夾雜著各種不帶陰暗色彩的可愛光明（這跟喇嘛教所謂護法神整片的紅光、整片的墨綠色光，是完全不一樣的，請不要誤會）。這就是說，菩薩的光明是從智慧、從清淨的遠離煩惱障境界而散發出來的，那種光明就是清淨的光明。

那光明的另外一層意思，說的是一個人的身、口、意行中所顯現出來的功能，才叫作光明；所以這個部分的光明，講的是在作用上面，所以有時光明二字含有作用的意涵。這個光明講的就是說，種種的作用顯現出來時是清淨的，這樣也是「菩薩位」，不光是剛剛講的那個光澤——他的身、口、意行的光所顯現出來的清淨相。所以在這個部分的光明，講的是一個人藉由身行、口行、意行來顯示說他有沒有清淨；因爲如果單從身行、口行上面來說，不一定能看得出一個人是否清淨。譬如說，如果他受了聲聞戒，依著戒律受持而不去毀犯戒律，看起來還是清淨的——他的光明還算是清淨的。不過如果從心光來看的話，就不清淨了；因爲身、口、意三者是不同的，身行、口行現於外，意行卻是深藏在心中的。只要沒有付諸於口行、身行，你就看不出他的心行——看不出他的意行——是否清淨了。

但是這個意行不清淨，用天眼來看是可以看得出來的。即使是很清淨的模樣，每天都在打坐，對世間法都不太關心；可是，如果用天眼來看的話，可以看得出來：這個人其實一天到晚在想著錢財。他其實可以看得出來，用光色來判斷是可以看得出來的。也就是說，他在世間的財、色、名、食、睡上面還是不淨的，但是表現出來卻讓人覺得很清淨；因爲那只是一個手段，表現得越清淨，將來就越會有供養來。這只是一種手段而已，所以說這樣的意行是不清淨的。這樣不清淨的時候，就會從他的光明相上顯現出來。假使有的人觀察力很敏銳，在某一些小細節上面，他可以發覺說：這個人口行、身行看來清淨，可是他的某一些很小的肢體動作裡面已經顯示出他的意行是不清淨的。如果他有天眼看到他的光色就知道說，原來他的光色是從這個心行裡生出來的，就可以判斷了。

所以，這個道理也在說，假使有人一直在毀謗我，他說他可以看見我的光明。你就知道他是騙人的，因爲天眼的發起是在離欲上面而顯發的，定力倒是其次。所以有很多人，他其實連未到地定都沒有，只有很粗淺的欲界定。欲界定根本就不算定，因爲連未到地定都不算眞正的禪定了，何況比未到地定更淺的欲界定？那根本不算定，因爲都不在四禪八定之內。但是，因爲他畢竟還是可以制心一處，他的境界只在欲界中，那當然也可以方便稱爲定。那他這樣子對欲界的五塵貪著很小了，才終於可以發起欲界相應的眼通。如果是貪著欲界的五塵很嚴重的，譬如說他去搞出了大名聲，也計劃怎麼樣勸募更多的錢財歸爲己用，然後背地裡又在搞雙身法。那麼請問：他可能有天眼通嗎？這一點，諸位要有智慧拿出來用。如果他眞的有天眼通，他是可以看見我的光明的；可是他若看見了我的光明，怎麼可能還會繼續毀謗我？所以他會毀謗我，表示他根本就沒有天眼通，從來不曾看過我的光明。

這一點，不必管人家說得多麼好聽，理由多麼正大光明，但是他會毀謗我，就知道他根本就是沒有天眼通的人。不管他把自己的天眼通說得多麼玄妙，都是騙人的，都只是籠罩人。因爲有天眼通的人不可能看見一個證悟者的光明而會繼續毀謗，這是很簡單的道理。所以，以後你們如果出去到外面，遇見有誰跟你說，他是十地菩薩，他是 釋迦佛再來、阿彌陀佛再來。不管是誰，你先考一下，看他斷了我見沒有。先考他這個，一般都不能通過這個檢驗的。假使他的我見都沒有斷，那就是大妄語人，怎麼可能會是 阿彌陀佛再來、是 釋迦佛再來？那根本不可能嘛！那叫作愚癡凡夫輪迴再來，是一世又一世乘著愚癡迷亂入胎而來！所以我們要有智慧，不要隨便把人家幾句話聽了就迷信盲從，要把來正覺講堂所學的智慧拿出來用。

那麼，這就是講兩種光明，說這兩種光明有沒有清淨，可以用這個來判斷他是不是已經進入了「菩薩位」。因爲要進入「菩薩位」是不容易的，進入「菩薩位」，彌勒菩薩說那是「墮菩薩數」中；不論菩薩們總共有幾個人，你就是其中之一，已落在菩薩僧的數目裡面。如果是誹謗正法的人，不管他有沒有剃掉頭髮，不管他有沒有穿著僧衣，都不在僧數。《佛藏經》中講得更貼切，凡是仍然保有我見而不肯斷除，繼續主張識陰六識或識陰中的意識是常住不壞心的人，全都是 佛說的「不在僧數」的在家人，即使他剃了頭、換穿了僧服住在寺院中，依舊是在家人。將來我們講《佛藏經》時，你們聽了就會懂了，現在且不談它。所以說，光明清淨位才是菩薩位。不過話說回來，剛剛講的光明清淨位，都是從事相上來說，都在蘊處界上來說。可是，蘊處界這個光明假使眞的清淨了，也是因爲證得如來藏，轉依無我的如來藏以後，使得他的七識心清淨，因此變成身、口、意轉變而清淨了。這樣清淨以後，如來藏才能爲他顯示出清淨的光明，否則如來藏爲他顯示出來的光明是不會有清淨顏色的。

所以，那個事相上的光明，還是從如來藏來的。不過事相上的光明，有時候也會有不光明的時候。比如說，修道很清淨，也過了阿羅漢位，迴小向大在人間行菩薩道以後，有一天那往世的、他最親近的親人出現了，他的習氣種子流露出來，那時候是不是又會產生以前的愛戀親情？會啊！那時候他的金色光明裡面就會有一點點的不好的顏色出來了，所以這不是究竟的「光明清淨位」，最究竟的「光明清淨位」是佛地。但是，如來藏永遠都不會這樣，沒有一刹那是不光明的。所以，事上的「光明清淨位」，說他是「菩薩位」，這也沒錯啊！但是眞要說到究竟的「光明清淨位」，那還是如來藏的事。由如來藏的眞如法性澄清純淨地顯示出來，這叫作心眞如；是由第八識眞實心顯示出來的眞如法性，才是究竟的「光明清淨位」，因爲祂的光明清淨是從來不變的。而且住在「光明清淨位」的菩薩，他們之所以能夠顯發光明，也是由於親證這個心眞如而成就的；乃至成佛以後的究竟「光明清淨位」，也還是由第八識顯發出來的。所以歸結到最後，還是要說如來藏的光明，才是究竟的「光明清淨位」；一直修行到成佛時，最後還是依止於如來藏的「光明清淨位」。要像這樣從理與事都兼顧了，這時的智慧才是眞正的「光明清淨位」而住在「菩薩位」中。

「身清淨位是菩薩位」。身清淨，這個很容易判斷。譬如說，人們修學佛法以後，開始眞的在修行了，他不再跑到酒家去，不再跑到紅燈戶去；總之，就是不再跑到聲色場所去了，這個叫作「身清淨」。對一般人來說，只要不去聲色場所，就叫作「身清淨」。可是，他也許是在市場裡面殺雞賣雞、殺鴨賣鴨，或者在市場裡面賣眾生肉；對於那一些在聲色場所勾心鬥角胡混的人而言，他算是比較清淨一些，但其實這還是不淨。有的人是每天穿得西裝筆挺，白西裝、白皮鞋，還戴個白帽子，雪白雪白的；他又很少曬太陽，是富家子弟，所以皮膚也是雪白雪白的，可是他背地裡都在計算人家，專幹見不得人底事，所以實際上他的身行根本就不清淨。所以，一般世俗人所謂的身清淨，是說只要身體洗清潔了，塗點粉、抹一點香水就很清淨了，其實都是不清淨，因爲身行不淨。

如果有人篤信一神教的法，說：「我們努力行善，目的是要生到天堂去，永遠當上帝所牧養的羔羊，永遠當上帝的奴僕，我只要能夠永遠在天堂享樂就行了。」所以他一心行善、求生天堂，想要當上帝的子民。他這樣去行善，大家都會說這個人身行眞的清淨，因爲他一絲不苟、寸金不貪，當然夠清淨。可是從菩薩來看，這正是生死有爲法，因爲他們求生天堂之目的是享福，那是流轉生死的有漏心行。因爲是有漏性的心行，導致身行對於世俗人的貪財而說是顯現清淨的，可是這個身行的背後還是不清淨的，因爲他是貪求下一輩子的享福，所以他身行的動機就是不清淨的。看來這個不清淨，眞的有很多不同等級。

再來看，有的人說：「**我不要求生天堂，我只要出三界就好，將來我證得解脫果以後，也要幫助眾生出三界。**」他眞的去修行，修行時的一切身行當然是清淨的。乃至後來成爲阿羅漢了，阿羅漢並沒有想要貪求什麼，可是當他入滅的時候，他是不肯再來三界中的；絕對不肯再來人間，連生到天堂他都不要。他在世的時候所度的那麼多弟子們，有沒有辦法成爲阿羅漢呢？他不在意，他只要在生前爲他們講過法，幫助過他們就行了；對於那些弟子們能不能成爲阿羅漢，他是不擔心的，當他死了就入涅槃去了。這樣，他一世利樂那些弟子們而說了許多的解脫法，這樣努力去作，作了一輩子，對他而言是清淨的。可是依菩薩的大願看來，就說：「**你作了這麼多的事，你還是沒有清淨。**」因爲他還是爲了自己不要再來輪迴生死，所以他生前的所有身行並不是眞的清淨，所以菩薩說那不是眞正的「**身清淨位**」。

菩薩又有不同層次，像你們明心了，轉依於心眞如了，但有時候仍然不是很清淨，所以進入第七住不退，結果只成個賢人，還當不了聖人；從聲聞果來看你，你是聖人了，因為至少是解脫道中的初果聖者，並且智慧比聲聞初果人還要好。可是從佛菩提道來看，還只是個賢人，後面還有十行位、十迴向位等著你上進。這個階段裡的修行，是一個層次比一個層次清淨。所以，十迴向位的菩薩畢竟比九迴向位的菩薩清淨，乃至十住菩薩畢竟比九住菩薩清淨，這是一定的。所以眞清淨位，其實有很多的層次不同。一直到十迴向滿心時，入地該有的福德也修夠了，都還不能叫作聖人，還進不了初地。因為即使永伏性障如阿羅漢，而進入初地所需要的智慧福德也都夠了，還是無法成為初地的菩薩，因為他得要像一個初地菩薩的模樣。什麼模樣呢？依十無盡願而願意盡未來際不斷地為眾生努力，才終於能夠進入初地，這也是一種身清淨。

從此以後，一地又一地也是各不相同，所以「身清淨位」也是有不同的層次，二地、三地、四地、五地都各不一樣。有的菩薩速度快的話，三地滿心就有三昧樂意生身，可以化身到別的世界去了。那化身去到他方世界的身行，也屬於他的身行。那個身行有沒有清淨？當然清淨，不可能說三地滿心了，化身去到別的世界利樂有情的時候還說：「你們這裡世界這麼好，這麼多黃金。」然後說：「喔！你們這個世界美女好多。」能化身的人會這樣嗎？不可能！因爲他早就過了欲界境界了，所以這一些都要能夠作判斷。如果有人號稱是法王、是什麼佛陀，或者宣稱是某位佛陀的化身，竟然會很喜歡欲界的五塵；那你就應該給他一巴掌，甭客氣！因爲那已經是大妄語。應該當面告訴他：「**你是大妄語，你如果捨報以前沒有好好懺悔到見好相，管保你下地獄。**」你就直接告訴他，這才是你的慈悲心。所以，清淨位是有很多差別不同的，身行是否究竟清淨，都得要判斷他的層次的差異，才能作一個確定。所以身行的究竟清淨位，只有到達佛地才算。

不過，菩薩轉依了心眞如以後，以什麼爲身？以實相心如來藏爲身，所以前面講的都是在事相上。眞正要說清淨位，還是心眞如、還是如來藏，因爲「**身清淨位**」在事相上來說，有時候還是不淨，身行不是永遠的清淨。但是，菩薩位中的身，還是以眞如法身爲身，依眞如法身來行一切的身行，才能眞的叫作「**身清淨位**」。而且菩薩修道，其身之所以能夠清淨，也是依眞如法身而得清淨。眞如法身就是如來藏，因爲如來藏恆時顯現心眞如的清淨法性，所以說這樣叫作理上的「身清淨位」，要依這樣的智慧與現觀來說「身清淨位」。

因此，事上有「身清淨位」，理上也有「身清淨位」，事與理這兩種身是不可分割的，分割了就錯了。也許有人說：「你說得倒好聽，聽起來玄玄妙妙地，如同玄學一般，我怎麼知道你講的對不對？」問得好！至於說對或不對呢？可以私底下偷偷去問人家，不必讓我知道，眞的沒關係！偷偷去問人家說：「你們這些已經明心的人，是不是眞的如此？」這不就行了嗎？說一句不客氣的話，身行的清淨，證悟以後來看是跟證悟之前所看不一樣的，因爲證悟後的菩薩所看見的身行都是如來藏的身行，稱爲如來藏身。也許有人聽到這裡，又覺得：「奇怪！如來藏既不是色法，怎麼有身？」「身」的意思要講清楚，「身」還有另一個含義，叫作功能作用。「身」，不是單單指身體；譬如法身—諸法所依之身—這些諸法是以什麼爲身？以如來藏爲身。

聲聞法與佛法中都說有五分法身：戒、定、慧三身，解脫身、解脫知見身。這五分法身是依什麼爲身？依實相心如來藏爲身。證得五分法身的人，他的心眞如以什麼爲身？以戒、定、慧、解脫、解脫知見爲身，因爲從戒、定、慧、解脫、解脫知見上面起用；這個身就是講它的功德，講它的力用；是講它的力量與作用，就稱爲功德力用。有這些功德的力量與作用，所以功德力量與作用就叫作身。當菩薩在行菩薩道的時候，對眾生都無所求，自己也完全無所求，一心爲正法而去付出。這個時候，一般人說這菩薩身行眞正清淨；可是菩薩心裡面卻覺得好笑，心裡面自言自語說：「**這其實是如來藏身清淨。**」因爲這也是如來藏的身行，因爲如來藏不是全無作用的；這樣實證而能現觀時，就是「**身清淨位**」而進入「**菩薩位**」了。不過，這畢竟只能講到這裡，告訴諸位說：想要瞭解這個法界裡的事情就得努力修學，破參了就知道爲什麼叫作如來藏身。

接下來說「**語清淨位是菩薩位**」。言語，從世間人的層次來說，有些人會被批評，說那個人講話不乾不淨；因爲他每次遇到一個長得有一點姿色的女人，就一定要講一些黃色的言語，或者每一句話都要跟人家挑逗等等。人家就會評論說，那個人嘴巴不乾淨，說他講話都不清淨。世間人如此，所以常常會有人被那個修養比較好的人說：「**那個人講話很髒。**」這是大家都遇見過的事。可是在世間法中，有的人講話不依理而說；別人作同樣的一件事情，他不斷地指責說：「某甲！你這樣不對、不對、不對，你應該來跟我道歉。」可是他自己也在幹某甲對他所作的事情，卻辯解說他是沒有錯的。這個事情曝露了以後，人家就會說：「這個人嘴巴不乾淨，白的講成黑的，黑的講成白的。」這也是語不清淨。所以一個人修行好不好呢？你首先看他講話，同樣一個標準對自己就改變了；當他要求別人時是那個標準，對自己卻是另外一套標準，那你就知道這個人修行一定修不好；因爲是否清淨，標準應該是相同的。在同一個環境、同一個背景下所作出來的，同樣的行爲應該是同一個標準才可以。所以，這就是說：語是否清淨，在世間法裡面，層次有不同。

那麼，如果從風流雅士來說，你只要講到柴、米、油、鹽、醬、醋、茶，他就說你講話不清淨了。跟他要講什麼呢？風花雪月、和風麗日、百花開放、白雪皚皚、清涼的明月等等；講這一些，就成爲騷人墨客，就是語清淨。因爲他是風流倜儻的人，在藝術上、文學造詣上是高的，所以跟他講所謂的世俗法—世俗生活裡面的事情—他就會說你講話不清淨。可是這樣的人，就眞的清淨了嗎？這層次還是有很多差別的。如果以天道來看他，這又不清淨了。如果再以色界的境界來看他，又更不清淨了，因爲他都落在色、聲、香、味、觸裡面。如果用阿羅漢的層次來看，連色界的境界也不清淨。乃至用菩薩來看阿羅漢、辟支佛，也是焦芽敗種；都還要罵他是焦芽敗種，因爲開口閉口講的都是要入涅槃，也在教導人家如何入涅槃，佛菩提種都燒焦了，佛菩提的芽已經毀敗了，所以菩薩就說：「這二乘聖人語不清淨。」因爲都落入世間五蘊法中。以前講解《維摩詰經》時不是這樣講過嗎？阿羅漢們一說法，維摩詰大士就來責怪他，說：「你不該這樣講。」所以「語清淨位」的層次是很多的，差異也是很大的。

同樣地，依菩薩本身的層次來說「語清淨位」，也是差異很大的，不可能每一個人都一樣。這是就事相上說，如果菩薩口出一切言語，全部都在說明心眞如，全部都依止於勝義諦而爲眾生說法，可以說這樣叫作菩薩的「語清淨位」，可以說這樣的菩薩就是已經進入「語清淨位」的「菩薩位」中。可是，菩薩有時候說法也不一定究竟清淨，有時候也許有一個很微細的地方錯了，那就算是不清淨了；所以眞正究竟的「語清淨位」，仍然是要回到理上來說。因爲當你爲人家說法的時候，有時沒有很清淨；可是你的如來藏爲人說法的時候，永遠都是清淨的。當你找到如來藏的時候，你看看，你的如來藏不是一天到晚在爲人說法嗎？何止是爲你自己說法而已，那是爲大家說法也爲你自己說法。而且，這如來藏說法的時候，祂是永遠都清淨的，因爲祂永遠不會牽涉到不清淨的話。也許有人說：「**奇怪！你講這個話，我不太信，爲什麼我從來沒有聽到如來藏在跟我說什麼？**」但是如來藏眞的每天在爲你說法，所以祖師有時候會開示說，這個如來藏恆時說、常時說、無時的說，而且是熾然說，因爲祂講得很分明，如同火燒一般地熾然。

如來藏有時候說法說得很熾然哦！怕你聽不到呵！你說：「**哪有？我從來都沒有聽過。**」但是，我告訴你，祂說法的時候都是用弦外之音說的，就看你會不會聽。所以，哪一天我如果拿起吉他來表演一下，這個簡單的曲子加上個和弦，你說：「**老師！你還會彈吉他？**」我告訴你，這是藉吉他跟你說法。也就是說，你要聽的不是那個旋律，你要聽的是另一種旋律，而那個旋律是無始以來沒有停頓過的，它一直都存在。所以，你可不要去怪自己的如來藏沒有爲你說法，也不要怪任何人的如來藏沒有爲你說法，因爲祂一直都熾然而說。所以，實際上如來藏是不斷地在說法的，而祂從無始劫以來爲有情所說的法，沒有一句是不清淨的，永遠都是清淨的，所以祂才是究竟的「語清淨」者。如果能夠雙照事的「語清淨」、理的「語清淨」，這樣的菩薩就是「語清淨位」的菩薩了，確實已進入「菩薩位」了。

「意清淨位是菩薩位」。「意清淨」，層次一樣是差很多的，同樣也有事與理。在事相上，如果是世俗人互相往來，一切言論不外乎琴棋書畫等等，那豈不是很清淨嗎？假使這個人又住在山裡面，環境清幽，好大一個畫室，好寬的一面大玻璃，窗外山光水色如此幽美。你看到他在那邊畫畫，你說：「哎呀！眞是寫意。」是不是寫意？對啊！他是在寫意啊！正在把他的意思寫在畫裡面。中國畫的畫畫者都不叫作「畫畫」，都叫作「寫畫」，很講究筆法；所以，古時候畫家把一張畫畫好以後落款前，他也許先題上一兩句話，然後落款時（款就是名字）在他的名字後面都寫上一個「寫」字，不是「畫」字。如果哪個畫家畫完了，落款的時候寫個「畫」而不是寫成「寫」，表示他的文學很糟糕。現在很多這種古時候的事，很多人都已經忘光光了、不懂了。言歸正傳，那個住在山裡自己的畫室中寫畫的人，如果從世俗人的眼光來看他，他是不是很清淨？不但清淨，眞的是意境好高；你從他的背後看著他在那邊寫畫，然後他的前方是一大片的落地玻璃窗，窗外是幽美的山光水色，你說：「喔！眞的很幸福啊！」但是他在那邊寫意的時候，是不是眞的清淨？不見得，因爲他寫意的時候，固然都融入那個畫裡面，可是他背後的作意是什麼？這張畫可以賣很多錢。這叫作意不清淨，但是從世俗人的眼光來看，這是很清淨的。

好，層次拉高一點，像孔明—諸葛亮—睡個午覺起來，念一首詩，也眞的很寫意呵！但是他心裡面想的都是什麼？全都是政治：如何三分天下。早就在參與政治了，只是沒有機會出來掌舵而已；等到來了個劉備，有識人之明，把他請了出來，也才會有後來的《三國誌》記錄下來。所以那也不是眞的「意清淨」，因爲他的腦袋瓜裡面全都是政治。如果換個角度來看說，人家隱士住在山裡面，吃的是野菜，過的是很平淡的生活，與世無爭，從來不過問政治，他在幹嘛呢？修仙道！想要當方外之士，那算是清淨了吧？他無意於人間，甚至於乾脆就不食人間煙火，他只吃水果、只吃野菜；野菜又是生吃，眞的不食人間煙火，是不是「意清淨」了呢？是啊！因爲他志在成爲天仙，或者飛行仙等等。但是從佛門來看，不必說證悟、不必斷我見，從佛門裡面凡夫位的修行者來看，就說：「你這個人也夠愚癡了，你的意根不清淨，這求的還都是世間的有爲法。」因爲即使成仙了，能羽化而登入仙班之中，終於位列仙班了，結果還是人間的法而已。因爲只要修的是仙道，未來就算是已經位列仙班，仍然是仙人。仙是住在天上，還是在人間？對嘛！仙就是山人，還是在人間；最多讓他能夠飛來飛去，也還是在須彌山腳下，還是在人間，那叫作仙。所以位列仙班，値得羨慕嗎？不値得羨慕，因爲意不清淨，貪著生死。

那你再說，佛門裡面修行的人知道這個道理，夠清淨了吧？不，知道要努力修行，然而老是作不到，連斷個我見都作不到，老是落在識陰或意識裡，還跟人家賢聖們持續諍論說：離念靈知是常住的眞如、佛性。眞是不淨啊！那麼這樣再來看，初果、二果、三果、四果、菩薩，乃至到達佛位，到底怎麼樣才是清淨？當然是要到佛位才是究竟清淨。難道菩薩們都沒有清淨嗎？有啊！只是層次有所不同。所以意的清淨，從菩薩道的事修上面來說，得要是到了初地，入了地，才叫作「意清淨位」。不過諸位也別灰心說：「我到同修會來，我什麼時候可以修到初地？」那可不一定啊！就看你怎麼修。所以在大乘法中，不談通教，只說別教，別教裡面只有入了地才算聖位，眞的是屈己揚他；因爲人家三藏教裡面的聲聞教中，斷了我見就叫作聖人了。沒想到在大乘法中，斷了我見還加上明心了，竟然還不能叫作聖人，只能叫作賢人而已，眞的是屈己揚他。

可是別教的教法裡爲什麼會這樣定位？因爲一定要能夠永伏性障如阿羅漢，或者從阿羅漢位迴心來修學大乘法，不但要先超越欲界，並且得要入了地，才能叫作「意清淨位」。在大乘別教裡面，這是基本的義理。這個「意清淨位」當然不容易證，因爲至少要得頂級三果的解脫境界，不然如何能夠說是永伏性障如阿羅漢？所以這個當然不容易達成。正因爲如此，入地以後才說之爲聖，才說是極可貴的。假使初地菩薩滿街跑，那初地菩薩還可貴嗎？一點都不可貴了。即使到了極樂世界，地上菩薩都還是可貴的，因爲實報莊嚴土的境界是不容易到的，大部分都是下品生、中品生的人。所以眞要說「意清淨位」，確實是不容易證的。但是即使入了地，因爲剛剛入地，三界愛的習氣種子還沒有怎麼修除；因爲三賢位中都在別相智裡面用功，在修集福德上面用功，所以在習氣種子的滅除上面作得少；因此入地以後，就像剛剛講的，如果遇見了往世情感很好的親人，那個念還是會動一下；雖然不會有任何動作去延續過去世的情誼，但畢竟還是會動心，那算不算不清淨呢？還是算啊！所以入地後的意清淨位，是相對於三賢位和凡夫菩薩們說的。

你看，阿羅漢不是常常這樣嗎？大迦葉是一個修頭陀行的人，聽到菩薩彈奏起音樂來，他竟然在那邊跳起舞來。他可以出三界了，還會聞樂起舞。我倒很想看看，大迦葉跳舞是怎麼個模樣，那個光景應該也是蠻有趣的。但他這樣就是一分的不淨，這是從意而來，因此導致身行的不淨。可是不管怎麼樣，即使入了地以後，看見了過去世人家供養的那個寶鉢，馬上會動了念：「**這個寶鉢今天竟然跑到你的手裡去，應該回歸到我這裡來了吧？**」可是又不敢講，因爲不能講嘛！你憑什麼說那個寶鉢過去世是你的？你也沒有辦法證明。你沒有辦法證明說，過去世那個某某人就是今天的你；因爲沒有辦法拿出記錄，轉了世就沒有記錄，就中斷了。這時候當然不能開口，不能開口就只好算了，不過有時候還是會想起來：「**我那個寶鉢現在在誰手裡？**」這也算是意不清淨。這一些都是屬於習氣種子的流注現行，但是畢竟不會有不清淨的法出現，就只是在心中出現而已。習氣種子無法斷，是正常的，可是身行、口行以及他意識層面所作出來的行爲，都不會有不好的事相出現；然而因爲那個貪不現行了，所以也算是「意清淨」；正因爲這樣的清淨，他只有剩下習氣種子不清淨，所以才能夠稱之爲聖人，不然聖在何處呢？

可是心眞如跟這些修道的事相上並不一樣，因爲凡是蘊處界所顯示的「意清淨」都不是究竟的「意清淨」，因此還是要回歸到心眞如來；因爲那些都只是修道過程中事相上的清淨，而心眞如是理體上本來就清淨的，應該這樣子實證才是親證實相般若；因爲心眞如從無始劫以來不曾動過善念、惡念，一切清淨念、雜染念都不曾動過，祂才是眞正的離念靈知。現代那些錯悟的假大師們都在意識上面來講離念靈知，那個哪裡能夠叫作離念靈知？因爲不過才半分鐘的時間，譬如當我開口評論說：「你那個離念靈知是虛妄心，因爲常常會中斷。」他們心裡就生起妄念在罵我了，哪裡還有離念？他們那個心絕對不是大乘般若諸經中說的「不念心」，因爲他常常會想起很多的事情來，所以他那個心叫作有念心，不能叫作離念心；而且不是常恆不斷地知，怎能叫作離念的了了常知？

而且他們那個知也不是靈知，因爲很多事情都不知道。過去世那把臭骨頭，子孫沒有管理好，讓他這一世不舒服，他知道嗎？都不知道。可是他的永遠離念的如來藏都知道，然後就去運作，讓子孫的日子不好過。那個子孫搞不好正好是你家隔壁那個老爺爺，就讓他生病難過。他始終醫不好，問來問去，只好問到天神。天神觀察了幾天說：「**你父親的風水沒有處理好。**」他說：「**我父親過世已經三十幾年了。**」三十幾年也一樣，只要不是火化的都會有聯結。所以如來藏都知道這個，離念靈知識陰覺知心能夠知道嗎？顯然不知道，那怎麼叫作靈知？一點都不靈。

眞正的靈，是要有靈感，能夠與人相應。你不要說我這是在講笑話，以爲我是怕你們打瞌睡。不是這樣，這是眞的。也許你今年八十歲了，正在努力學法，可是渾身病痛，一天到晚擾亂你。求神問卜的結果，答案都一致說：「**是你已過世的父親，他的臭骨頭埋在泥土裡，你沒有照顧好，被水淹了，又被樹根給盤根錯節。**」可是你那位死了三十幾年的父親，也許正好是現在隔壁那個三十幾歲的年輕小夥子。這都很有可能，不然爲什麼會有一句話說「無巧不成書」呢？因爲會被寫成書的，都是很湊巧的事情才會寫嘛！而這種事情，在菩薩一世又一世的修行過程當中，都不覺得稀奇，認爲這個是常常會遇到的事。好啦！既然如來藏是這樣子，隔壁那年輕人的如來藏直接去相應於前世那一把臭骨頭，然後由那一把臭骨頭去跟上一世的子女相應，使你這位身爲他前世兒子的你，家裡常常有事發生；但祂其實並沒有起心動念，那麼到底祂是清淨還是不清淨？其實祂並沒有所謂的清淨或不清淨，祂只是法爾如是地直接去運作，祂也不是故意要這樣子。

這就好像說，祂藉著五扶塵根去領受外面的六塵進來，又在勝義根變現了內相分的六塵給你接觸時，祂也是直接去運作的，祂並不是起心動念再去作；但是祂卻會感應前世的子女—就是現在的你—使你家裡常常發生事故，四處問神的結果都說是因爲風水的問題而導致的，於是你不得不去改善死了三十多年的父親墳墓；改善以後，隔壁那位三十幾歲的年輕人病好了，你家裡也從此無事了；所以說實相心如來藏是靈感的，而這種事情是意識、識陰短時間的離念靈知永遠都作不到的事，這樣才是眞正的「靈」啊！意識的短時間離念是不能說爲離念「靈」知的。得要這樣子靈感而且自始至終都永遠不會落在六塵中起心動念，才算是「**意清淨**」；而祂實相心如來藏是從無始劫以來都是如此的，祂從來不曾一剎那落入六塵之中去起心動念，但是祂有這樣的功德。

這就是說，你們在正覺要學會這一招：老爸、老媽年紀如果大了，要常常爲他們說法，也要告訴他們說：「這個色身是臭骨頭、臭皮囊，不應該貪著。」要告訴他說：「死了最好火化。身體埋在土裡會爛、會臭，眞的很髒。」那麼未來就不會有已往生長輩的臭骨頭出問題來跟你搗蛋的事了，這樣子對他們好，對你自己也好，因爲你也省事。對他們爲什麼好？因爲他們的如來藏已經不會再跟火化後的那些骨灰相應，聯結已經被遮斷了；因爲屍體火燒過以後，那個聯結就不存在了，那麼兩老在未來世也不會因爲墳裡的臭骨頭出問題而常常病著。所以要會學著現用，自利利他。利哪個他？堂上二老。這也不壞啊！這意思是在告訴我們說，其實究竟的清淨意，還是要依心眞如來說，追根究柢探究到最後說，諸地菩薩位怎麼能夠身口意行清淨？因爲他轉依了這個心眞如，才能夠如此。如果不是轉依了心眞如，就沒有辦法這樣清淨的。所以「意清淨位是菩薩位」，在理上來說，還是要轉依於如來藏來說。那麼，你如果找到如來藏以後，能夠把事上的「意清淨位」、理上的「意清淨位」貫通起來，你就是「意清淨位」的菩薩，已經進入「菩薩位」了。

「色清淨位是菩薩位」。色的清淨位，好奇怪呵！這是什麼道理講色清淨？色法還有清淨的嗎？這就是說，你悟後一定要深入去把「法」切割分析清楚，雖然「法」還是整體的，但是在你自心裡面，這些都是要分析清楚的。也就是說，從事相上來看，山河大地是色，這是不清淨的，因爲土石垢穢無邊充滿，沒有一個地方是清淨的。那麼如果說色身，色身是清淨的嗎？學佛以前都會說：「清淨啊！我才剛洗過澡。」可是學佛以後就不會這樣講了，因爲知道整個身體是靠著食物提供能量來運作，可是食物吃下去以後變成怎麼回事？還不必排出去呵！只說才剛剛吃進胃裡面的就好了，變成什麼呢？如果把胃剖開，或者手術把內容物拿出來，讓你看見了，你也會作嘔。一定會作嘔，還不必等人家吐出來；如果等到排出來了，那還要問嗎？還會說是清淨的嗎？

擺在餐桌上的食物也是如此啊！全都是從糞土中長出來的啊！所以說色身不淨。因爲色身不淨的關係，所以每天早上起床後，才要梳洗一番。昨天晚上才洗過澡，爲什麼早上起來又要梳洗？既然要每天晚上洗澡，那更顯示色身是不淨的。也許有人說：「**你不要講色身，因爲五塵也是色，但五塵**

不會不淨啊！」是呵！五塵也是色。好啦！那麼到底五塵是清淨、不清淨？五塵，好多人不喜歡，因爲你看：台北市好亂。詳細一看，亂七八糟，眞的不清淨，然而這都是相對而說。如果去到非洲落後地區，他們的廁所還是土墩的呢；那到底台北算清淨、不清淨？又算清淨了。同樣的道理，許多的五塵境界是否清淨呢？都在於那個塵是顯現在什麼樣的環境下，來作一個相對的對比而決定淨或不淨。

「**色清淨位**」，比如說，看見了一個男人好英俊，眞的是白馬王子；因爲他每天開著一輛白色的Benz，好比是白馬。這個時候，某甲看見了說：「**哎呀！白馬王子。**」眼睛就一直盯著看，對方走到哪裡她就盯到那裡，這正是有貪。另一個人，也許往世跟他沒結什麼緣，所以看了也不過就是一個普通的男人：「**沒什麼啦！**」所以她就不產生那個貪念。這樣子，有貪念的那個人看見的色就是不清淨的，但另一個人看見的色就無所謂染污，那她所見就是清淨色。這樣看來，色的清淨位還是有不同的狀況會出現。譬如說，假使我們同修會哪一天突然間來了一位世界小姐，因爲她很有善根，慕名而來說：「**我要學這個如來藏妙法。**」好啦！她就以世界小姐的姿色來了，有人看了說：「喔！這麼漂亮，我第一次看見。」然後，每一次來禪淨班共修時，就一直都要先去看一看她在不在，看看她今天有沒有一樣漂亮，這就是色不清淨了。可是菩薩一直修行、修行、修行，修行到一個過程以後，也許他這樣看見了，並沒有覺得是怎麼樣，不過就是一般的色，因爲所見畢竟只是自己的內相分，那就是「色清淨位」。不過，假使這個世界小姐剛好又是他往世很親密的人——喔！那個時候他所見的色塵又不清淨了。對不對？是不清淨了嘛！他要不斷地起念頭去關心她。

這個「色清淨位」，層次還是有所差別的。不過，假使登地以後，最多也就是說，知道這是什麼人，如果她有需要，多付出一點關心去幫助她，但沒有別的企圖，這也就是他在事修上的「色清淨位」。但是這都是事相上的，都是相待於那個境界相而有的色清淨、色不清淨。其實同樣是色，因爲都只是一個影像。所看到的都只是一個影像，爲什麼有的人看見那個影像會起了貪念？有的人看見那個影像竟無動於衷，只是當作普通的同修？如果沒有什麼需要，絕對不會特地去找她講話，爲什麼？這就是說，事相上的層次以及對象是不一樣的，所以要怎麼樣去修到「色清淨位」，這在各個層次的修行當中是不相同的。那麼入地以後就會在這個部分特別注意，要把習氣種子一一加以轉變，那就稱爲「色清淨位」。

可是推溯到最後，這一種「色清淨」的修行所得，其實仍然要歸結到心眞如來；因爲不論誰在色清淨位中到達什麼程度，永遠都是依心眞如的眞如性來修的，並且永遠達不到心眞如的「色清淨位」，除非成佛了。譬如剛剛所講的那些例子，心眞如—如來藏—都是不加以了別的。當你遇到一位曾經是往世的親人時，這一世卻是首度相見，而意根透過如來藏的種子，讓你跟往世的親人相應到了；可是這時如來藏本身，祂卻是不動心的。祂不會有任何的動心，祂就只是像一面鏡子，把往世的種子流注出來成爲這個影像；祂攝取外面的影像，也是同樣的道理，祂只管把它變成內相分給你，但是這個色塵相如何，從來不加以了知，這才是究竟的「色清淨」，祂永遠如此。當你能夠這樣觀察，並且把事上、理上的色清淨貫通了，你一步一步去修，一定可以成爲「色清淨位」的菩薩。

再來說「聲清淨位是菩薩位」。一般人聽到了噪音，那個噪音對他而言眞的很厭惡，所以他就破口大罵。在他來說，噪音是不清淨的聲音；可是對於被罵的人來說，他罵人的聲音才是不清淨音。你如果從世俗法來說，有的人在那邊談論著那一條黃魚要怎麼樣料理才會好吃；兩個人互相溝通意見，正在那邊討論如何料理，也許那兩個人是廚師，可是旁邊另外一個人就說：「你們怎麼都講這個不清淨的話？這都是貪吃、貪味嘛。」他就講這個話。其實他自己的聲音也不清淨，因爲別人講別人的，他管人家講什麼呢？他只管自己該作的事，去作自己該作的事情就好了，眞是狗拿耗子嘛！這不是自己也不清淨了嗎？因爲他不能安住於自己心中該想的事情、或者該作的事情，他到處在聽人家說話的聲音，從話中生起種種人我分別，那不是不清淨了嗎？他自己是聲不清淨，可是他自以爲清淨。

又譬如，當他在電話裡面指導幹部們：「你這個部門要怎麼去賺錢，你那個部門要怎麼樣賺錢。」現在可就換別人說他不清淨了，說他口中講出來的這些音聲都不清淨。人家心裡就會這樣講：「你雖然是個董事長、總經理，可是你講話既沙啞又粗魯，業績稍微差一點你就罵個不停，你眞是聲不清淨。」有道理啊！人家部屬這樣講，沒冤枉他。可是從不同的層次，乃至說到藝術、文學、琴、棋、書、畫，從一個修行人來說，那又變成不清淨的了。

所以，他們在討論琴棋書畫等等藝術的時候，修行人會說他們的聲音都不清淨，因爲全都是世間流轉的有漏法。如果從菩薩來看，又說阿羅漢講的全都不清淨，因爲人家明明是個菩薩種性，阿羅漢偏要傳授給他聲聞法，眞的不清淨。所以這個「**聲清淨位**」，還是有許多層次的差別。

但是，菩薩怎麼看待「**聲清淨**」？也就是說，菩薩出世說法，凡有所說，必須及於第一義諦，從來不會落在世俗諦裡面而講不到第一義諦，這樣就是「**聲清淨**」。因爲凡是說法講不到第一義的勝諦，就失去菩薩的本質，卻還自稱是菩薩，那就叫作言不及義。言不及義，在大乘法中是責備別人很嚴重的話。但是，現在說一句不客氣的話，講一句不清淨的音聲，說現在言不及義的道理，佛門中已經都不知道了。可是言必及義——凡有所說都是第一義，任何一時一刻都是如此，那還是只有心眞如辦得到，菩薩也沒有辦法永遠都是言必及義。比如說，你說法圓滿而下座了，回到家裡兒子問說：「老爸！您今天講什麼法？」你要不要回答？要啊！「我今天講《實相經》。」兒子又問說：「您現在肚子餓了沒？我叫媳婦幫您準備一些飯菜，好不好？」你說：「好。」這個好字答出來，早就言不及義了，不是嗎？總是會有言不及義的時候，不可能一切時言必及義。可是，當你言不及義的時候，因爲你說「好」嘛，然後就吩咐說：「好啦！來一碗飯、兩個菜就夠了，時間也晚了，就不必準備湯了，媳婦也該休息了。」當你正在講這一些言不及義的聲音出來時，你的如來藏聲還是言必及義，沒有一刹那是言不及義。那這樣子，不就是「聲清淨位」了嗎？當你把這個事與理都貫通了，就是在理上怎麼樣發聲是清淨的，事上怎麼樣發聲才會是清淨的，你都弄清楚了、貫通了，那你就是「聲清淨位」的菩薩了，已經入於這個「菩薩位」裡面了。

「香清淨位是菩薩位」。香是不是欲界五塵之一？是啊！如果是欲界的五塵，你每天禮佛要上香供養，到底佛對於香是清淨位還是處於不清淨位？一定要弄清楚，不能含糊籠統啊！這就是說，菩薩悟了以後，不能只落在理上一邊，一定要兼顧事相，否則你沒有辦法進修成佛之道。所以，事上、理上兼顧的時候，你要怎麼樣去界定它：我每天以香供佛，然而佛是「香清淨位」，那麼從事上、理上觀察時就會有所不同了。也就是說，假使哪一天你媳婦找到一瓶香水，說它很清雅，沒什麼世俗味（她認爲啦！）然後她就拿來供養身爲婆婆的妳：「這一瓶香水供養您！」那妳接不接受？要接受，否則妳就是聲聞的觀念了。聲聞是要遠離六塵的，他們一心要入無餘涅槃，而涅槃中沒有六塵。然而妳是菩薩，妳就接受了。所以，接受以後每天也許用一用，或者用到忘了也不一定；而那個香對妳而言，只是生活上的一個用品，只是讓媳婦的美意在妳身上成功了，讓她覺得妳跟她是沒什麼距離的，這樣攝受了妳的媳婦，只是如此。所以，有時候也把它用一用，那麼這個香對妳就是清淨的。如果每天非得要耳後擦一擦（還有什麼地方啊？我沒學過啦，因為我同修也沒擦過香水，我也不懂），這時說每天一定都要擦一擦，為什麼呢？因為想要顯示自己這個香味異於別人：**「這種香水很難得買到，也許只是某一個實驗室還在試驗製造，還沒有商品化，世間找不到，只有我有。」**為了顯示這一點而每天非得擦一下不行，那就成為香不清淨了。

世間人所謂的香不清淨是什麼？是說這個人狐臭好臭，或是說這個人十天不洗澡，臭死了等等，說這叫作香不清淨。可是這些都只是事相上的，因為這一類的分別，都是從事相上來分別那個香是清淨、不清淨。所以，有的人會說：**「那個人老是擦那一種香水，都是要勾引男人。」**有沒有聽過這個話？有嘛！那表示說，她用的香不清淨，也顯示了她的心香不清淨。可是你每天供佛，也許你是買最好的旃檀香、最好的沉水香，也許一斤十幾萬元也不一定。一般說來，兩萬塊錢一斤的沉水香已經很好了，但是頂級的也許要十幾萬元一斤，你買來以後每天都用這種香供佛。可是供了佛的時候，佛沒有動心，你自己倒是先動心了：「這個香眞的不錯！」供了佛，結果自己先去欣賞一下這個香：「啊！眞不錯。」結果佛沒動心，自己先動心了，這表示說，所嗅的這個香已經不清淨了嘛！這很清楚顯示出來了，這就是香不清淨。供佛就供佛，不要起分別說：「這個沈香一斤十幾萬元。」

所以證悟以後，你要怎麼樣去看待每天用五塵來供佛這件事情？你一定要先弄清楚。佛陀示現了應身在人間，必定也是不離五塵的；因爲既然示現在欲界的人間，當然有欲界的五塵接觸。可是你供養歸供養，不要亂起心動念。因爲你如果是一斤十幾萬元的沉香供了　佛陀，佛陀絕對會知道這是很名貴的。佛陀很有智慧，怎麼會不知道？世界各處，到處有人供香，聞香的經驗還會少於你嗎？（大眾笑…）但　佛陀是不會動心的。所以，我們要知道說，如來藏、自心如來、自性佛對香塵也是不動心的。當自心如來藉著鼻根去攝取外面的香塵進來，而在勝義根裡面顯現出了內相分的頂級香塵時，自心如來根本不曾動心；而 佛陀已經到達究竟位，當然也是不動心。你用頂級的沉香、頂級的旃檀香去供養 佛陀，那是你在累積福德，佛陀是不會動心的。但我們這樣供養的時候，不要起心動念。

依心眞如離一切境界的境界而不起心動念的供養，就是三輪體空的供養，這是**「香清淨位」**的供養，才是最上供養；因爲你是依心眞如，不是用意識思惟三輪體空來作供養，是至高無上的「法供養」。你依心眞如來供養 佛陀，這一束香，你是住於三輪體空的境界裡面來供佛，不必再起心動念，那你這個香就是清淨的。如果起了念：**「我這香是最頂級的，我每天都用這種最頂級的香來供佛。」**那這個香就變得不淨了。淨與不淨，就在這上面。當你住在三輪體空的智慧中，用頂級的香供佛的時候，你這一斤沉香已經不只十幾萬元了，那可值得上「百萬、千萬元」了，因爲無價可說；所以這個福德是永遠不會消失，而且這個福德會一世一世跟隨著你。當你以三輪體空的自住境界來上香供佛的時候，那福德是無量無邊廣大的，這樣就叫作**「香清淨」**。這個道理在講解《優婆塞戒經》時就講過了。那麼，這個香清淨的道理弄懂了，依此而修行，當你有一天，不管多麼名貴的香，向 佛陀上供的時候你都不必再起心動念；而這個「香清淨位」的功德，其實還是從你轉依心眞如的功德生出來的。那麼這樣看來，「香清淨位」的究竟位還是心眞如。你必須要在悟後把理上的香清淨位、事上的香清淨位，都把它融會貫通，融會貫通了以後你就是「香清淨位」的菩薩了。

「味清淨位是菩薩位」。味清淨位，道理是相同的，我們就不必像前面那樣再去舉例說明，重複宣說世間人怎麼樣叫作味清淨、味不清淨，我們就純粹從菩薩的法道來說。在菩薩法的道裡面，你必須要有自己的見地，不要落入阿羅漢那個境界裡面去，阿羅漢對於味是一概排斥的。對於阿羅漢們來講，沒有所謂的「味清淨位」，只要有味塵在就是不清淨，因爲他們是要把六塵全部斷滅掉的，否則就無法入無餘涅槃。十八界既然全都要滅盡才能入涅槃，怎麼可以在味塵上面起心動念呢？所以阿含裡面記載，有一些凡夫比丘跟一些阿羅漢們計較說：「你們都把容易托缽的地方留給自己，讓我們老是沒有食物可以吃。」甚至於去向富樓那尊者抗議，富樓那尊者再三解釋說：「不是只有你今天托空缽回來，我今天托缽也沒有得到食物啊！」可是那些凡夫比丘們老是不信，一直堅持同樣的說法，最後乾脆就明講：「我們餓得要命，你爲什麼不餓？」富樓那尊者說：「我不餓，有我不餓的原因，我不必告訴你吧？」他們就一直誣賴說：「你今天明明有得到食物嘛！所以你才不餓。」後來逼不得已，富樓那只好摳喉嚨、吐出來給那些凡夫比丘們看，原來富樓那是吃了牛糞，只是騙騙肚子，不覺得餓就好了，不講究什麼味道。所以對他來講，他沒有所謂貪味不貪味的問題，因爲他是要離味的。當然，富樓那後來在第二轉法輪時期，也是轉入菩薩道去了。我們講的是說他在聲聞位的時候，但是菩薩要這樣去瞭解，悟後應該如何安住於人間。

也就是說，凡夫對於味是不清淨的，他們的想法也是不清淨的。如果有一天，譬如你家媳婦炒了一盤菜出來，她說：「這是我今天特地去學的素菜，因爲公公您都吃素，所以我特地去學的。今天這道菜我作得很好、很成功，請公公您嚐嚐看。」好啦！吃飯的時候，她就問你：「這一道菜好不好吃？」你說：「好吃啊！很好吃啊！」當你說很好吃的時候，你媳婦心裡面會想說：「你一定貪這個味道。」是不是？但其實你沒有貪，因爲她那道菜並沒有好吃，可是她會說你貪那個味道了。其實你只是爲了讚美她、鼓勵她的孝心而已。有一天，也許她弄出來一道菜，眞的是很好吃。那很好吃的時候，你如果多添了半碗飯，那你就是味不清淨了。但是，你不應該因爲這樣而去害怕好吃的味道，就板起臉孔來說：「媳婦！妳以後都不要再煮這麼好吃的。」（大眾笑…）你應該坦然的受領那個好吃的食物，但是把它跟不好吃的食物一視同仁，在事相上也要去作到平等地看待。因爲你常常要在心裡記得說：「**我的心眞如不管這些食物好不好吃，都沒有差別；因爲祂都不作分別，我要轉依祂這樣的自性去修行。我吃這些食物，目的不是爲了味道，只是爲了滋養我這個色身能夠作爲我繼續修行的工具，它只是我修道的器具。**」所以，只要能夠滋養色身就行了，不必管那個味道好不好，這樣就是「味清淨位」的菩薩。

所以，菩薩悟後在修行的時候不可以害怕味塵，但是也不可以藉著說：「**這蕭老師告訴我不可以怕味塵。**」然後就特別貪好吃的，就拿這個來當藉口，那也不對啊！所以悟後要怎麼樣去修行？當你證得如來藏以後，你要有自己底一套見解，不能隨俗浮沉；但是也不能夠偏在一邊而像阿羅漢那樣地排斥，否則的話，你要怎麼世世常駐人間行菩薩道？你行菩薩道是要一世又一世，不斷地在人間行。如果一世又一世常在人間，都要像阿羅漢那樣生活的話，妳該怎麼辦？對面走來一位白馬王子，趕快轉往旁邊，看著旁邊走，要不要這樣呢？這就不對了，因爲這是聲聞人的想法：一味地排斥。換作男人來說，你應該很習慣：「**當面正好有一位世界小姐走過來了，我還是這樣看著，就如同看一般的女人一樣沒有差別。**」都不會起心動念。如果旁邊有個人說：「**那個小姐很漂亮欸！你看！你看！**」你就說：「**好啦！我就看一下。**」看一下就好了，也許你朋友說：「**你這個人怎麼這樣？我好意讓你看一下漂亮的，你怎麼這種反應？**」你說：「**漂亮也是人啊！漂亮就不是人嗎？**」那就爲他的好意而看一下就好了嘛！

但是，因爲他是個不學佛的人，你就不必跟他計較。但你不必刻意說：「**越漂亮的，我越不要看。**」那你就偏差了，因爲你在人間，色聲香味是一定存在的，這是欲界法；而你在面對欲界法的時候，該如何面對？你就直接去面對就好，就在觸的階段保持著就可以了。也就是說，你要保持觸的階段就好，不要再延續下去而生貪或生起厭惡。起貪、起厭惡，那就已經是不清淨了。所以，如果遇到一道菜煮出來有一點燒焦了，有一點太辣或者有一點太甜，你都不要怪媳婦。吃就吃了，也不要再去起心動念說：「**哎呀！這一**

道菜炒得太甜了，要不然這一道菜會很好吃。」起心動念時，表示你的味不清淨。如果你又嫌她說：「這一道菜，火太大，有一點焦，不好吃。」當你覺得不好吃，你心裡面一再地想著不好吃，你就是味不清淨了。那個燒焦的味道沒有不清淨，是自己的味道不清淨，這就是味不清淨位的菩薩。

可是，味是否清淨，還是有它的層次差別不同。由於修爲不同，清淨的地步就不相同，這是必然的。那麼，當這個味清淨的境界，你住慣了，不再畏懼食物不好吃，也不會畏懼那個食物很好吃，只是依著菩薩應有的規範而去吃它；因爲你若不吃食物，就無法維持色身在人間正常的運作，你就無法修道了。所以，你在人間不免要飲食，飲食就只是飲食，只是爲了滋養色身，保持它的正常功能可以用來修行。那麼，這樣去看待味塵，就不會變成一個家人眼光裡面的奇怪菩薩。因爲家人都會覺得說：「你自從學佛以後都跟人家不一樣，好吃的不吃了，好看的不看，好聽的不聽。」但是學佛其實不是這樣，菩薩修行越好，跟平凡人越相像，讓人家感覺不出這是一位修行很好的菩薩。如果有菩薩出門，讓人家一看就知道他是菩薩，你就知道他修行不很好。因爲修行很好的菩薩不露痕跡，你看不出來；因爲他已經都融入於一般的六塵當中，沒有特別的狀況出現。

那麼，這樣的味清淨菩薩要去追究說，爲什麼我能夠一直都是保持在這個狀況？因爲我所轉依的心眞如一向都是味清淨的，所以不管味塵如何，不論祂接觸到多麼好的味塵，然後變現了很勝妙的味塵內相分出來，祂也是不加以了別、不加以了知。都不加以了別味塵相，才是「**味清淨位**」的菩薩，應當這樣看待。正因爲加以了別，才會落在事相上去厭惡好吃的食物，恐怕影響了修行。那麼，你這樣子把理上的「**味清淨**」相以及事上的「**味清淨**」相都貫通了，你就可以很歡喜地住入「**味清淨位**」中，那你就是「**味清淨位**」的眞實義菩薩。

《實相般若經》上週講到二十八頁第六行，接下來要講「**觸清淨位是菩薩位**」。色聲香味觸法六塵，講到這裡已經講了四塵了，接下來是第五塵：觸塵。生而爲人，不論是隨業而受生爲人，或者通教的阿羅漢菩薩繼續受生爲人，或者別教的證悟菩薩乘願繼續受生爲人，乃至諸佛在十方世界中處處示現永無入滅之時，也是一樣要不斷地受生爲人。既然如此，取得人身住在人間，就一定不免要有觸。假使沒有觸，如何能在人間生存呢？顯然是不可能在人間生存的。想想看，如果沒有觸塵，且不說最嚴重的事情，單說最輕微的就好；譬如肚子餓了不知道要吃飯，因爲沒有感覺到餓，就會像一台機器，汽油用完了還不知道，後來就停止不動了。如果沒有觸塵，接觸不到觸塵，說句不客氣的話，你們每一個人都會變成睡美人、睡王子，都不可能醒過來；因爲眞要沒有觸塵的話，根本就不知道色身已經復原了、有元氣了；也不會知道天亮時溫度升高了，那還能醒來嗎？可是沒有觸塵的睡美人等不到白馬王子來，永遠等不到；因爲完全沒有觸塵，怎麼能等得到？如果是睡王子，他也將永遠等不到白雪公主來，根本不可能醒過來。

就算醒著都不睡覺好了，若沒有觸塵時，請問你還能走路嗎？因爲走路這件事情其實很複雜。如果你腳底與小腿、大腿沒有觸覺，你都不知道有沒有踩到地面；除此而外，還要有許多內覺的觸塵，才能走好路子。這走路裡面其實若要說到深細的，我們可以講得比神經外科醫師更深細，因爲那個觸覺的變化是非常非常多的，但大家都以爲是理所當然。所以假使沒有觸塵，你根本沒辦法走路；因爲你之所以能走路，那是從腳底的觸塵（就是外觸塵），然後再從腳底皮膚裡面開始的內觸塵，以及整隻腳、整個身體肌肉與內臟的內觸塵，全部觸塵的觸覺都了知無礙，你才有辦法長時間走路的。

那麼，既然在人間時不免要有觸塵，那就要注意：我們是不是跟凡夫一樣，落入觸塵的覺受裡面去認作眞實、去把它加以執取？這就是佛教三乘賢聖與外道凡夫之間最大的不同所在，這也是菩薩與阿羅漢之間極大的不同所在。可能這些話你們從來沒聽過，但是爲什麼在實相般若裡面要講到這麼囉唆？大品、小品與其他各部的《般若經》裡面都講得很囉唆，你看《大般若經》六百卷，講來講去就是講心眞如，都繞著心眞如來講。從世間法講到出世間法，講到聲聞菩提、緣覺菩提，也講到佛菩提，都繞著這個心眞如來講。怎麼一個心眞如可以有這麼多法義可以說？佛陀在人間第二轉法輪講了十九年，因爲確實就是有那麼多法義可以講，單單是心眞如本身的別相就有非常多的法。所以，這裡倒是要跟諸位談一談：假使是在會外的道場演講，我們從來不講這個很深的法，因爲縱使講了，大家也都聽不懂；跟他們之間的距離是那麼遠，也就不用講啦！但是你們來到這裡，或者已經證悟如來藏很多年了，或者即將證悟，或者已經觸證到了，只是還沒有辦法深入去領受、去體驗祂、整理祂，或者也許一、兩年後你就會證悟了，因此這個當然要講。

觸，如果你從狹義的來講，依剛才那樣來說，我們就說阿羅漢還沒有入涅槃之前，觸到了一切的觸塵，所有的冷熱痛癢飢寒等苦樂，他就只是觸，不會因此而生起煩惱。阿羅漢不會積極地到肚子餓了，先想一想：「**哪一家比較富裕、比較慷慨，比較能有好的飲食？**」阿羅漢絕不這樣想，他只是騙騙肚子，只是希望維持色身的正常運作就行了，所以阿羅漢不去注意那個食物在舌頭上的觸覺是不是美妙，他可不管這個。走路的時候地上好走不好走，他也是不管，能走得到就行。可是菩薩卻不一樣，菩薩走路也有威儀，但是菩薩不會像阿羅漢那樣死板；因為阿羅漢要藏六如龜、防意如城，要把六根都收攝進來，好像烏龜遇到攻擊的時候，六個肢體都收進來，這叫作藏六如龜。人有六根，那就像烏龜有六個肢體伸出去一樣，被攻擊時就要收回來。也就是說，在阿羅漢的觀念之中，每一次眼見色，就是等於接受一支矛刺到身體。每一聞聲，只要落在聲音上，就等於被一根矛刺進身體；依這樣來算，佛問阿難尊者說：「**那你算算看，一天之中，每一個人之所受，是不是至少有刺三百矛？**」阿難尊者說：「有。」如果依現代社會的環境來說，絕對不只三百矛。佛陀就問：「**如果這樣的話，一個人三百矛刺身，是不是體無完膚？」果然如此，當然要藏六如龜、防意如城，不要被六塵所攻擊，這就是阿羅漢道的修法。但這不是佛法，這叫作羅漢法。爲什麼他們要那樣？因爲不想去與一切外法接觸。如果還去執著身體上的觸覺，那已經不與聲聞解脫道相應了，叫作等而下之了。可是這樣子的修行，如果懂得聲聞道是怎麼修，就從意根下手，所以要防意如城，把意根當作是一座城牆一樣守住，不要讓意根去向外攀緣；要守住城牆，不要讓法塵一直進來。這個是在觸的部分，所以如果再貪到別的觸（譬如雙身法的淫觸）去，那就已經不堪了。

可是這個觸，菩薩有沒有觸？也有啊！即使你是十地滿心菩薩，來到人間成了等覺菩薩，你還是有觸；因爲你要在人間修行才會快，而在人間修行就必然要有這個觸覺；你若沒有觸覺，修行的道業怎麼辦？沒辦法修行了，所以也一定有觸。但是阿羅漢下山托缽，看著前方地上幾尺的地方，外面路旁人家吵架，他也不可以轉過頭去瞧一瞧說：「**他們在幹什麼？**」如果他還會靠過去聽一聽，那鐵定不是阿羅漢了。可是菩薩會轉過頭去，一面看他們在作什麼，一面繼續走，走過去也就算了。船過水無痕，有沒有聽過？這就是菩薩，因爲菩薩不可以不理眾生。菩薩因爲這個緣故，要跟眾生有觸。雖然有觸，可是如果那個事情並不是需要他干預的事，他就放過不管了，繼續走他的路，去作他的事。但他接觸外境法塵時不會胡思亂想，繼續保持正念分明，這就是菩薩。

因此阿羅漢是排拒觸塵的，所以如果身體覺得怎麼樣，他都不管它。菩薩如果冷了，衣服拉過來就添上了，阿羅漢就會想要抵抗它。熱了，菩薩也無妨找個東西來搧一搧，但是繼續用功，或者繼續作該作的事；同時可以讓身體舒服一點也無妨，但不會去刻意追求，這就是菩薩。因爲菩薩是一世又一世，都要繼續不斷地在人間去觸這些觸塵的。聲聞人是不用的，他只有繼續存在人間一世。那你想，如果菩薩也要像聲聞這樣生活，而且是要這樣生活三大阿僧祇劫，他怎麼能行菩薩道？跟眾生不接觸，就無法攝受佛土了，那要何時才能成佛？所以這是有所不同的。因此，聲聞的「觸清淨位」，只是事相上的修行而不涉及理上，菩薩卻是要兼顧事與理的。菩薩的「觸清淨位」是接觸也了知各種觸塵，可是不動其心；因爲菩薩必須要了知：是不是需要自己去參與？而且菩薩所相應的法，就是眾生之間的法；當眾生心中一切種子流露出來的時候，菩薩遇到了，那都是他所應該知道的法。所以，菩薩對觸跟阿羅漢對觸的認知，心態上與修行上是不同的。聲聞聖人是不想了知觸塵的，菩薩卻是要了知的；如果不能了知，那你如何能快速的把一切種智修行完成呢？這就是觸。

但是剛剛只說在觸覺上面，可是觸的清淨，如果只有講觸覺的清淨，那未免就把實相般若的層次看得太低了，因為觸有內觸與外觸的不同。剛剛說觸覺，說有皮膚外的觸覺，也有皮膚裡面的觸覺，也有肌肉與五臟六腑的內覺，但是不管怎麼說，這些觸覺所觸的觸塵，其實都叫作內相分。因為妄心的我們是心，心能接觸塵嗎？塵是物質，色聲香味觸，哪個塵不是物質？如果不是物質，怎麼能有色聲香味觸的存在？所以塵都是物質。再回頭來想一想，識陰六個識是不是心？是啊！但是心無形無色，如何去觸物質性的六塵？法塵是五塵上所顯現的，當然你也得要觸五塵，才能夠了知五塵上的法塵，所以法塵是法處所攝色。

心為什麼能觸六塵呢？先說這個觸又分為內觸與外觸，所以聲聞阿羅漢寫的阿毘曇裡面，也講到識有內識與外識。阿羅漢說內識與外識怎麼說呢？他說在這裡了結以後——這一期生死了結了，祂可以到別的地方去，重新再來一遍，這樣的心就叫作外識。若是只有在這裡一期生死之後死盡了，不能重新出現，不能再到別的地方再重新開始的識，就叫作內識。依阿羅漢寫的論中這樣的定義，請問：阿羅漢說的外識是眞心、或者內識是眞心？（有人答：外識。）是外識，因爲內識覺知心只有一世存在而已。那麼，阿羅漢在論中又說外識能夠接觸外法六塵，內識不能接觸外法六塵。爲什麼阿羅漢也會講這個？大家眞的想不到吧？眞是想不到。也從來沒有人把阿羅漢寫的這個法義拿出來講。因爲菩薩一看是阿羅漢寫的，心裡就決定：「**不要讀了，那一定很淺。**」

但是大家有沒有想過？那些阿羅漢捨報前，不都跟著　佛陀聽過第二轉法輪、第三轉法輪的經典了嗎？難道　佛陀第二、第三轉法輪時期所講的經典，他們都不去聽嗎？聽了都完全不懂嗎？也不盡然，智慧好的阿羅漢是聽懂的，只是無法實證而已，所以在論中就寫出這番道理來。那麼也許有人講：「**那阿羅漢講的，在佛菩提道中能夠算數嗎？**」我們倒不是質疑說他是瞧不起阿羅漢，他問的也有一些道理，因爲阿羅漢畢竟不是佛，也還不是證悟底菩薩；但是也不能說沒道理，因爲阿羅漢如果在第二、第三轉法輪的時候迴小向大，悟了如來藏以後，難道他不可以用阿羅漢的身分寫一些小乘的論嗎？也可以啊！就像今天我們寫《阿含正義》，那不正是純粹二乘法的解脫道嗎？這也是可以啊！但是二乘人就不許寫作大乘法義，否則就會亂寫，特別是凡夫位的二乘人，例如清辨、佛護、安慧那一些人一樣，就會亂寫；如今還被收在《大正藏》裡面，那才糟糕！

話說回來，阿羅漢們是知道十八界內涵的，才能解脫而出離三界生死，所以他們都知道十八界中的六塵是自己的六塵，就是內相分，都知道六塵不是指外相分。如果有讀過《阿含經》的人都會知道，佛陀在阿含部的經中，曾經有幾個地方講過外六入、內六入。那麼請問：外六入是什麼？內六入又是什麼？回到剛剛我們提出的問題，我說到六識心是心、不是物質，心既然無形無色，那怎麼能夠接觸物質的外六塵等相分？一定接觸不到。那麼有誰接觸得到？只有外識，因爲祂專門接觸外法。外識，就是實相心如來藏，就是《實相般若經》所講解的實相法界；祂藉由我們這個色身接觸外面的六塵，這就是阿含諸經中 世尊講的外六入。這個外六入，我們覺知心接觸不到，因爲我們覺知心是心，不是物質，不能觸到色法物質的六塵。可是，我們明明看見了，明明接觸了六塵，也因爲六塵而起煩惱或者歡樂，並非沒有接觸六塵啊！那麼問題在哪裡呢？這就是說：內、外相分有別，外面的六塵相分與五陰十八界裡面內相分的六塵相分是不同的，所以 世尊才說有外六入、內六入的差別。

有一些人不相信我們說的眞實有內相分，有一段時間不停地寫文章在網路上亂貼，毀謗說這是正覺新發明的，不是 佛陀講的。他們的意思好像是說我們很厲害，還能發明佛法。以前還有個法師，也在那個時間寫出書來質疑。以前我們格外開恩，破格讓他參加禪三；他都沒有來共修熏習正法，我們就讓他參加禪三，然後幫他明心了，但他逢年過節不曾打過一通電話來問候（這個叫作什麼？叫作問好吧！「請安」我就不敢講，就說「問好」吧），都不曾；而我們幫他悟了，竟然還寫書來否定我們，這眞的好奇怪！我們有師兄看不下去了，沒有責問他忘恩負義的事，單就他否定內相分這件事提出來講：「請問《阿含經》中講的外六入、內六入，是講什麼？」只這麼一句話，他就知道自己錯了！但是他有向正覺認錯沒有？到今天還是沒有一通電話來認錯，道歉就更別說了。

阿含裡既然講過有外六入、內六入，那麼在外六入中所觸的六塵就是外相分嘛！覺知心在內六入中所觸的六塵也就是內相分嘛！是每一個人自己十八界法中的六塵，不是十八界外的六塵。爲什麼相分六塵要分爲內、外？若是只有一種相分，就不必分內、外了；既然 世尊講六入有內外二種，當然就是有兩種相分：內相分、外相分。所以我們的眼根觸了外色塵，可是眼根只是段肉，不是心，不能了知。眼根沒辦法了知色塵，是由眼識來了知的。至於微細的色塵，眼識也無法了知，那就由意識藉著眼識的所見來了知。而外面的色塵是本識—外識如來藏—藉著眼根來接觸的，因爲實相心如來藏有大種性自性，能觸色法物質；接觸了以後在勝義根裡面變現出內相分的色塵，眼識才能觸、才能知，因爲內相分的色塵是自己的眞心如來藏所變現的，所以自心如來藏所變生的眼識就能接觸自心所變的內相分色塵，才能有「見」。所以我們妄心覺知心只能接觸內相分，因爲內相分與覺知心同樣都是同一個自心如來藏金剛心所變現的。

也許有人說：「那只是你自己講的，我才不信呢！你只是嘴巴厲害，眞會講啦！」那不然，我們再來談一下好不好？就從聖教來講好了。佛說，阿羅漢入無餘涅槃時，是蘊處界滅盡，不受後有。蘊處界滅盡，是說五蘊、十二處、十八界全都滅盡了。二千五百多年前的一千二百五十位阿羅漢，至少有定性聲聞大約五十位阿羅漢入涅槃了，那時他們滅掉了十八界，他們的十八界中有沒有六塵？都有啊！如果十八界裡的相分六塵全都是指外相分的六塵，那麼 佛陀的聖教應該要修改了：當第一位阿羅漢滅掉十八界入涅槃以後，人間就不再有六塵了，從第二位阿羅漢開始應該只要滅十二界就可以入涅槃，都不必再滅掉六塵了。是不是這樣呢？對啊！可是明明每一位阿羅漢都是要滅盡十八界才入無餘涅槃的。好！當古時不迴心的五十個聲聞阿羅漢們都滅掉十八界中的六塵以後，豈不是滅掉五十個六塵？那我們今天爲什麼還有六塵可觸可知？這是什麼道理呢？所以飯可以亂吃，話不能亂講，特別是了義的佛法絕對不能亂說。法亂說，遲早會出紕漏；哪一天出了個菩薩，這一評判下來，他們可就既糊又塗了，他們根本就挽救不了了。所以內相分是確實有，不該隨意否定。

剛剛只是從聖教來說，我們再從現代醫學來講好了。在現代醫學上的實驗與分析中，把眼根的扶塵根拆解了以後，說眼睛最主要就是水晶體——一個類似水晶材質的凸透鏡，後面有圓形水球；這個眼的扶塵根在臉上左右分成兩邊各有一個，每一個眼球後面都有視網膜，前面都有虹膜等等，還有視神經。醫學家說，一切動物眼球後方視網膜裡面的影像跟實際上的所見是顚倒的。舉例來說，把我這枝筆當作蠟燭好了，上方是點燃的火，這個上端的藍色套子就把它當作是火；蠟燭有沒有人倒著點？不可能點著，都是立著、站著點。點火以後，明明你看到的是正的影像，是火在上，燭臺在下；可是在你的水晶體後方的視網膜裡面的影像是倒過來的，成爲火是在下，火往下方一直燃燒。然而你的所見爲什麼還是正立的？這表示你覺知心所見的相分不是眼球所見的身外那個相分，而是由你的外識如來藏根據外色塵，在你的勝義根裡面變現出一個正立的影像——把視網膜裡面倒立的影像在頭腦勝義根裡面變現成爲正立的影像讓你覺知心看見。那你說說看，有沒有內相分？當然是有啦！所以由這裡，菩薩對於見、聞、嗅、嚐、觸、知……等「清淨位」的解釋就與聲聞人或凡夫們的所見不一樣了。也就是說，菩薩知道要怎麼樣在內相分去控制，外相分怎麼樣都沒關係：「我知道我所見都是內相分，於是遠離對於能取與所取的執著。」是這樣現觀而知道以後獲得一分解脫。

今天聽了，諸位回去，千萬記得好好思惟。眼識觸色塵相分，你去思惟整理過以後，會確定說：「六塵都是如此，我們覺知心所觸知的都是內相分。」那就應該會得到一分解脫。既然都是內相分，佛陀講了這句話，擺明了就是告訴你：「你別貪世間法了，你再怎麼貪六塵諸法等享受，全都是自己玩自己。」你說：「哎呀！現在夏天，什麼最好呢？」就是吃冰嘛！然後爲了冰，就有很多的講究，這種冰、那種冰，各種不同的冰；今天吃這一種，明天吃那一種。可是 佛的意思就是告訴你：「不管你吃到哪一種冰，那個香甜的味道，涼的觸覺，以及對冰的一切感受，其實覺知心所領受的全都是你自己的相分。」那不都是自己玩自己嗎？

說一句比較粗俗的好了，有人因爲他家錢多，所以找公關女郎來玩。有的人是老公很有錢，一天到晚不在，她是一個貴婦人，想一想：「我活到四、五十歲了，我還有多久可以活？」去到星期五餐廳玩午夜牛郎，可是說眞的，誰玩誰還不知道呢。說句不客氣的，那都是傻瓜，花了錢，結果還是自己玩自己，玩來玩去都是自己的相分，那又何苦來哉。不如拿那些錢去布施救濟貧困多好，未來世還有很多的福報可以作爲行道的資糧，爲什麼要拿去給色情業者，還不曉得自己是給人家玩的，到底是誰玩誰？而且雙方都只是領受自己的內相分而已。那這樣想一想：「免了！全都免了！因爲不過就是自己的相分在那邊變來變去。」那這樣，還能不斷我見嗎？不是有一分解脫了嗎？就弄清楚了。要由智慧得解脫，不是在那邊壓制自己的心來解脫，那樣修行是很痛苦的，也不是眞的解脫。修行應該是用智慧，然後很快樂地修行，這樣才是眞的佛法。得要這樣子現觀，才是眞懂深般若的人；初悟的人也還不懂這個現觀，得要悟後深修般若而現觀這個事實了，才是眞懂「觸清淨位」智慧的菩薩，他就是已入「菩薩位」的人。

阿羅漢說他不要觸到外面的觸塵，所以要「藏六如龜、防意如城」；但是菩薩所講的觸塵是包括外相分的觸塵、內相分的觸塵，然後從這實際理地把它弄清楚了以後，確定哪個部分是外相分的觸，哪個部分是內相分的觸；全都弄清楚了以後，菩薩繼續用內相分聯結自己第八識所觸的外相分，去跟眾生接觸；但就只是接觸，因爲知道沒有實際上的接觸，還是在自己的內相分裡面間接接觸眾生、利樂眾生。六塵都必須有觸，才能了別；也許你說：

「色塵是用看的，怎麼用觸的？」那請問：你的眼根不用觸外色塵嗎？你的勝義根不用觸內相分的色塵嗎？你的眼識不用觸內相分色塵嗎？全都是觸嘛！觸了內色塵以後，你的眼識才能生起，意識才能運作。這也是觸，眼觸色、耳觸聲乃至意觸法。那麼這樣，顯然都有觸，不單只是剛剛講的身識上面的觸覺而已，而是有六塵的觸。

菩薩跟阿羅漢不一樣，阿羅漢是希望摒除六塵的觸，所以說：「我如果能夠專心一意地托缽，不要聽任何的聲音；腳底的感覺，我也儘量不要去在意它；至於風吹日曬乃至下雨，我也儘量不要在意它，希望能把它忽略掉。」因為他不想被十八界中的六塵界繫縛，免得死後又有中陰身現起，下一世還要再受生。但菩薩不一樣，菩薩就在這一些六塵當中，不斷地觸，但只到觸知為止，不加以特別了知。如果有異狀，就進一步了知，看跟自己有關或無關；有關就去處理，處理的過程中可能就有一些法上的因緣，讓他可以得到一個啓發；往往因為那個啓發而輾轉升進，可能會成就某一種現觀而得到智慧三昧；菩薩是這樣修的，不是要把「觸」排除掉。

所以在這個「觸」的「清淨」上面，菩薩的解釋跟阿羅漢的解釋不相同；

阿羅漢的觸的對治就是排除掉，要「藏六如龜、防意如城」。菩薩卻是六根都伸出去觸，都沒關係；但是就只到達境界受的了知爲止，不生起世間有漏性的了知；但卻不能不觸諸塵，因爲無生法忍的許多因緣都在這裡頭。否則的話，要像阿羅漢那樣修，根本沒有因緣可以完成他的無生法忍，那要到何時才能修到十地滿心呢？所以說「觸清淨位是菩薩位」。從菩薩的眼光來看，阿羅漢所證的「觸清淨位」，不是佛菩提道中的「觸清淨位」，因爲他對六塵的「觸」有恐懼；可是菩薩沒有恐懼，因爲菩薩了知這都是自己的相分，怕什麼呢？所以這樣的「觸清淨位」，才算是懂得無生法忍，說這樣就是「菩薩位」。

可是如果這樣講的話，未免懸義過高吧？大家想一想：「這個觸清淨位好像跟我無關，你講給我聽幹嘛？」當然要抗議。其實也不是無關，還是有關的，因爲這個「觸」的「清淨位」，也有許多個層次不同。在三賢位裡面怎麼樣去保持觸的清淨，那就是要去觀察：如來藏這個外識觸外六塵的時候，祂有沒有生起過任何心情的波動？有沒有？祂完全沒有，祂接觸了外六塵的時候，有沒有把它加以了知過？了知就是分別。祂有沒有了知過？沒有！祂從來不分別。菩薩六識心不管怎麼修行，總是會有了知；可是如來藏面對外六塵是從來不加以了知的，祂就像一面鏡子一樣，外六塵來了，祂就在勝義根中變現裡面的內相分影像給你看；根據外相分忠實地變現給你，不增不減，祂都不會搞鬼。所以，你如果踢到石頭，祂就顯示給你很痛的觸塵。祂不會跟你說：「**哎呀！這個太痛了，我弄給你痛覺少一點的內相分觸塵。**」祂都不會。如果祂會這樣，眾生可就倒楣了，因爲後果很嚴重；祂若是會這樣就是不老實，常常會騙人；也許哪天下了地獄，假設還會弄個天庭的境界給那個眾生看，那個眾生要到何時才能出離地獄呢？眞是受不了！可是祂從來不加以了別，都不了知。既然從來不加以了知，當然不會有喜樂厭惡，所以祂對一切六塵一體看待。祂只是觸，祂的觸是絕對清淨的。當你修到某一個層次，你覺得說：「**我現在眞的很清淨了。**」可是正在走路的時候眼光一瞥，一坨狗屎在那裡，腳就直接跨過去，一定不會踩下去。爲什麼不踩下去？因爲你知道那是狗屎，臭臭的、髒髒的，對不對？你已經分別完成了，一見就分別完成了。所以眼光才剛一瞥，就會主動調整這一步，就跨得大步一點直接跨過去了，眞的不假思索就分別完成了。可是，那是你覺知心在那邊作分別，如來藏可不了別這個。

這就是說，要論觸的清淨位，如來藏才是究竟的「觸清淨」，因爲祂完全不了別。可是，證悟之後能夠這樣現觀，那就開始轉依如來藏的「觸清淨」，能轉依成功的人才叫作實義菩薩；沒有轉依成功的人，知道如來藏的密意也沒用，永遠只能叫作凡夫。當然，轉依有許多不同層次差別，那是題外話，暫且不說它。所以「觸清淨位」，你在三賢位中該怎麼辦？還是要轉依；然後說：「原來我證悟後的清淨都是有層次的，可是實相裡面的『觸清淨位』，是沒有層次差別的，是究竟的清淨。」那麼這樣現觀而且轉依了，才是理上的「觸清淨位」。這樣理、事雙觀，能轉依實相法界的清淨觸，那你就是「觸清淨位」的菩薩。

這樣把五塵相應的「清淨位」講過了，身口意的「清淨位」也講過了，世尊接著結論說：「何以故？一切法自性清淨故，一切法自性清淨即般若波羅蜜清淨。」當你對五塵的領受，表現在身口意上面，全都是清淨的，那麼一切法當然就清淨了；因爲，之所以會產生美醜愛厭，原因都是從五塵上產生的；經由五塵而起了法塵，領受了五塵上的法塵，才會有愛樂或者是厭惡的心行出現。試想一下嬰兒，嬰兒剛剛會坐的時候，尿尿了，他還在那邊玩尿；哎呀！好好玩，一直打、一直拍，拍到渾身都是尿。那表示什麼？他對尿液雖然有分別，但還沒有去分別它是不是髒、是不是臭、是不是香，他還沒有去分別這些，只是分別尿液濺起來的境界。然後父母開始教導了，所以父母似乎都是壞人，教他多分別，就教他：「這個髒，不可以摸。」以後他就記住：這個叫作髒，不可以觸摸，但他其實還沒有眞的知道「髒」是什麼意思。然後，又弄到他嘴巴前面讓他嗅，告訴他說：「嗯！這個臭臭、臭臭。」有的父母還特別再拿花香來給他聞一聞，說：「這個香啊！香啊！」嬰兒終於學會了，以後就知道那是臭臭，一尿了馬上就哭，父母就得趕快來爲他換褲子了，這是父母自找麻煩，不是嗎？本來相安無事，他尿了，自己玩尿就好。（大眾笑…）可是有多少父母知道，其實都是在搬磚頭砸自己底腳呢！父母都一直教，然後孩子學會越多就越聰明，父母就越麻煩，都是這樣。可是父母就喜歡麻煩，因爲他們都是在「學生」，不是「學死」。學生就是要麻煩一些，對於越麻煩的事情越瞭解，就越能處理，那麼生存就越沒有問題，輪迴生死就越成功。（大眾笑…）

可是來到正覺這裡，就是要教你學死，學死成功了就能出三界。想學死就要越簡單，最簡單就是變成阿羅漢。可是我們正覺學死，還有一條路叫作菩薩道，學的是能死以後轉爲不生不死；所以菩薩道也是越學越麻煩，因爲你證得聲聞解脫智以後，還要弄清楚一切種智，一切種智卻是最最複雜的。所以，在外面道場沒有辦法開悟，總是想：「**如果能夠眞的悟了，我這一世就沒什麼所求了。**」可憐的是，進了正覺學法，悟了以後事情更多，因爲你不是走阿羅漢的路，你走的是成佛之道；既然走上成佛之道，得要弄清楚如來藏中的一切種子，才能成就一切種智，才能成佛。種子，又名功能差別，又名界。既然要把如來藏中所有的種子都弄清楚，那你悟後不是要學更多嗎？所以，說起來也可憐，悟了本來就是眞正的安心啦！以前總是說悟了以後一生事畢；沒想到在正覺這麼可憐，悟了以後還要學更多。所以，古時候禪宗的祖師，當你明心了就說：「**哎呀！一生參學事畢。**」那麼這位師父其實不太值得你跟隨。如果這位師父告訴你說：「**悟前如喪考妣，悟後也如喪考妣。**」這個師父才值得你追隨，因爲他會在你悟後繼續教導你許多法，你這一世跟隨著他，可以跳越好幾個階位上去。

那麼，話頭再拉回來，因爲剛才又說遠了。現在說，一切的愛樂以及厭惡的心行產生，都是從五塵上的了別而來，都不離五塵上的法塵，而了別是一見就了別完成的。如果有一個黃金戒指，鑲著一個五克拉的鑽石，有人不小心掉在地上。你走著、走著，在路上突然瞧見了，你會不會停下來看一下？會啊！因爲馬上就想到：「**不曉得誰丟了？他一定現在心急如焚，我要趕快把它送到警察局去招領。**」可是，爲什麼你一見就想到這些事情？因爲，你在見的當下就知道那是寶貴的鑽戒。如果它是白金鑲的，也許你說：「**這可能是玩具店賣的那個，或者路邊攤賣的。**」因爲會聯想到可能是不銹鋼製的戒指鑲著玻璃假鑽石；然而它是黃金戒指鑲嵌的鑽石，你就不得不注意了。這表示什麼？你一見的當下已經知道那是黃金鑲的，應是很貴重的鑽石。你都還沒有語言文字在腦袋瓜裡面出現，保持著離念境界就已經知道了。這表示，你是很容易在五塵上面去了別法塵的。好啦！從五塵上的法塵一見就了知的當下，身口意行是否清淨？這個觸是否清淨？就看自己在色聲香味觸上面有沒有清淨，那個時候就顯示出來了；所以層次的差別，高下立判。

阿難隨著　佛陀在路上走著走著，阿難忽然間一眼瞥見了，那裡有一堆黃金，阿難說：「世尊！那是黃金。」世尊說：「那是毒蛇。」阿難也說那是毒蛇，師徒二人便繼續走。後來就有官差押著一個人入獄審判，因為那個人聽到以後去把黃金撿了據為己有，被當作賊而抓走了。還眞是毒蛇！那阿難為什麼會告訴 世尊有黃金呢？阿難不是很清淨嗎？他並沒有想要據為己有，只是起了一個聯想，聯想到那是黃金、是貴重的。佛教導弟子，則是不假思索地說那是毒蛇；沒有第二句話，也沒有絲毫思索，直接就說那是毒蛇，所以阿難也說那是毒蛇，但雙方的「清淨位」層次就不同了。

那麼，菩薩也是一樣，證悟之後要怎麼樣進入初地，這就是實修的層次，不只是理悟的層次了。要怎麼樣去清淨？得要「愛清淨、見清淨、深著清淨」，乃至「身語意清淨、五塵清淨」，最後講到「法塵清淨」。法塵就包括一切法了，要能在一切法的本質上面去作觀察，然後能夠現觀一切法的自性都是清淨的。那時候，又何必一定要入無餘涅槃來捨棄一切法呢？才能繼續受生於人間而世世勤修菩薩道。入無餘涅槃而捨棄一切法，是不可能成就佛道的，只能成就羅漢道。所以，這一段經文隱含著很大的道理存在，就是大家要怎麼樣現觀一切法是如來藏，然後將一切法轉回去轉依如來藏的清淨性；要把一切法都攝歸於如來藏，然後用如來藏看待一切法，說一切法是如來藏的，而我五蘊本身也是屬於如來藏；如來藏雖然都不起心動念，但是我們依著如來藏而能成就一切法。這樣來現觀的時候，轉依如來藏而看待一切法的心態，使我們見聞覺知心就這樣轉依過來。轉依了自性清淨的如來藏以後，無妨如來藏繼續無分別，但是我們觸一切法時就只到了知的階段爲止；除非是必要深入了知的法，否則就不作更深入的了知，這樣你就是懂得「**一切法自性清淨**」了。那麼，現前觀察到一切法顯現出來的自性都是清淨性的時候，就是說，你已經使你所證的「**般若波羅蜜清淨**」了。

這不是剛悟的時候就能現觀的，這都屬於別相智，也就是後得無分別智的範圍。這樣容不容易修？不容易呵？是不容易，可是在正覺同修會裡面就是要這樣修。想要這樣修的前提是什麼？要先證如來藏；證了如來藏，能夠去觀行這個第八識的本來性、自性性、清淨性、涅槃性，成就本來自性清淨涅槃的現觀，證得四種涅槃中的一種，這是不共聲聞、緣覺聖人的。然後再繼續現觀金剛心如來藏的眞如性，包括祂的中道性，你都能現觀。現觀了以後，你再來回憶一下我今天所講的般若佛法，然後你去轉依實相心第八識的眞如法性，才能漸次成就深般若。今晚講的這個部分，將來也會轉成文字出書，那麼等你將來悟後重新再來讀，你會覺得說：「那時候有講過，我有當場聽過，印象蠻深刻的；因爲聽講當時覺得那很難修證，可是我今天竟然可以修到這個層次中來。」那時應該要心大歡喜，那時候就以茶代酒，浮一大白。這樣學佛，豈不是暢快平生嗎？學佛本來就應該這樣，爲什麼學佛要學到痛痛苦苦、自憐自艾？弄得人家也要來可憐他？都是這樣啊！所以，你們幸福啊！

以前，我哥有個兒子常常跟他老爸講：「啊！我看小叔學佛學得好痛苦，好可憐！」因爲沒有人教我啊！人家教我的又是剛好與眞正佛法顚倒的錯誤知見，參禪根本沒個入處。我這一世跟隨大法師修學的知見都跟三乘的見道理趣顚倒，全都背道而馳；既沒有方法，也沒有方向，都沒有一個目標說開悟是悟個什麼，就只是告訴你：「放下啦！放下啦！放下啦！」不然就是：「要消融自我。」再不然就是：「要好好把握自我。」可是都不知道自語顚倒，還敢印證別人開悟呢。即使不說「把握自我」的渾話，不斷地放下、放下，放下到最後還是五蘊我存在啊！正是我見具足。口說要無我，事實上大家全都沒有辦法無我啊！對不對？因爲他們放下一切時，五蘊我還是在啊！是由「我」來放下一切身外的所有諸法嘛！那放下一切以後還是原來的五蘊我啊！可是，明明佛法講無我啊！說人無我、法無我；像他那樣放下外我所以後依舊是落在五蘊我之中，怎麼能夠無我？

然後，又自相矛盾地教大家說「要把握自己」，那個「把握自己」其實更是有我，與解脫道的無我法更加違背了，佛菩提道裡的法無我就別提了。那怎麼辦？所以，我這一世被教導的，是跟三乘菩提的見道完全顚倒的錯誤知見。因此，那時候根本沒有辦法實證般若或三乘佛法啊！當然是覺得好痛苦嘛！因爲那個見山不是山的滋味眞的很不好過，每天食不知味、睡不安寢；因爲有一大顆「無法實證」的大石頭擱在心裡面，你怎麼會好過呢？這就是我這一世破參以前最大的問題。那時候說眞的，痛苦到不得了，錢也不想賺。家庭？家庭其實也不重要，我的道業才是最重要的啦！那你說，那時家人的日子會好過嗎？也不好過啊！所以，我那個姪子講的還眞沒錯：「學佛學到那麼痛苦。」

因爲我有一個目標：「**求證生命的眞相是這一世最重要的目標，我至少**

總要入門吧！」所以，後來乾脆把這一世隨著聖嚴法師修學的知見全部丟掉，在第十九天下午，坐到下午三點多了，快三點半了，心想：「這樣不是辦法，乾脆我自己來吧！」決定用自己的方式來解決參禪的問題，我就從明心見性四個字下手：心是什麼？性是什麼？這一弄，半個鐘頭之內就全部解決了；前面靜坐的二小時用功，其實全都是別人教的以定爲禪。我就主張說，學佛幹嘛要那麼辛苦？這樣簡單就解決了，就不想讓大家那麼辛苦。這時也才發覺原來還是自己前世帶來的知見最好。所以，我出來弘法的時候，就不願意看人家學得那麼痛苦，我希望大家學佛都學得很快樂，親證佛法時也證得很快樂。因此，來正覺同修會學法，如果看到誰愁眉苦臉，我都要問一下：「你爲什麼愁眉苦臉？我們的法不對了嗎？不然你怎麼愁眉苦臉呢？」如果誰愁眉苦臉，我總是要問一下。

這就是說，法有深淺層次的差別；重要的是，我們要怎麼樣去兼顧到它的深淺差別。因此，這一段經文告訴我們的，其實不是剛剛入道的事，它告訴我們的是說：在實相的親證上面，悟後要怎麼樣才能叫作「清淨位」的菩薩；而在實相上、理上，又要怎麼樣才是「清淨位」的菩薩。然後其實衍生出來，道理就是這麼一回事：悟後得要轉依祂，你才能夠行菩薩道。千萬不要像阿羅漢們那樣一心要排斥一切法，他們是不想要有任何一法存在心中的，因爲他們只想捨壽後立即拋棄五蘊、十八界，進入無餘涅槃，再也不受後有。如果你修的不是通教的法而是別教的法，那是想要成佛的；可是想要成佛的時候，你必須要在六塵一切法當中去接觸，才有因緣可以次第轉進而在未來到達佛地，這裡面講的就是這個道理。

假使你今天是第一次來正覺講堂，聽到我們講經前的開經偈，可能會覺得正覺好像口氣好大。對不對？正覺的開經偈中說「我今」怎麼樣？（眾答：見聞得證悟。）誰敢這麼講？見了聞了就要證悟，不能來正覺白聽一場，這樣才是眞正的佛法。想想看：佛陀的時代，佛才說完一場法，多少人得初果，多少人得阿羅漢，多少菩薩得無生忍，多少菩薩得無生法忍；這還算是少數，還有從天界來的菩薩們，動不動就是幾萬人、幾億人當場證道。眞正的佛法本來就應該這樣，所以如果有一個人告訴你說：「**正覺說的那個實相念佛，那是大菩薩們的事情，跟你無關。**」我告訴你，你要趕快走人；只有一個前提不必走人：人間已經沒有正覺同修會在傳授妙法，無處可學了。否則你就要走人，別再跟隨他混日子了。

我剛才舉出來的自貶的說法，你們曾經聽大師講過，我也當面聽他講過；因爲我以前找上門去杭州南路想要幫□空法師證悟的時候，跟他談這個實相念佛的法門，他馬上就把我扣上一頂帽子：「你講什麼實相念佛？那是大菩薩們的事情；現在末法時代只能好好念佛，一句佛號都不要丟。」所以，我就把他說的拉回來，從下品下生跟他講到上品上生去。因爲他說：「我這些出家徒弟們如果能有幾個人下品下生往生極樂，我就心滿意足了，你別提什麼實相念佛的事。」我就說：「師父啊！您這些出家徒弟們有沒有幹惡事？因爲下品下生人都是十惡不赦之人。」他知道錯了，就扯到別的地方去，等他講了一個段落，我再拉回來講下品中生。就這樣子，他一直扯開，我一直拉回來；我拉回來九次，從下品下生拉回來到上品上生講完了，我才告辭；當時我供養了一個紅包，也供養了他一幅字讓他隨時可以當作壁紙用來補壁；接著頂禮他三拜以後，我就客氣地走了。

所以，學佛時一定要弄清楚三乘菩提，不要人云亦云，一定要有智慧深入去加以聽取。聽取之後，還要有能力加以思惟去作了別。如果沒有正確地了別，一定學不好，因此一定要思惟、了別。如果心中有疑問，要從經論裡面去求證看看、去核對看看：這善知識的說法對或不對。不能人云亦云。那麼這樣子，你這一世修學佛法，必定功不唐捐，一定有所進展。在正覺同修會裡面，這一進展——這一步跨過去，就把一大阿僧祇劫的三十分之六過完了。多快！人家還要混多久？眞的很難計算。一大阿僧祇劫的三十分之六，到底是幾個大劫？我也不會算，您自己試著算一下吧。所以，這裡告訴你們說，實相般若的層次差別，你悟後得要弄清楚。但是，其中的層次差別，要有善知識來告訴你；而你聽到了以後，要怎麼樣去現觀經教中的所說而轉依，要怎樣用自己的現觀來轉依這個眞如性、中道性、涅槃性等，然後讓本來不淨的妄心七識心，可以跟著像如來藏一樣清淨，到達究竟「**清淨位**」時自然就是成佛了，這就是這一段經文中要告訴我們的道理。

這樣看起來，顯然是有一個問題出現了。也就是說，有些人悟了以後沒有繼續進修，還沒有到達「**清淨位**」，他的一切法自性還不清淨，只有見地而無法發起更大的解脫與智慧，意思就是這樣。因爲 佛陀有說什麼樣的「**清淨位**」才是「**菩薩位**」，一種、一種又一種講了以後，最後說：「**一切法自性**

清淨了，就是般若波羅蜜清淨。」換句話說，悟後雖有般若波羅蜜，但不一定「般若波羅蜜清淨」。悟了以後說智慧到彼岸，可是他的智慧到彼岸的功德有沒有徹底清淨了呢？這就是個問題了。如果說：「我悟了以後，當我為老闆工作的時候，我處處都要偷偷地抽回扣；老闆叫我去買一輛車，我就跟車商說：『你打個折扣，但是我報給公司的時候，發票還是要開全數呵！這中間的差額你要私底下給我。』」像這樣的人，就算他眞的有證悟了（因為開悟時跟悟後起修的結果，都還有一段距離），見地上都很清楚而沒有問題，事修的道理也懂，可是因為還沒有受菩薩戒，使這個貪習的現行依舊控制不了，那就是他的「般若波羅蜜」還沒有清淨。那麼這樣子，當他抽取回扣佣金的事情敗露了，可就會使別人斷了法身慧命；這個影響可大了，除非對方不知道他已經證悟了。假使對方知道他已經證悟了，他這樣作，是不是讓對方會起疑啊？「這個人開悟了，被正覺的蕭老師印證了，怎麼還會跟我抽取回扣佣金？」（當然，這事情在正覺中不可能存在，因為大家都受了菩薩戒。）這樣，那個人對正法就沒有信心了，對不對？那就表示說，雖然他已有般若波羅蜜，可是他的般若波羅蜜還沒有清淨。

所以，這一段經文的意思已經很清楚告訴我們了：並不是悟了就使他的「般若波羅蜜清淨」了。見地歸見地，有了般若的見地以後，有沒有從事修上轉依這個見地來完成自己在三賢位中的道業，那就是自己要去作的事了。這就是這一段經文要告訴我們的意涵，我只是把它說得詳細一點，所以我從事上來說，也從理上來說，然後再綜合起來說。最後我要反過來告訴諸位：這段經文後面的意思是說，般若波羅蜜也有不清淨的，因爲已經現前觀察到自己的如來藏本來就是在無生死底彼岸，而自己覺知心本來就在如來藏中，那不是已經依憑般若而到達無生死底彼岸了嗎？是啊！可是從見地上這樣子親自看見了，但在妄心七識的習性上面還沒有悟後進修，所以心性還沒有清淨啊！因此他的般若波羅蜜還沒有清淨。但是同修會外面的人們並不知道悟了不等於是完全的聖人，不知道別教法中開悟以後只是在三賢位中，只是賢人而已。所以，外面的法師、居士們總是說：「**開悟的聖人，悟了以後怎樣、怎樣。**」有沒有聽過？然而，他們說什麼開悟的聖人？開悟者雖然已是聲聞解脫道中的初果聖人，但在大乘別教中都還不是聖人，還只是第七住位的賢人而已，可是他們並不知道這個道理。假使我們的般若波羅蜜還沒有清淨，我們一定會使別人對般若波羅蜜失去信心，那就斷了人家的法身慧命，這一段經文背後的道理就是在講這個。這樣，我算是夠老婆了，叮嚀再叮嚀。

接下來，我們可以作一個結論：凡是貪財好色的人，每年跟一個又一個女信徒上床，根本就不是實義菩薩，都叫作假名菩薩。貪財，紅包越多越好，心裡想：「如果在家徒弟們見了我，都不供養我，我就不給好臉色。」徒弟們就知道說：「師父怪我這一次來拜見時沒有好好供養。」當然下回就記得要帶紅包來了。可是，如果手頭不方便，那就不來看師父了，他的門庭會不會寂寥一些？這也要考慮啊！出家以後貪財是常見的現象，是因爲滿心以爲出家後可以實證佛法，沒想到後來證實根本不可能，於是便移情寄託於錢財了。即使眞的悟了也難免有這種習性，一定要轉依成功以後，才可能不貪財；沒有轉依成功的人，悟後還是不可能不貪財的。

如果他是還沒有找到如來藏，那根本不可能轉依；這樣的人如果貪財，你們要原諒他，不要責怪他說：「師父！您這樣就是貪財。」不要見怪。假使他已經是身價好幾億、好幾十億、幾百億元的大道場住持，都還在貪，你也不要怪他貪，因爲他還沒有找到如來藏，要怎麼轉依眞如？我見又斷不了，只是凡夫一個，當然免不了貪財，那你就要原諒他。不要用自己的標準去要求別人，否則你證悟了以後會很難過：到哪個道場去，看來看去都很貪財。那你還會高興得起來嗎？你們不要那麼難過，菩薩道修行過程中本來就很辛苦，記得要苦中作樂一些，免得在菩薩道中行不長遠。要求自己嚴一點沒關係，要求別人得要寬鬆一點。所以我都不會痛苦，他們怎麼貪財，我都不痛苦，只是有時候會嘆嘆氣：「哎呀！佛教走到這個地步，正統佛教是否快要滅了？」就只是這樣，但是沒有痛苦。

如果說好色呢？有好多人說：「喇嘛們看女人，那個眼神總是怪怪的。」有沒有聽過？有啊！我也常常聽人家這麼講。為什麼呢？因為他們每看到一個女人，第一個念頭就是要觀察這個女人適不適合當明妃跟他上床。那眼神當然是怪怪的，哪裡會不怪？他們是天下頂級的好色者，但不是本性如此，而是因為他們的樂空雙運教義不斷地教導他們，要每天都設法與女信徒性交、獲得樂空雙運的全身淫樂境界；所以大家都別怪他們，他們也都是邪教教義下的受害者。當他們被作了嚴重誤導的邪教導以後，會是清淨的「菩薩位」嗎？絕對不可能是嘛！所以，看見了西藏密宗那些人，不必再有任何的冀望；要他們離開貪財及好色是不可能的，因爲他們的教義就是這樣，你怎能要求他們違背自己的教義？所以，我們要作的事，就是把喇嘛教跟佛教的界線畫清楚就行了；從此以後，他們自稱是喇嘛教，不要再冒稱爲佛教，我們就不再評論他們；如果他們還要繼續騙人說是佛教，我們當然就要繼續辨正下去。

現在，再從理上來演說這一段法義另一個層面的意思。我們講經，諸位來聽法，也要顧及到廣度；大家不但要有深度，還要有廣度，這樣一世之中，馬上就成爲多聞的佛弟子了。多聞就會有妙慧，經裡面如果說到「多聞」，後面大多會有三個字：聖弟子。有沒有？你們讀過阿含諸經的人就會有這個印象，都是說「多聞聖弟子如何如何……」，所以學佛人應該要多聞。多聞的結果，會使你很容易在佛菩提道上面，眞正的跨進門裡面來。這一跨進來，以後每走一步，對於還沒有跨進來的人而言，你的每一步永遠都是他們好大、好大的一步。因爲你覺得只是一小步，你沒覺得怎麼樣，人家卻覺得你跟他們距離越來越遠。因爲你這一小步，對他們來講，他們都認爲這一步就等於是好幾公里遠了，他們跑到氣喘吁吁都還跟不上，所以雙方的距離越來越遠。這就是說，說法與學法的人都要顧及深度及廣度，因爲廣度會促使你越來越深入、越來越微妙，因此廣度是很重要的一個法。

我也來說明自己的經驗給諸位聽。以前—那是破參後大概差不多有三、四年了—我一直在想：「我找到了如來藏，也證明這個眞是如來藏，沒錯啊！可是爲什麼沒有辦法把如來藏的種子全部都勾出來？那我就可以知道我過去每一世姓甚名誰。是每一世都知道，就不必入定去碰到那一世才知道哪一世，那宿命通不就成就了？可是爲什麼我不行呢？」有一次在車上苦思，苦思了三個鐘頭，腦袋都快要壞掉了，頭痛得不得了，還是弄不清楚；沒辦法，只好把這問題放過了。爲什麼我當時無法知道證得如來藏以後是什麼原因還無法得到宿命通？這問題在哪裡？想到後來依舊弄不清楚：「哎呀！不管它了，這一定不是我現在能瞭解的。」不理它，就從其他的地方繼續研讀經論、去作觀行。後來有一天，有一個人問我這個問題，我直接就答了出來。我後來想：「我怎麼會答得出來？這是我以前百思不解的問題啊！好奇怪呵！」然後就知道原因，是因爲佛法智慧的廣度夠了。當廣度夠的時候，你從那裡來返觀這個問題，這個問題就不存在了，它就通了。

這問題的答案其實很簡單：爲什麼不能夠在悟後馬上就有宿命通？因爲意識只有一世住，你這一世新生的意識怎麼能夠跟前世的種子相應？種子是過去世的事情，只有修得宿命通或進入等持位中才能瞭解；而等持位中的瞭解，是遇到什麼種子就瞭解它，不能指定要看哪一世、哪一劫的事。但是，一般人的宿命通則只能看到前一世、前二世，很少有人能看到很多世的；但進入等持位中去看，可以看到無量劫前的事，卻無法指定要看某一世的事；這都是因爲意識是這一世新生的，不是從往世無量劫延續過來的。這是很簡單的道理，可是當時想了快三個鐘頭，腦袋瓜痛得要死，還是弄不清楚。所以，若有善知識可以讓你追隨，就是很幸福的事；因爲自己想要去弄清楚，往往是一個問題要花上好幾年。所以，如果追隨在　佛身邊，那是幸福到不得了的事。想想自己往世有幸追隨，眞的慶幸。你們往世也有親承過很多佛，只是那個時候修行層次還低，遇到好大一座寶山，不懂得怎麼下手去挖寶。只會看，不會挖，那有什麼用？你如果深度與廣度夠了，就知道這一座金山，應該每天怎麼樣搬回家，最後把它全部搬回家去。

現在，我們從理上再從另一部經來說說《實相經》這段經文的意思，所以接著是補充資料《佛說除蓋障菩薩所問經》卷十：

【除蓋障菩薩白佛言：「世尊！何名眞實？」佛言：「善男子！如實之義乃名眞實。」除蓋障菩薩白佛言：「何名如實？」佛言：「不虛妄故名爲如實。」除蓋障菩薩白佛言：「何名不虛妄？」佛言：「所謂眞如，無不眞如，無異眞如。」除蓋障菩薩白佛言：「何名眞如？」佛言：「善男子！此法唯內所證，非文字、語言而能表示。何以故？此法出過諸文字故，離諸言說故，超越一切語言境界，出於言道、離諸戲論；離作非作，無動無靜；離諸尋伺，是不思議境界。無相、非無相而悉遠離，出諸相境；超諸凡境，出凡夫行，過諸魔境，超越一切煩惱境界。離諸識境，安處無住最上寂靜聖智境界，是故此法唯內所證。是即無垢無染、潔白清淨，最上最勝第一無比；常住堅固，究竟無壞之法。如來出世、若不出世，是法常住。善男子！菩薩爲求此法，歷百千種難行苦行故得是法；得是法已，令諸有情悉住此法。善男子！故說此法名爲眞如，說名實際，說名一切智，說名一切種智，說名不思議界，說名不二界。」】

如果還沒有找到如來藏，你讀這段經文能懂嗎？眞的沒辦法懂。我悟前也讀過這個，也是讀不懂。我這一世因爲還沒有離開胎昧，這沒有辦法避免，所以讀了歸讀了，覺得說：「**這法好，但是講得很繁瑣；讀時發覺往往這一個名相就是那一個名相，那個名相又等於另一個名相；可是這些名相都讀不懂，找了佛學辭典研究以後還是不懂。**」眞的不容易懂。如果要靠意識去加以思惟、歸類、分別，那就變成在搞學術研究，不是眞正學佛了。而且，學術研究者對佛法最後的歸宿只有兩個字：誤會。除此以外，沒有別的歸宿，因爲佛法是實證的義學，不是靠意識思惟研究所能了知的玄學。你看，搞學術研究的人，到現在爲止，有誰研究佛法成功的？沒有。反而我們從來不搞學術研究的，現在寫出來的書是學術研究者要研究的書，那到底誰才是眞學術？那顯然是，實證的教徒觀點比學術觀點層次更高，也是被學術觀點所承認的，因爲學術觀點是用實證的教徒所說內容作爲研究的對象。佛陀是不是實證的？是。菩薩是不是實證的？也是啊！佛陀、菩薩講的東西，正是那些學術研究者在研究的內容，那麼請問：學術研究的觀點跟實證的教徒觀點，這不就是高下立判了嗎？結果竟然有人愚癡到說：「**你要談佛法，就到學術**

界來跟我談。」那不是腦袋燒壞了嗎？眞的是小時候感冒發燒而把腦袋燒壞了，才會這樣講。也就是說，他們根本不具足佛教徒應有的基本態度，他們的基本知見就已經偏差了。所以，我們要進入學術界來談佛法或佛學，都是易如反掌，沒有什麼困難。

例如《鈍鳥與靈龜》不就把學術界毀謗大慧宗杲的觀點推翻了嗎？他們有能力再來推翻看看，但我能推翻他們的看法、說法。而我也要歸功於佛教界與學術界的合作，因爲他們把所有的資料整理完整了，都打字製成光碟，眞的很好用。我以前讀到他們寫的毀謗大慧宗杲的文章，馬上知道那些都是說謊，都不對；可是我沒有文字資料，要怎麼說服人家？我把自己所知道的講出來，人家會說：「那是你自己說的，沒有文獻根據。」他們沒有辦法相信，那我講出來的眞正事實是沒有說服力的。好在他們主動去幫我的忙，把資料整理好了製成光碟，我就用那個光碟把資料都找出來，很容易就把他們推翻掉，所以有一些教授就勸我們正覺說：「其實你們正覺不必再設法進入學術界，蕭老師在學術界的學術地位早就已經確立了。」我說：「啊？我都還不知道呢！」因爲學術觀點所研究的佛法，是從實證者所說的法裡面去加以研究的，他們研究的是實證者所說的法，而又始終弄不清楚實證的法。實證的法既是被學術界所研究的，當然實證者便可以知道這個從事學術研究的人，他的落處在哪裡。

這就好像說，一個已經上樓而站在陽台上的人，他要看地面上的人都可以看見，可是在地面上要看陽台上的人，不一定看得見；陽台上的人如果不想讓人家見，可以躲入二樓屋子裡，地上的人，誰都見不到。道理就是這樣，所以學術觀點要依止於教徒觀點，除非那個教徒觀點是沒有實證而有錯誤的。如果那個教徒觀點是實證的，那麼學術觀點絕對要依止。沒有實證的學術界人士，如果要去破人家實證者所講出來的佛法，我對他沒有別的評論，只有四個字給他：身敗名裂。這是事實，如果他聰明，就閉嘴不要亂講話，人家都不會針對他。要是亂講話，當人家起來回應，可就吃不了、兜著走。所以這一點而言，可以說印順法師是很聰明的。他是個聰明人，所以一直到捨報前，他都不回應我。他眞的很聰明，因爲回應越多，我的辨正就越多，他就越倒楣——會曝露他不曾實證的更多證據出來。

這意思就是說，你要怎麼樣去實證，才能如實瞭解經典裡面的義理。如實瞭解經典的義理以後，你寫出來的東西才會有學術價值；否則都是自己堆砌一些名相，亂湊一場寫出來的東西。如果當代沒有證悟者，這樣的人將會名利雙收。當代要是有證悟者，他們可就倒楣了，因爲人家一定會去問他：「師父！我今天看到有人寫出這麼一本書，說得很有道理，可是他跟師父您講的不一樣。」那怎麼辦？問題一定會出來。

我們接著再從另一方面來看《佛說除蓋障菩薩所問經》這一段經文的意思，就可以瞭解《實相經》那一段經文中的意思。除蓋障菩薩向　佛稟白說：「世尊！什麼是眞實？」請問諸位，你們學佛，希望學到的是不眞實嗎？沒有人這樣希望吧？問小孩子，他都不會同意的。可是要學「眞實」以前，有個前提：要先除蓋障。菩薩們向　佛發問，都很注意自己的身分與立場，除蓋障菩薩正適合問這個問題。別人不適合來問，而上地菩薩用不著問這個問題。所以假使某一個人的五蓋很重——性障很重，你就別勉強他學正覺這個法；因爲他沒有資格學這個法，要學這個法之前先得要懂得「除蓋障」。除掉了五蓋就除掉了性障，他就有資格可以證悟。如果剛進同修會，他說：「我才進來多久，我的五蓋如何能除？我的性障如何能除？那我看來是沒希望證悟了。」那也不盡然，兩年半的時間夠你好好去修除，還眞的除不掉嗎？眞的下定決心了，總可以除掉大部分了吧！那麼，兩年半到了，自己要很自豪地說：「我如今已是除蓋障菩薩。」成爲除蓋障菩薩了，當然就要弄清楚眞如，那就是你去禪三道場參加精進禪三的時候了。

除蓋障菩薩問　世尊說：「什麼東西叫作眞實？爲什麼祂會被稱爲眞實？」眞如就是眞實與如如的合稱，佛說：「善男子啊！如實的道理才能夠說是眞實。」不管你從哪個方面來說，眞如都是如實。如實，意思是說祂好像是實在的。爲什麼好像實在？因爲祂不是物質的東西；但祂雖然不是物質的東西，祂卻好像是一個眞實存在的法一樣存在那裡，不是不存在的法；所以這個「如實」的道理，就稱爲眞實。

除蓋障菩薩接著問：「什麼叫作如實？」佛說：「不虛妄的緣故，就稱爲如實。」你來學佛，希望學到的是虛妄法嗎？你希望證悟時找到的心是虛妄的嗎？當然不希望這樣。現在知道眞如是不虛妄的，眞實存在；這個「眞實」的知見建立了，很好，回過頭來問一問印順法師說：「你希望學佛時所證的是不眞實的嗎？是虛妄的嗎？」看他怎麼答？他立刻就口掛壁上，那張嘴已經不是他的了。他無法回答，因爲他一聽馬上知道：「這個人來踢館，高招！我絕對應付不了。」他馬上就知道了，因爲他一直主張說：「諸法滅盡了，空；空而無相，那就是眞如，叫作滅相眞如。」請問：這個滅相眞如跟斷滅空中間，是不是有一個等號？是啊！他的滅相眞如就是斷滅空，那斷滅空怎麼能叫作不虛妄？那是虛妄法啊！怎能稱爲眞如呢？

所以，你既然學的不是羅漢道，是佛菩提道，如果講緣起性空時，就表示那是次法，不是主法。在佛法中，主法是如來藏，證得如來藏時才有心眞如可觀。能現觀心眞如，才能現觀實相法界，不會落於緣起性空的現象界之中，才會有實相般若智慧生起，這樣才叫作不虛妄，所證的佛法才是第一義諦；除此以外，再也沒有別的實相般若可以實證了。如果所見的是緣起性空，那緣起性空是依什麼東西而緣起性空呢？是依藉緣而起、其性無常故空的蘊處界來講緣起性空；所以緣起性空就是蘊處界的自性，是虛妄法，不是如實法。說白了就是這樣，一句話就把印順法師說的拆穿了。他講緣起性空，那緣起性空的道理又是依什麼法而講緣起性空？那就要告訴他：是依緣起性空的蘊處界來講緣起性空的法義。請問：「蘊處界既然是緣起性空，那麼緣起性空的道理是不是虛妄法？」是虛妄法啊！所說的都是世俗法蘊處界的緣生緣滅，所以稱爲世俗諦。那麼依虛妄的蘊處界而顯現的緣起性空，當然也是虛妄法。請問印順法師：「你學佛希望學虛妄法嗎？」要教他無言以對。

既然學佛要學的是不虛妄，佛也說：「不虛妄故名爲如實。」那你既然已經除了五蓋性障，你有資格來問這個如實法、問這個不虛妄，當然要接著問：「何名不虛妄？」佛陀回答說：「所謂眞如，無不眞如，無異眞如。」常常有人說：「現在佛教很興盛。」其實我的看法不然，你去問問那些主張現在佛教很興盛的四大道場的徒眾們：「什麼是眞如？」一聽到你這麼一問，他們就會請問你：「你講什麼？眞如二字怎麼寫？是哪兩個字？我怎麼沒聽過？」就是這樣子。他們學佛二十年來，都說是懂得甚深般若，竟然都沒聽過什麼叫作眞如，連眞如兩個字都沒聽過。那是號稱禪宗開悟的大道場，竟然徒眾們都沒有聽大師講過眞如兩個字，眞令人難以想像。

佛陀說：「所謂眞如就是不虛妄，不虛妄就是我所說的眞如；而我說的眞如沒有一法不是眞如，我所說的一切法也無異於眞如。」如果你找到第八識如來藏了——當你找到第八識眞如心時，你現前觀察看看，一切法不都是藉著蘊處界而輾轉出生的嗎？可是你身上出生了一切法，這一切法有沒有離開蘊處界之外？有沒有跟著你的蘊處界同在如來藏之中？你證悟以後只要這麼現前觀察，立即證實：自己的一切法全都在自己的如來藏之中。如來藏又名眞如，《般若經》裡面多用眞如二字來講第八識如來藏。般若部的經中大部分地方是這麼講的，因爲如來藏是眞實而且如如的，所以用眞如來指稱金剛心如來藏——在第三轉法輪時把祂稱爲阿賴耶識或阿陀那識。而這個眞如，只要你證得了，能夠現觀了，就證實一切法沒有不是眞如的。一切法雖然都是生滅的，但是歸屬於眞如時，一切法當然就是眞如，所以說一切法「**無不眞如**」。

譬如一面明鏡中的影像，影像所顯現出來的一切法，都是明鏡顯示出來的影像。例如一面很大而無止盡的大明鏡，猩猩見了一次、兩次以後，就會知道那個影像是牠自己，也知道鏡裡的影像、山河大地、樹木、水果都是假的；那只能看得見，摸不到也取不到，牠都知道。可是小猴子的智慧顯然不如猩猩，爲什麼呢？因爲那些猴子們，你如果在牠眼前放一面鏡子，牠看到了裡面的猴子影像時，就在那邊齜牙咧嘴想要打架；但因爲打不到架，牠們跑到鏡子後面去看，發覺鏡子後面沒有別的猴子，又回來鏡子前面對著自己的影像咆哮，又打不成架，又去鏡子後面瞧。牠們真的很迷惑，對不對？那一類影片你們應該有人看過。可是，猩猩只要動一動身子，還沒有碰觸到鏡子，牠便知道那只是自己的影像；於是藉鏡子整理一下自己身上的髒東西，就不再理會鏡子裡自己的影像了。貓也有這個能力，我女兒養了一隻三個月大的貓，因為人家不想再養而要丟掉牠，就好心把牠抱回來養。那隻貓，有一次她帶到我家去，看到地面上有一面鏡子，牠在那邊不斷地跳開，躲避鏡中的貓兒；牠剛開始有恐懼，怕被鏡中的貓傷害；然後是觀察，過了一會兒，牠也就弄清楚那是自己的影子。這樣看來，貓顯然比猴子聰明。心理學家把這個藉觀察能力所得的知識叫作什麼？好像叫作「自覺的意識」吧？現在且不管它。

這就是說，如果是一面很大的鏡子，眾生都不知道那裡有一面鏡子，都只看到那些影像，然後對著那些影像歡喜、愁憂，因為那面鏡子無邊無際，看不見邊際，就不曉得是鏡子，都只看著那個影像，然後就說那個影像生生滅滅，都是無常而不是真實法，是虛妄的。可是，有一天他找到了那面鏡子：

「原來鏡體在這裡！」而那些影像都附屬於鏡子，從來不曾離開鏡子；由於鏡子恆在，影像就可以一直生滅不斷。然而影像畢竟是恆在的鏡子所有的，不能獨存於鏡體之外。請問大家：那些影像是不是鏡子所有的？（眾答：是。）當然是！因此也可以說影像是鏡子的一部分，鏡子也就是影像的主體，鏡子與影像非一非異。同樣的道理，一切法是心眞如所有的，因爲蘊處界等一切法全都由第八識心眞如所生，出生後也都依附於心眞如而存在，不能外於心眞如而獨自存在；心眞如雖擁有一切法，卻不作擁有之想，但鏡體心眞如才是實際上擁有影像蘊處界的眞實心。

可是，一般修道的眾生都只在生滅性的一切法上用功，無始以來不曾接觸過心眞如，都不知道心眞如存在何處，甚至學佛幾十年後都還不曾聽聞過心眞如這個道理，當然都無法觀察第八識的眞實與如如的法性，更無法觀察蘊處界自己是依附於心眞如而存在，所以不知蘊處界其實本是心眞如所有諸法中的一部分。所以有些人只看到心眞如所生的蘊處界：「這些都是生滅無常，老了一定會死，所以死了就斷滅空。」於是誤會緣起性空的正理而成爲佛門裡的斷見外道。那麼常見外道卻說：「現在死了，我二十年後，還是一條好漢。」不曉得二十年後並不是同一個人，而是全新的另一個五陰；他不知道這個事實，都是因爲未斷我見以及不知道心眞如的所在。你現在找到這個眞如心了，你來觀察看看，你有沒有外於眞如心而生存？從來沒有！「原來我打從入了娘胎出生到現在，八十歲了，還是在自己的眞如心中生活，不曾外於眞如心一剎那；那麼生滅的五陰當然要歸屬於不生滅的眞如心，所以生滅的一切法還是歸屬於不生滅的眞如心。」那麼請問：蘊處界以及衍生出來的一切法是不是應該歸於眞如？是！所以 世尊說一切法「無不眞如」。

再回頭來看這一切法，一切法能不能外於眞如心？不行。都不能外於眞如心，事實上也都歸屬於眞如心，那就是「無異眞如」。如果眞如心沒有這生滅的五陰等一切法，你還找不到眞如心呢！正要有這一切法——必須要有生滅性的蘊處界等一切法存在，你才有辦法去找到眞如心；因爲眞如心無形無色，你怎能找到祂？但你就藉著眞如心所生的一切法，以參禪的方法就能找到了自己的眞如心。就好像說，你藉著那個影像去找到那面鏡子。如果不是有影像，你不會發覺那裡有一面鏡子；正因爲有影像，所以你發覺那是一面鏡子，因此說一切法「無不眞如，無異眞如」。

可是聽到這裡，除蓋障菩薩當時還是弄不清楚：「那麼什麼叫作眞如？」因爲「如實」就是「眞實」，而「眞實」是「不虛妄」，「不虛妄」就是「眞如」，那麼「眞如」到底又是什麼？一定要打破砂鍋問到底。如果還沒有除蓋障，一聽到說人家開悟了，就說：「哼！那個人算老幾？末法時代怎麼可能有人開悟？那個自稱開悟的人一定是邪魔外道。」這就表示他的「蓋障」──五蓋性障──還沒有滅除，疑蓋與慢心很重，他當然可以不必體究什麼是眞如。你們既然除了蓋障，所以今天才能走進正覺裡來；好啦！你當然得要問：「什麼是眞如？」總不能入寶山，空手而歸。除蓋障菩薩或許是故作不知而爲大家請問：「什麼叫作眞如？」佛陀說：「善男子！這個法是唯內所證，是只有已經證悟的人向內去觀察才能知道的，這不是我用文字語言能夠表示出來給你看見的。爲什麼呢？因爲這個眞如是超出於語言文字之外的，是超過語言文字之上的，祂從來離開言說。」也就是說，無始劫以來祂不曾講過一句話，也都不與語言文字相應，祂是離開言說的；「永遠都是超越於一切語言的境界之上，所以是超出於一切言語所能說的種種法，而且也是離開種種的戲論。」

這就是有一些大師說的「言語道滅」或者「言語道斷」。但問題是，他們把言語道斷的意思解釋錯了。佛說的言語道斷，是這個眞如心的境界中「言語道斷」，是說語言之道無法來到祂的境界裡面。結果那些大師們解釋說：「你們只要一念不生，覺知心中都不生起語言，就是證得眞如了，因為語言之道要斷滅。」好啦！當他們心中都不起語言文字的時候，正好徒弟來問師父、來請法的時候，師父就「嗚、嗚、嗚」都不能使用語言文字回答。那這位師父的師父來詢問他事情時，這位師父就不得不講話了，那時徒弟問他說：「剛剛師公見了您，您怎麼就開口說話了？那您不是又落入語言道中嗎？」那該怎麼辦？沒有辦法回答了。這就是他們的問題所在，因為誤解了經中的眞實義。佛講的言語道斷是說如來藏、眞如心的境界；他們講的言語道斷是要意識心去斷滅言語之道，就是想要把生滅的意識心去修行轉變成眞如心。他們等於是想要用變魔術的手法，把本來不眞不如的覺知心識陰或第六意識變成第八識眞如，菩薩們卻是把本來就有的眞如拿出來受用就好了。他們要去變生眞如，然而變生出來的就不是本有的，依舊是假冒的、冒牌的眞如。

今晚繼續講《實相經宗通》。《宗門法眼》補充內容以後，現在變成四百多頁；我們的售後服務很好，所以我們自己覺得不滿意的書就要回收換新，請大家把以前買的《宗門法眼》—各位同修如果那本書還在手裡—那麼下回來聽經或者上課的時候，請記得帶來免費換新。因爲我看到以前寫的那麼薄薄的一本，心裡總是想：賣得太貴了。其實本質並不貴，因爲這個法，如果其中的一則公案你讀通了，一念相應了，那本書可就勝過得一千萬美元，怎麼會貴呢？根本就不貴。不過因爲後來《公案拈提》都是越寫越大本，那一本看起來有些相形見絀；而我這個人也是不自大、不自得的人，所以看到那一本薄薄的卻以同樣價錢在賣，就會覺得很不好意思，因此重新增補到四百多頁，希望把以前賣出去的《宗門法眼》全部都換回來，這樣覺得比較心安一點，我的個性向來是這樣子。所以你們不要學著我說：「哎呀！**不好意思啦！我若換了新版書，正智出版社又好像要賠錢。**」不要這樣想，因爲那些錢是小事，我們希望大家可以得到更完美、更充實的《宗門法眼》，這才是重要的。希望別在未來哪一天，假使我剛好有事去到你家，看到你家裡書櫃裡還是舊版薄薄的那一本，那我就覺得「歹勢」（台語）了；你若看見我「歹勢」，那時你應該也會「歹勢」。所以請記得要帶回來換，請我們推廣組也通知各講堂，請大家都拿回來換。

現在回到《實相般若波羅蜜經》，我們現在是第二段的補充教材部分的理說。上一週講到「離諸言說故，超越一切語言境界，出於言道、離諸戲論」，這段經文上週講解過了，但是在這裡還要再重複說明一下「言語道斷」或者「出於言道」，這並不是以前那一些大師們所講的：「我們要親證般若，要證眞如，就是不可以落在語言裡面，要常常保持離念靈知。」這是以前的大師們都這麼說過的開示。其實他們這樣講，是把意識的境界要來套用在第八識心眞如的境界上面，因此就產生了很嚴重的誤會；這種現象很普遍存在著，所以海峽兩岸的修行人，上上下下都要求一念不生，認爲一念不生的時候就是開悟了。假使你下了座以後有事情要與人家交換意見，必須使用語言文字了，那時又變成沒有開悟了，因爲覺知心中又有語言了。假使他「悟了」以後上座說法，說法的時候又有語言，落入語言道中，那他上座講法的時候就是沒有悟，離開證悟境界而說的法義又如何能利益大眾？大師們以前都是這樣講法，都教人要修離念靈知；所以許多號稱學禪的寺院，都可以在大殿中看見很有名的兩句話，第一句寫著「打得念頭死」，第二句寫著「許汝法身活」。這眞是胡扯！因爲法身本來就沒有死過，爲什麼要他去幫助活過來呢？法身眞如心一直都在，如果不是心眞如法身一直在運作，他們還能夠去打死言語念頭嗎？所以，這些大師們其實還眞的是糊塗蛋，並且這種糊塗蛋是天下一大堆。

因此說，「**言語道斷**」的意思，是說言語之道來到眞如心的境界中就全部斷絕了；在心眞如的境界中不可能還有言語之道的出現或存在，所以說「**出於言道**」，也就是說眞如境界是超越一切語言境界的。既然超越一切語言境界，根本就不可能有戲論，因爲戲論都是意識運用語言而產生的。心眞如本身的境界中，從來都沒有語言文字相，祂都不曾跟語言文字相應，所以祂的境界中根本就沒有言語，何況能有戲論可言。如果轉依了心眞如，依心眞如自住的境界來看，世出世間佛菩提道的一切法仍然是戲論；因爲這些聖教還是得用語言文字來說，等到說出來的時候，那些語言文字並不是心眞如的境界，所以祂當然是沒有任何戲論可說的，這是從心眞如的境界來講。

接著說：「**離作非作，無動無靜；離諸尋伺，是不思議境界。**」心眞如遠離一切有作，祂本身非作。作就是起心動念，有一個意念，這個意念是說：

我想要作什麼，或我不想作什麼，也就是作主宰的意思。有很多大師說：「活著的時候要清清楚楚明明白白，還要能夠處處作主；死了以後也要清清楚楚明明白白，還要自己能夠作主。」我聽了就說：「正因爲想要清楚明白，所以他就作不了主；不會想要清楚明白的人才能夠作主。」也就是說，你得要悟得那個不清楚、不明白、不昏昧、不暗鈍也不作主的眞如心，然後你死後就可以作主，因爲有了法界實相的智慧而具有大功德了。這個說法，在同修會以外都聽不到；就算偶爾聽到了，那個講的人也一定是讀過我的書了，而他也被佛教界罵慘了，因爲大師們一定會罵他：「你這個人學佛學到腦筋壞掉了。」說他講話不清楚，但事實上法界的眞相本來就是如此。也就是說，那些大師們都是把現象界的緣生法拿來套用在實相法界的心眞如來用，那根本就是拿一個馬嘴去逗上一個牛頭一樣，根本就是不搭調的東西。從眞悟的菩薩看來，他們這樣作是非常突兀的，是非常荒謬的。也就是說，清清楚楚明明白白是意識心的境界，意識心是現象界中的法，不是實相法界中的法，無法挪進實相法界中存在；處處作主則是末那識意根的境界，而意根也是現象界中的法，不是實相法界中的法，都不能與實相法界混爲一譚的。

可是，意識與意根全部都是有作性的心，根本不是無作性的心，在阿含部《央掘魔羅經》中說：「求如來之藏『作』不可得，『無作』是如來性。」大意是這樣。也就是說，央掘魔羅大菩薩其實是別的世界 佛陀前來化現，來顯示 釋迦牟尼佛的威德。不管誰在 佛面前說什麼法，他都要加以破斥；連 文殊師利菩薩也要被他破斥，說 文殊菩薩也只是一隻小小的蚊子而已，說他猶如蚊蚋一般不懂什麼佛法。央掘魔羅說了很多如來藏體性的話，其中一句就是：「尋找如來藏的有作性不可得，因爲無作是如來藏的本來清淨自性。」換句話說，有作的都是心中在想一些現象界的事情，然後作了決定，自己作主說：「我決定要修佛菩提道，不再修聲聞道。」這就是有作。這是有作，不是無作，不是離作，表示祂是意識心。心眞如永遠非作，永遠都是離作，祂從來不會作主說：「我想要去台中了，現在不住台北了。」也許有的人說：「我想要離開正覺，我想要自己去自修了。」這也是作，都是作主決定。

可是，落在這個作主與決定的有作性之中，就表示他是個凡夫。既是個凡夫，當然沒有證得心眞如，那他當然就沒有辦法產生般若伴隨而有的大威德；因爲證悟如來藏而不退的人——證眞如而不退轉的人，他有般若所生的威德，當他捨報的時候不管是什麼天主、天人、天神都要讓他優先受生，所以他決定要受生到何處去，他就自己決定。比如說，他看到了某一個家庭，很適合他下輩子生長以及弘法的背景，他決定要去那裡投生；本來有一個有福德的人也要在那裡投胎，可是當這位證得眞如的人去了，那個人就得讓位，因爲他有大威德。他的大威德從哪裡來的呢？就是從證得那個不清不楚又不作主而本來解脫的心眞如而來。正因爲他不落在清楚明白，也不落在處處作主裡面，已經離開識陰境界而不是凡夫了，所以有了大威德；有了大威德時，他在中陰境界中不會有惡劣的境界風吹襲，就可以清清楚楚明明白白而正知入胎；沒有誰能和他爭執而可以自由選擇往生諸佛淨土或想要受生的人家，他就可以處處作主。這就是法界中的眞實理，說起來很奇怪吧？世間人就是希望自己時時可以作主、處處可以作主，那就落在意根與意識裡面了，那他就是凡夫，死後在中陰境界時就沒有大威德了。凡夫當然沒有威德，到時候人家有威德的菩薩來了，他當然得要讓位；不管他在世間法裡面修了多少、多大的福德，都一樣要讓；那時他作不了主，只能對那些比他沒有威德，比他沒有福德的凡夫們作主。

所以在佛菩提道中，甚至於在解脫道中，想要能夠作主，一定先要把作主的自我殺掉——不承認這個會作主的是眞我，然後才可能證得心眞如，才會有第一分的三德，那他死後就可以處處作主，他說：「**我雖然能往生極樂世界，但我還不想去；我想要去琉璃世界，我想要禮見藥師佛。**」他也可以往生東方的世界去見　阿閦佛，都可以！十方諸佛淨土最歡迎這種人，因爲這種人受生來了，再以佛力加持而爲他說一些法，都很容易攝受，很快就一級又一級不斷地往上升。這種人最好教導，不必怎麼勞神再設法幫他證悟，所以十方諸佛世界都歡迎；因爲十方諸佛世界，只要有一念相續、淨念相繼的功夫，諸佛就很歡迎了，還不必證悟呢。譬如說一念不生，那算是很好了，可以往生不動世界淨土去了；那你如果會無相念佛的功夫，能夠念佛淨念相繼，這比一念不生更強。所以經中說，只要念佛時能夠淨念相繼，十方諸佛世界隨意往生，只要你發了願，捨報時就會感應到，就接引你往生去了。

這還只是一念不生的功夫，如果再進一步能夠看話頭又證眞如了，那威德更大、智慧更高，當然諸佛世界都歡迎你。那你就可以作主：「**我要挑選

某個佛世界往生。」那時你就憶念那個淨土世界的佛，祂就來接你去了。爲什麼能夠處處作主，甚至連諸佛世界要選哪一個往生去，都可以由著你？這有誰作得到？可是你作到了，而你作到的原因，是因爲你證得那個不作主的心眞如而有了智慧；所以我說，要不作主才能作主，生前處處作主的人死後都作不了主，這才是眞理。不要聽那些大師們在那邊胡說八道，說什麼要清楚明白、處處作主，他們都是自以爲是。如果你能夠找到那個作主的意根末那識，你就知道那個作主的一定是妄心。如果你能夠確定是妄心，另外再去找，找到另一個從來都不作主的，那你就知道這個心眞如從來都不作主。再把經典請出來印證：「**離作非作**」，現觀祂從來不曾落在有爲有作的心行上面，所以祂是從來無作的，是永遠不會作主的心，就會發現心眞如根本無法被破壞或毀滅，這才是眞正的金剛心。這樣實證的人，才是眞正證得金剛法門的菩薩；那時你就可以深入去觀察，接著請出《般若經》來閱讀，自己漸漸就通了。

所以，我不太有意願宣講般若諸經，寧可宣講第三轉法輪的一切種智諸經。因爲在正覺同修會裡面，證如來藏而現觀心眞如，只是剛剛入門註冊完成。雖然只是註冊，但註冊完以後，這一年級的課程自修就可以了，只是有沒有辦法完全通達的差別而已，自修是可以的；所以，講《金剛經》、《實相經》，其實我本來是沒有那個意願。因此說，當你找到了「離作非作」的第八識眞如心，你就知道：這個心果然是三世無量、無限的時間裡，時時刻刻都是眞實而如如的。你可以現前觀察，證明祂是眞如法性；而且是本來就如、本來就眞，不是修行以後才從妄變眞、從不如變如。祂的眞如自性不是變來的，是無始以前本來就這樣的。這樣實證了，那時你就很安心了，而且就會認同我說的：不要一天到晚想作主，死後才能作主。你就會相信我的說法了，因爲法界中的眞相就是這樣：這個心「離作非作」。

既然「離作非作」，當然就「無動無靜」沒有動靜之相了。有動有靜，都是現象界中的事。譬如說意識，意識在靜坐的時候往往自稱是沒有動相。可是，我卻要不客氣地說：「他們從來都有動相，從來不離動相，因爲他們的心一直呈現著不斷在動作的法相。」上座前才剛發誓：「我這一次一定要坐一支好香，都不起妄想，一定要坐到澄澄湛湛、純清絕點。」於是發了大願：「否則的話，我是一定不下座的。」發了這個願，還發誓呵！然而才剛上座還不到一分鐘，覺知心已經跑到美國大峽谷去了。然後過了好久好久，才又想起來說：「**我不是發願說要坐一支好香嗎？怎麼又跑到美國去了？**」終於把心拉回來，狠狠地罵自己一番。他在心裡面罵，別人都不知道，外表看起來還是如如不動的；繼續又坐，過不了一分鐘，又跑到萊茵河乘遊輪去了！到底他是有動相還是沒有動相？那可是動得很厲害了！

假使說他定力很好，進入禪定等至位中好了，縱使他在二禪的等至位中不觸五塵，他也還是有動；爲什麼有動呢？因爲那等至位裡面的定境也在變化著，隨著他的定力越好、性障越少，裡面的定境就不斷地在演變、不斷地往前推進；雖然這時他心中都沒有語言文字，那時他對定中境界相的變動都是清楚了知的。請問，這樣算動不動？（有人答：動。）也算是動。你們對法的要求眞的很高，可是如果在會外，他們說：「**你可以坐到離開五塵？喔！不得了！眞是如如不動啊！**」因爲他們誰也作不到。假使有一天，有個人來跟你說：「**我有坐到離五塵。**」你可別相信，因爲他是坐到睡著了。（大眾笑……）這是眞話，我不是講笑話。我講的都是眞的，難得有誰坐到澄澄湛湛、純清絕點。那個境界當然很好，我這一世初學佛時也很喜歡打坐，也是由於這個原因。因為一個下午一晃就過去了，然後到了傍晚下座，眞的身心舒暢，心中也沒有任何負擔，太棒了！眞的賽過神仙，神仙給我當，我也不想要。但是能有幾人如此？而這都還在未到地定中，還沒有發起禪定，大家已經覺得很不得了。可是在我們看來，這是沒用的東西，因為佛菩提道裡面不重視這個，重視的是般若實相的智慧。

而般若實相的智慧之所以能生起，是因為證得那個「**離作非作**」的第八識如來藏，可以現觀眞如而生起實相般若；因此，你五蘊中的意識可以處在現象界中，同時又可以觀照實相法界的種種。這樣子，你腳踏兩條船、左右逢源，別人都作不到欸！假使誰想要左右逢源、要腳踏兩條船，鐵定要掉到海裡面去，你卻沒有問題。然後你就告訴他：「**你別說腳踏兩條船不好，其實你自己也是腳踏兩條船，只是你自己不知道而已。**」他說：「**你講的是眞的嗎？**」等到有一天他悟了，他才會眞的相信，否則始終會有所疑。因為這個心眞如，祂不在六塵中，祂從來不了知六塵，都住在實相界中；既然沒有作，「**離作非作**」，當然就沒有心動的問題存在。沒有心動的問題存在時，同時就沒有靜相可得了；都因為心常常動來動去，當動的現象停止時才會說這叫作靜。因爲是緣於那個動，把那個動停止了，才說那叫作靜，所以靜與動是相對而有的；然而會動的心就一定會有靜的時候，從來沒有動的心才會永遠不與靜相應。

就好像說，兔無角是緣於牛有角；假使不是牛有角、羊有角，就不會有人說「兔無角」，所以有角與無角是相對待的法。同樣的，動與靜也是相對待的法，因爲眾生一直都在動，從母胎中意識心第一次生起的時候就一直在動，動個不停。後來出生了就很習慣於動，然後終於遇到以定爲禪的所謂佛法，就開始修學怎麼樣入定；苦練好幾年，終於可以一念不生：「喔！現在**眞的是靜。**」可是這個靜的法相，是因爲前面的動而施設的；如果不是以前有動相，就不會有現在這個靜相；這是相對的，所以動與靜只是一體的兩面。現在有靜相，就表示待會兒一定會有動相，這是相對待的，不是分離的，就好像一張紙一定有兩面一樣。可是這如來藏實相心，祂從來就沒有動過心，從來不住在會動的六塵境界相中，哪來的靜相？因爲動與靜都是在六塵中的事，祂又不在六塵中，憑什麼有動、有靜？所以祂沒有動靜之相。

「**離諸尋伺**」，沒有動靜之相，表示祂是離開尋與伺的。尋伺就是覺觀：

粗心分別稱爲覺，細心了知稱爲觀；前心覺察稱爲覺，後心了知稱爲觀。這覺觀的覺就是尋，觀就是伺。覺也就是尋，是主動的、攀緣的；伺或觀是被動的接受與了知。可是這尋伺、覺觀都是六塵中的事，如果離開了六塵就沒有覺觀可說——沒有尋伺可說。請問，有什麼人證得離開尋伺、離開覺觀的心？放眼天下，竟然覓無知音。這就是我早年出來弘法時的心境，找不到一個知音。假使能夠找到一個相類似的，我就很高興了，就說：「末法時也有這種人。」可是想要找到一個跟我一樣的人，眞的沒有，所有大師們都是落在尋伺裡面，從來不離覺觀境界，都不與實相「離諸尋伺」的境界相應。因爲對那些人來講，想要離開覺觀，只有一個辦法：睡覺。當他們睡著無夢的時候，就沒有覺觀了。可是，有一天他想一想：「這可能不太究竟，因爲如果睡著了沒有覺觀就算開悟，那麼每一個凡夫都應該已經開悟了，又何必學佛求悟？不對！不對！」後來又想一想：「應該是打坐，坐到沒有覺觀。」問題是，打坐很久而坐到沒有覺觀時，要知道那個無覺無觀三昧，是相對五塵而說的，可不是相對於六塵來講的，所以還是有法塵中的覺觀，不是實相法界中說的「離諸尋伺」的智慧境界。

可不要弄錯了，把魚當作蝦，或是拿蝦來當作魚，那是會鬧笑話的呵！所以說佛法難解，也就在此，因為定境與般若智慧是全然不同的，那些名相所說的定義跟般若中的定義也不一樣；而且，實相界與現象界又不相同，經中又沒有特別指明說：「這個是禪定，那個是般若。」也沒有特別指明說：「這個是現象界，那個是實相界。」也沒有指明啊！你們讀過四大部的《阿含經》以後，有看到阿含諸經裡面哪個地方說「這幾部經裡講的都是現象界的法」？都沒有，可是它告訴你的大多是現象界的法，因為它講的大多是蘊處界之法，是屬於現象界的緣生緣滅的道理。至於實相界，都是一個名相就講過去了，只有在那一部很特別的《央掘魔羅經》中，才有特別提到實相法界的很多事。可是，它也沒有告訴你說這一部經講的是實相界，都沒有。

學佛最難的問題就出在這裡，當你一開始學佛的時候，如果學到錯誤的知見而一味地迷信下去，沒有智慧去加以判別——沒有擇法覺分，一直盲信下去的結果，就跟著大師們想要把現象界中的生滅心，拿來套在經中所講實相界的眞實心上面而去用功，那眞是牛頭逗在馬嘴上，全都枉用功夫。這樣逗起來以後，他到底要說是馬還是牛？都講不通，只能叫作二不像吧！因為他如果說那是牛頭，人家說你這個嘴又不是牛的嘴；如果要說這是馬頭，人家又說你這個頭是牛的頭。都講不通啦！所以把現象界生滅心拿來套在實相界的金剛心上面，不論他講解脫道或者講佛菩提道，兩邊都會錯誤。當他用這樣的方式來講解脫道的時候，阿羅漢們聽了，心裡面暗暗地笑說：「**這個人難可救藥！**」因爲他很堅持。然後他又說這就是佛菩提道，菩薩們聽了就斥責他：「**你這個人是胡說八道！**」因爲他亂講，所以他兩邊都不通。

你如果修現象界的聲聞法，就把現象界所有的法都否定掉，那就對了。你如果修實相般若，就要把現象界跟實相界的內涵先切割清楚；眞的切割清楚了，再來看這二界互相之間是怎麼聯繫的，二者互相的關聯又是如何，這樣才是眞正在學佛，才是眞的入門了。否則的話，學佛就變成只是附庸風雅，只因爲說：「**學佛好時髦，學佛看起來就是很有氣質的樣子，我也來學一學，提升身心靈。**」有沒有這樣的人呢？太多了！他們提升心靈的結果，只要不打大妄語就沒事；萬一打起大妄語來，未來可就大大有事了。所以，學佛時一定要有眞正的善知識好好幫你弄清楚：哪一個部分是屬於現象界的，哪一個部分是屬於實相界的。凡是屬於現象界的法，一定都是有爲有作，一定是跟語言道相應，也一定是有覺有觀，不離尋伺的境界，也永遠不可能經由修行來轉變成實相法界。實相法界「離作非作，無動無靜，離諸尋伺」，這才是眞正的實證般若，要這樣才會有眞正的智慧。

「是不思議境界」，那些凡夫大師們口才多麼辯給，但不論如何的善辯，也都無法來跟你討論般若，因爲你是實證者，學佛要這樣子學。可是要這樣子親證實相法界，眞的很難！因爲這要先學習正確的般若知見，再靠著看話頭的功夫而去參禪，然後去找到你的心眞如，也就是找到你的實相心；再現觀祂眞的是眞如：永遠的眞如，不變的眞如。這樣你就有了般若智慧，眞的有能力現觀實相法界了。這若是想要靠意識思惟而求得，是作不到的；所以那一些人搞佛學研究，研究了六十年，號稱是「遊心法海六十年」，結果只是遊心於外道法的大海中，因爲都落在外道的常見與斷見裡面。所以若要遊心法海，要先看那是什麼法的大海，可不要隨便亂遊；否則遊到後來，下了地獄都還不知道是怎麼下的，才眞是可悲啊！所以說，這種實相境界靠意識思惟想像研究是不可能成功的。縱使能成功研判出來，沒有參禪實證的體驗，也是會退轉的，因爲眞正深妙的智慧生不起來。所以 世尊說這種境界

「是不思議境界」。你要是不信的話，把這個妙法去檢驗那些大師們，看他們講的法義對不對？沒有一個人是講對的。（詳第二輯續說。）

佛教正覺同修會〈修學佛道次第表〉

第一階段

＊以憶佛及拜佛方式修習動中定力。
＊學第一義佛法及禪法知見。
＊無相拜佛功夫成就。
＊具備一念相續功夫—動靜中皆能看話頭。
＊努力培植福德資糧，勤修三福淨業。

第二階段

＊參話頭，參公案。
＊開悟明心，一片悟境。
＊鍛鍊功夫求見佛性。
＊眼見佛性〈餘五根亦如是〉親見世界如幻，成就如幻觀。
＊學習禪門差別智。
＊深入第一義經典。
＊修除性障及隨分修學禪定。
＊修證十行位陽焰觀。

第三階段

＊學一切種智真實正理—楞伽經、解深密經、成唯識論…。
＊參究末後句。
＊解悟末後句。
＊透牢關—親自體驗所悟末後句境界，親見實相，無得無失。
＊救護一切衆生迴向正道。護持了義正法，修證十迴向位如夢觀。
＊發十無盡願，修習百法明門，親證猶如鏡像現觀。
＊修除五蓋，發起禪定。持一切善法戒。親證猶如光影現觀。
＊進修四禪八定、四無量心、五神通。進修大乘種智，求證猶如谷響現觀。

佛菩提二主要道次第概要表——二道並修，以外無別佛法

佛菩提道——大菩提道

十信位修集信心——一劫乃至一萬劫

資糧位

初住位修集布施功德（以財施爲主）。
二住位修集持戒功德。
三住位修集忍辱功德。
四住位修集精進功德。
五住位修集禪定功德。
六住位修集般若功德（熏習般若中觀及斷我見，加行位也）。

外門廣修六度萬行

見道位

七住位明心般若正觀現前，親證本來自性清淨涅槃。
八住位起於一切法現觀般若中道。漸除性障。
十住位眼見佛性，世界如幻觀成就。

一至十行位，於廣行六度萬行中，依般若中道慧，現觀陰處界猶如陽焰，至第十行滿心位，陽焰觀成就。

一至十迴向位熏習一切種智；修除性障，唯留最後一分思惑不斷。第十迴向滿心位成就菩薩道如夢觀。

內門廣修六度萬行

遠波羅蜜多

初地：第十迴向位滿心時，成就道種智一分（八識心王一一親證後，領受五法、三自性、七種第一義、七種性自性、二種無我法）復由勇發十無盡願，成通達位菩薩。復又永伏性障而不具斷，能證慧解脫而不取證，由大願故留惑潤生。此地主修法施波羅蜜多及百法明門。證「猶如鏡像」現觀，故滿初地心。

二地：初地功德滿足以後，再成就道種智一分而入二地；主修戒波羅蜜多及一切種智。滿心位成就「猶如光影」現觀，戒行自然清淨。

解脫道：二乘菩提

斷三縛結，成初果解脫

薄貪瞋癡，成二果解脫

斷五下分結，成三果解脫

入地前的四加行令煩惱障現行悉斷，成四果解脫，留惑潤生。分段生死已斷，煩惱障習氣種子開始斷除，兼斷無始無明上煩惱。

近波羅蜜多 — 大波羅蜜多 — 圓滿波羅蜜多

修道位 — 究竟位

三地：二地滿心再證道種智一分，故入三地。此地主修忍波羅蜜多及四禪八定、四無量心、五神通。能成就俱解脫果而不取證，留惑潤生。滿心位成就「猶如谷響」現觀及無漏妙定意生身。

四地：由三地再證道種智一分故入四地。主修精進波羅蜜多，於此土及他方世界廣度有緣，無有疲倦。進修一切種智，滿心位成就「如水中月」現觀。

五地：由四地再證道種智一分故入五地。主修禪定波羅蜜多及一切種智，斷除下乘涅槃貪。滿心位成就「變化所成」現觀。

六地：由五地再證道種智一分故入六地。此地主修般若波羅蜜多——依道種智現觀十二因緣一一有支及意生身化身，皆自心眞如變化所現，「非有似有」，成就細相觀，不由加行而自然證得滅盡定，成俱解脫大乘無學。

七地：由六地「非有似有」現觀，再證道種智一分故入七地。此地主修一切種智及方便波羅蜜多，由重觀十二有支一一支中之流轉門及還滅門一切細相，成就方便善巧，念念隨入滅盡定。滿心位證得「如犍闥婆城」現觀。

八地：由七地極細相觀成就故再證道種智一分而入八地。此地主修一切種智及願波羅蜜多。至滿心位純無相觀任運恆起，故於相土自在，滿心位復證「如實覺知諸法相意生身」故。

九地：由八地再證道種智一分故入九地。主修力波羅蜜多及一切種智，成就四無礙，滿心位證得「種類俱生無行作意生身」。

十地：由九地再證道種智一分故入此地。此地主修一切種智——智波羅蜜多。滿心位起大法智雲，及現起大法智雲所含藏種種功德，成受職菩薩。

等覺：由十地道種智成就故入此地。此地應修一切種智，圓滿等覺地無生法忍；於百劫中修集極廣大福德，以之圓滿三十二大人相及無量隨形好。

妙覺：示現受生人間已斷盡煩惱障一切習氣種子，並斷盡所知障一切隨眠，永斷變易生死無明，成就大般涅槃，四智圓明。人間捨壽後，報身常住色究竟天利樂十方地上菩薩；以諸化身利樂有情，永無盡期，成就究竟佛道。

← 七地滿心斷除故意保留之最後一分思惑時，煩惱障所攝色、受、想三陰有漏習氣種子全部斷盡。

煩惱障所攝行、識二陰無漏習氣種子任運漸斷，所知障所攝上煩惱任運漸斷。

← 斷盡變易生死成就大般涅槃

圓滿成就究竟佛果

佛子蕭平實 謹製
（二〇〇九、〇二 修訂）
（二〇一二、〇二 增補）

佛教正覺同修會 共修現況 及 招生公告　2016/1/16

一、共修現況：（請在共修時間來電，以免無人接聽。）

台北正覺講堂 103 台北市承德路三段 277 號九樓 捷運淡水線圓山站旁
Tel..**總機** 02-25957295（晚上）（**分機：九樓**辦公室 10、11；知客櫃檯 12、13。 **十樓**知客櫃檯 15、16；書局櫃檯 14。 **五樓**辦公室 18；知客櫃檯 19。**二樓**辦公室 20；知客櫃檯 21。）
Fax..25954493

第一講堂 台北市承德路三段 277 號九樓

禪淨班：週一晚上班、週三晚上班、週四晚上班、週五晚上班、週六下午班、週六上午班（皆須報名建立學籍後始可參加共修，欲報名者詳見本公告末頁）

增上班：瑜伽師地論詳解：每月第一、三、五週之週末 17.50～20.50 平實導師講解（僅限已明心之會員參加）

禪門差別智：每月第一週日全天　平實導師主講（事冗暫停）。

佛藏經詳解　平實導師主講。已於 2013/12/17 開講，歡迎已發成佛大願的菩薩種性學人，攜眷共同參與此殊勝法會聽講。詳解 釋迦世尊於《佛藏經》中所開示的眞實義理，更爲今時後世佛子四眾，闡述佛陀演說此經的本懷。眞實尋求佛菩提道的有緣佛子，親承聽聞如是勝妙開示，當能如實理解經中義理，亦能了知於大乘法中：如何是諸法實相？善知識、惡知識要如何簡擇？如何才是清淨持戒？如何才能清淨說法？於此末法之世，眾生五濁益重，不知佛、不解法、不識僧，唯見表相，不信眞實，貪著五欲，諸方大師不淨說法，各各將導大量徒眾趣入三塗，如是師徒俱堪憐憫。是故，平實導師以大慈悲心，用淺白易懂之語句，佐以實例、譬喻而爲演說，普令聞者易解佛意，皆得契入佛法正道，如實了知佛法大藏。

此經中，對於實相念佛多所著墨，亦指出念佛要點：以實相爲依，念佛者應依止淨戒、依止清淨僧寶，捨離違犯重戒之師僧，應受學清淨之法，遠離邪見。本經是現代佛門大法師所厭惡之經典：一者由於大法師們已全都落入意識境界而無法親證實相，故於此經中所說實相全無所知，都不樂有人聞此經名，以免讀後提出問疑時無法回答；二者現代大乘佛法地區，已經普被藏密喇嘛教滲透，許多有名之大法師們大多已曾或繼續在修練雙身法，都已失去聲聞戒體及菩薩戒體，成爲地獄種姓人，已非眞正出家之人，本質只是身著僧衣而住在寺院中的世俗人。這些人對於此經都是讀不懂的，也是極爲厭惡的；他們尚不樂見此經之印行，何況流通與講解？今爲救護廣大學佛人，兼欲護持佛教血脈永續常傳，特選此經宣講之。每逢週二 18.50~20.50 開示，不限制聽講資格。會外人士需憑身分證件換證入內聽講（此是大樓管理處之安全規定，敬請見諒）。桃園、台中、台南、高雄等地講堂，亦於每週二晚上播放平實導師所講本經之 DVD，不必出示身分證件即可入內聽講，歡迎各地善信同霑法益。

第二講堂 台北市承德路三段 267 號十樓。

禪淨班：週一晚上班、週六下午班。

進階班：週三晚上班、週四晚上班、週五晚上班（禪淨班結業後轉入共修）。

佛藏經詳解：平實導師講解。每週二 18.50~20.50（影像音聲即時傳輸）。本會學員憑上課證進入聽講，會外學人請以身分證件換證進入聽講（此爲大樓管理處安全管理規定之要求，敬請諒解）。

第三講堂 台北市承德路三段 277 號五樓。

進階班：週一晚上班、週三晚上班、週四晚上班、週五晚上班。

佛藏經詳解：平實導師講解。每週二 18.50~20.50（影像音聲即時傳輸）。本會學員憑上課證進入聽講，會外學人請以身分證件換證進入聽講（此爲大樓管理處安全管理規定之要求，敬請諒解）。

第四講堂 台北市承德路三段 267 號二樓。

進階班：週一晚上班、週三晚上班、週四晚上班、週五晚上班（禪淨班結業後轉入共修）。

佛藏經詳解：平實導師講解。每週二 18.50~20.50（影像音聲即時傳輸）。本會學員憑上課證進入聽講，會外學人請以身分證件換證進入聽講（此爲大樓管理處安全管理規定之要求，敬請諒解）。

第五、第六講堂 爲**開放式講堂**，不需以身分證件換證即可進入聽講，台北市承德路三段 267 號地下一樓、地下二樓。已規劃整修完成，每逢週二晚上講經時段開放給會外人士自由聽經，請由大樓側面梯階逕行進入聽講。**聽講者請尊重講者的著作權及肖像權，請勿錄音錄影，以免違法；若有錄音錄影被查獲者，將依法處理。**

正覺祖師堂 大溪鎮美華里信義路 650 巷坑底 5 之 6 號（台 3 號省道 34 公里處 妙法寺對面斜坡道進入）電話 03-3886110 傳眞 03-3881692 本堂供奉 克勤圓悟大師，專供會員每年四月、十月各二次精進禪三共修，兼作本會出家菩薩掛單常住之用。除禪三時間以外，每逢單月第一週之週日 9:00~17:00 開放會內、外人士參訪，當天並提供午齋結緣。教內共修團體或道場，得另申請其餘時間作團體參訪，務請事先與常住確定日期，以便安排常住菩薩接引導覽，亦免妨礙常住菩薩之日常作息及修行。

桃園正覺講堂（第一、第二講堂）：桃園市介壽路 286、288 號 10 樓（陽明運動公園對面）電話：03-3749363（請於共修時聯繫，或與台北聯繫）

禪淨班：週一晚上班、週三晚上班、週四晚上班、週五晚上班。

進階班：週六上午班、週五晚上班。

佛藏經詳解：平實導師講解。每週二晚上，以台北正覺講堂所錄 DVD 放映；歡迎會外學人共同聽講，不需出示身分證件。

新竹正覺講堂 新竹市東光路 55 號二樓之一　電話 03-5724297（晚上）

第一講堂：

禪淨班：週一晚上班、週五晚上班、週六上午班。

進階班：週三晚上班、週四晚上班（由禪淨班結業後轉入共修）。

佛藏經詳解：平實導師講解。每週二晚上，以台北正覺講堂所錄 DVD 放映。歡迎會外學人共同聽講，不需出示身分證件。

第二講堂：

禪淨班：週三晚上班、週四晚上班。

佛藏經詳解：每週二晚上與第一講堂同時播放佛藏經詳解 DVD。

台中正覺講堂 04-23816090（晚上）

第一講堂 台中市南屯區五權西路二段 666 號 13 樓之四（國泰世華銀行樓上。鄰近縣市經第一高速公路前來者，由五權西路交流道可以快速到達，大樓旁有停車場，對面有素食館）。

禪淨班：週三晚上班、週四晚上班。

進階班：週一晚上班、週六上午班（由禪淨班結業後轉入共修）。

增上班：單週週末以台北增上班課程錄成 DVD 放映之，限已明心之會員參加。

佛藏經詳解：平實導師講解。每週二晚上，以台北正覺講堂所錄 DVD 放映。歡迎會外學人共同聽講，不需出示身分證件。

第二講堂 台中市南屯區五權西路二段 666 號 4 樓

禪淨班：週一晚上班、週三晚上班、週六上午班。

進階班：週五晚上班（由禪淨班結業後轉入共修）。

佛藏經詳解：每週二晚上與第一講堂同時播放佛藏經詳解 DVD。

第三講堂、第四講堂：台中市南屯區五權西路二段 666 號 4 樓。

嘉義正覺講堂 嘉義市友愛路 288 號八樓之一　電話：05-2318228

第一講堂：

禪淨班：週一晚上班、週四晚上班、週五晚上班。

進階班：週三晚上班（由禪淨班結業後轉入共修）。

佛藏經詳解：平實導師講解。每週二晚上，以台北正覺講堂所錄 DVD 放映。歡迎會外學人共同聽講，不需出示身分證件。

第二講堂 嘉義市友愛路 288 號八樓之二。

台南正覺講堂

第一講堂 台南市西門路四段 15 號 4 樓。06-2820541（晚上）

禪淨班：週一晚上班、週三晚上班、週四晚上班、週五晚上班、週六下午班。

增上班：單週週末下午，以台北增上班課程錄成 DVD 放映之，限已明心之會員參加。

佛藏經詳解：平實導師講解。每週二晚上，以台北正覺講堂所錄 DVD 放映。歡迎會外學人共同聽講，不需出示身分證件。

第二講堂　台南市西門路四段 15 號 3 樓。

佛藏經詳解：每週二晚上與第一講堂同時播放佛藏經詳解 DVD。

第三講堂　台南市西門路四段 15 號 3 樓。

進階班：週三晚上班、週四晚上班、週六上午班（由禪淨班結業後轉入共修）。

佛藏經詳解：每週二晚上與第一講堂同時播放佛藏經詳解 DVD。

高雄正覺講堂　高雄市新興區中正三路 45 號五樓 07-2234248（晚上）

第一講堂（五樓）：

禪淨班：週一晚上班、週三晚上班、週四晚上班、週五晚上班、週六上午班。

增上班：單週週末下午，以台北增上班課程錄成 DVD 放映之，限已明心之會員參加。

佛藏經詳解：平實導師講解。每週二晚上，以台北正覺講堂所錄 DVD 放映。歡迎會外學人共同聽講，不需出示身分證件。

第二講堂（四樓）：

進階班：週三晚上班、週四晚上班、週六上午班（由禪淨班結業後轉入共修）。

佛藏經詳解：每週二晚上與第一講堂同時播放佛藏經詳解 DVD。

第三講堂（三樓）：

進階班：週四晚上班（由禪淨班結業後轉入共修）。

香港正覺講堂　☆已遷移新址☆

九龍觀塘，成業街 10 號，電訊一代廣場 27 樓 E 室。

（觀塘地鐵站 B1 出口，步行約 4 分鐘）。電話：(852) 23262231

英文地址：Unit E, 27th Floor, TG Place, 10 Shing Yip Street, Kwun Tong, Kowloon

禪淨班：雙週六下午班 14:30-17:30，已經額滿。
雙週日下午班 14:30-17:30，2016 年 4 月底前尚可報名。

進階班：雙週五晚上班（由禪淨班結業後轉入共修）。

增上班：單週週末上午，以台北增上班課程錄成 DVD 放映之，限已明心之會員參加。

妙法蓮華經詳解：平實導師講解。雙週六 19:00-21:00，以台北正覺講堂所錄 DVD 放映；歡迎會外學人共同聽講，不需出示身分證件。

美國洛杉磯正覺講堂　☆已遷移新址☆

825 S. Lemon Ave Diamond Bar, CA 91798 U.S.A.
Tel. (909) 595-5222（請於週六 9:00~18:00 之間聯繫）
Cell. (626) 454-0607

禪淨班：每逢週末 15：30~17：30 上課。

進階班：每逢週末上午 10：00~12：00 上課。

佛藏經詳解：平實導師講解。每週六下午 13：00~15：00，以台北正覺講堂所錄 DVD 放映。歡迎各界人士共享第一義諦無上法益，不需報名。

二、招生公告　**本會台北講堂及全省各講堂，每逢四月、十月下旬開新班，每週共修一次**（每次二小時。開課日起三個月內仍可插班）；**但美國洛杉磯共修處之禪淨班得隨時插班共修。各班共修期間皆為二年半，欲參加者請向本會函索報名表**（各共修處皆於共修時間方有人執事，非共修時間請勿電詢或前來洽詢、請書），**或直接從本會官方網站**(http://www.enlighten.org.tw/newsflash/class)**或成佛之道網站下載報名表**。共修期滿時，若經報名禪三審核通過者，可參加四天三夜之禪三精進共修，有機會明心、取證如來藏，發起般若實相智慧，成為實義菩薩，脫離凡夫菩薩位。

三、新春禮佛祈福 農曆**年假**期間停止共修：自農曆新年前七天起停止共修與弘法，正月 8 日起回復共修、弘法事務。新春期間正月初一～初七 9.00～17.00 開放台北講堂、正月初一～初三開放新竹講堂、台中講堂、台南講堂、高雄講堂，以及大溪禪三道場（正覺祖師堂），方便會員供佛、祈福及會外人士請書。美國洛杉磯共修處之休假時間，請逕詢該共修處。

密宗四大派修雙身法，是外道性力派的邪法；又以生滅的識陰作為常住法，是常見外道，是假的藏傳佛教。

西藏覺囊巴以他空見弘揚第八識如來藏勝法，才是真藏傳佛教

佛教正覺同修會　弘法行事表

2017/03/31

1、**禪淨班**　以無相念佛及拜佛方式修習動中定力，實證一心不亂功夫。傳授解脫道正理及第一義諦佛法，以及參禪知見。共修期間：二年六個月。每逢四月、十月開新班，詳見招生公告表。

2、**《佛藏經》**詳解　平實導師主講。已於 2013/12/17 開講，歡迎已發成佛大願的菩薩種性學人，攜眷共同參與此殊勝法會聽講。詳解 釋迦世尊於《佛藏經》中所開示的眞實義理，更爲今時後世佛子四眾，闡述 佛陀演說此經的本懷。眞實尋求佛菩提道的有緣佛子，親承聽聞如是勝妙開示，當能如實理解經中義理，亦能了知於大乘法中：如何是諸法實相？善知識、惡知識要如何簡擇？如何才是清淨持戒？如何才能清淨說法？於此末法之世，眾生五濁益重，不知佛、不解法、不識僧，唯見表相，不信眞實，貪著五欲，諸方大師不淨說法，各各將導大量徒眾趣入三塗，如是師徒俱堪憐憫。是故，平實導師以大慈悲心，用淺白易懂之語句，佐以實例、譬喻而為演說，普令聞者易解佛意，皆得契入佛法正道，如實了知佛法大藏。每逢週二 18.50~20.50 開示，不限制聽講資格。會外人士需憑身分證件換證入內聽講（此是大樓管理處之安全規定，敬請見諒）。桃園、新竹、台中、台南、高雄等地講堂，亦於每週二晚上播放平實導師講經之 DVD，不必出示身分證件即可入內聽講，歡迎各地善信同霑法益。

有某道場專弘淨土法門數十年，於教導信徒研讀《佛藏經》時，往往告誡信徒曰：「**後半部不許閱讀。**」由此緣故坐令信徒失去提升念佛層次之機緣，師徒只能低品位往生淨土，令人深覺愚癡無智。由有多人建議故，平實導師開始宣講《佛藏經》，藉以轉易如是邪見，並提升念佛人之知見與往生品位。此經中，對於實相念佛多所著墨，亦指出念佛要點：**以實相爲依，念佛者應依止淨戒、依止清淨僧寶，捨離違犯重戒之師僧，應受學清淨之法，遠離邪見。**本經是現代佛門大法師所厭惡之經典：**一者由於大法師們已全都落入意識境界而無法親證實相，故於此經中所説實相全無所知，都不樂有人聞此經名，以免讀後提出問疑時無法回答；二者現代大乘佛法地區，已經普被藏密喇嘛教滲透，許多有名之大法師們大多已曾或繼續在修練雙身法，都已失去聲聞戒體及菩薩戒體，成爲地獄種姓人，已非眞正出家之人，本質上只是身著僧衣而住在寺院中的世俗人。**這些人對於此經都是讀不懂的，也是極為厭惡的；他們尚不樂見此經之印行，何況流通與講解？今為救護廣大學佛人，兼欲護持佛教血脈永續常傳，特選此經宣講之，主講者平實導師。

3、**瑜伽師地論**詳解　詳解論中所言凡夫地至佛地等 17 師之修證境界與理論，從凡夫地、聲聞地……宣演到諸地所證一切種智之眞實正理。由平實導師開講，每逢一、三、五週之週末晚上開示，僅限已明心之會員參加。

4、**精進禪三**　主三和尚：平實導師。於四天三夜中，以克勤圓悟大師及大慧宗杲之禪風，施設機鋒與小參、公案密意之開示，幫助會員剋期取證，親證不生不滅之眞實心——人人本有之如來藏。每年四月、十月各舉辦二個梯次；平實導師主持。僅限本會會員參加禪淨班共修期滿，報名審核通過者，方可參加。並選擇會中定力、慧力、福德三條件皆已具足之已明心會員，給以指引，令得眼見自己無形無相之佛性遍佈山河大地，眞實而無障礙，得以肉眼現觀世界身心悉皆如幻，具足成就如幻觀，圓滿十住菩薩之證境。

5、**大法鼓經**詳解　詳解末法時代大乘佛法修行之道。佛教正法消毒妙藥塗於大鼓而以擊之，凡有眾生聞之者，一切邪見鉅毒悉皆消殞；此經即是大法鼓之正義，凡聞之者，所有邪見之毒悉皆滅除，見道不難；亦能發起菩薩無量功德，是故諸大菩薩遠從諸方佛土來此娑婆聞修此經。

本經破「有」而顯涅槃，以此名爲眞法；若墮在「有」中，皆名「非法」；若人如是宣揚佛法，名爲擊大法鼓；如是依「法」而捨「非法」，據以建立山門而爲眾說法，方可名爲法鼓山。此經中說，以「此經」爲菩薩道之本，以證得「此經」之正知見及法門作爲度人之「法」，方名眞實佛法，否則盡名「非法」。本經中對法與非法、有與涅槃，有深入之闡釋，歡迎教界一切善信（不論初機或久學菩薩），一同親沐 如來聖教，共沾法喜。由平實導師詳解。不限制聽講資格。

6、**不退轉法輪經**詳解　本經所說妙法極爲甚深難解，時至末法，已然無有知者；而其甚深絕妙之法，流傳至今依舊多人可證，顯示佛學眞是義學而非玄談，其中甚深極妙令人拍案稱絕之第一義諦妙義，平實導師將會加以解說。待《大法鼓經》宣講完畢時繼續宣講此經。

7、**阿含經**詳解　選擇重要之阿含部經典，依無餘涅槃之實際而加以詳解，令大眾得以現觀諸法緣起性空，亦復不墮斷滅見中，顯示經中所隱說之涅槃實際—如來藏—確實已於四阿含中隱說；令大眾得以聞後觀行，確實斷除我見乃至我執，證得**見到**眞現觀，乃至**身證**……等眞現觀；已得大乘或二乘見道者，亦可由此聞熏及聞後之觀行，除斷我所之貪著，成就慧解脫果。由平實導師詳解。不限制聽講資格。

8、**解深密經**詳解　重講本經之目的，在於令諸已悟之人明解大乘法道之成佛次第，以及悟後進修一切種智之內涵，確實證知三種自性性，並得據此證解七眞如、十眞如等正理。每逢週二 18.50~20.50 開示，由平實導師詳解。將於《大法鼓經》講畢後開講。不限制聽講資格。

9、**成唯識論**詳解　詳解一切種智眞實正理，詳細剖析一切種智之微細深妙廣大正理；並加以舉例說明，使已悟之會員深入體驗所證如來藏之微密行相；及證驗見分相分與所生一切法，皆由如來藏—阿賴耶識—直接或展轉而生，因此證知一切法無我，證知無餘涅槃之本際。將於增上班《瑜伽師地論》講畢後，由平實導師重講。僅限已明心之會員參加。

10、**精選如來藏系經典**詳解　精選如來藏系經典一部，詳細解說，以此完全印證會員所悟如來藏之眞實，得入不退轉住。另行擇期詳細解說之，由平實導師講解。僅限已明心之會員參加。

11、**禪門差別智**　藉禪宗公案之微細淆訛難知難解之處，加以宣說及剖析，以增進明心、見性之功德，啓發差別智，建立擇法眼。每月第一週日全天，由平實導師開示，僅限破參明心後，復又眼見佛性者參加（事冗暫停）。

12、**枯木禪**　先講智者大師的《小止觀》，後說《釋禪波羅蜜》，詳解四禪八定之修證理論與實修方法，細述一般學人修定之邪見與岔路，及對禪定證境之誤會，消除枉用功夫、浪費生命之現象。已悟般若者，可以藉此而實修初禪，進入大乘通教及聲聞教的三果心解脫境界，配合應有的大福德及後得無分別智、十無盡願，即可進入初地心中。親教師：平實導師。未來緣熟時將於大溪正覺寺開講。不限制聽講資格。

註：本會例行年假，自 2004 年起，改爲每年農曆新年前七天開始停息弘法事務及共修課程，農曆正月 8 日回復所有共修及弘法事務。新春期間（每日 9.00~17.00）開放台北講堂，方便會員禮佛祈福及會外人士請書。大溪區的正覺祖師堂，開放參訪時間，詳見〈正覺電子報〉或成佛之道網站。本表得因時節因緣需要而隨時修改之，不另作通知。

佛教正覺同修會　贈閱書籍 目錄　　2015/09/29

1.**無相念佛**　平實導師著　回郵 10 元
2.**念佛三昧修學次第**　平實導師述著　回郵 25 元
3.**正法眼藏—護法集**　平實導師述著　回郵 35 元
4.**真假開悟簡易辨正法&佛子之省思**　平實導師著　回郵 3.5 元
5.**生命實相之辨正**　平實導師著　回郵 10 元
6.**如何契入念佛法門**（**附**：印順法師否定極樂世界）平實導師著　回郵 3.5 元
7.**平實書箋**—答元覽居士書　平實導師著　回郵 35 元
8.**三乘唯識**—如來藏系經律彙編　平實導師編　回郵 80 元
（精裝本　長 27 cm　寬 21 cm　高 7.5 cm　重 2.8 公斤）
9.**三時繫念全集**—修正本　回郵掛號 40 元（長 26.5 cm×寬 19 cm）
10.**明心與初地**　平實導師述　回郵 3.5 元
11.**邪見與佛法**　平實導師述著　回郵 20 元
12.**菩薩正道**—回應義雲高、釋性圓…等外道之邪見　正燦居士著　回郵 20 元
13.**甘露法雨**　平實導師述　回郵 20 元
14.**我與無我**　平實導師述　回郵 20 元
15.**學佛之心態**—修正錯誤之學佛心態始能與正法相應　孫正德老師著　回郵35元
附錄：平實導師著**《略說八、九識並存…等之過失》**
16.**大乘無我觀**—《悟前與悟後》別說　平實導師述著　回郵 20 元
17.**佛教之危機**—中國台灣地區現代佛教之真相（附錄：公案拈提六則）
平實導師著　回郵 25 元
18.**燈　影**—燈下黑（覆「求教後學」來函等）　平實導師著　回郵 35 元
19.**護法與毀法**—覆上平居士與徐恒志居士網站毀法二文
張正圜老師著　回郵 35 元
20.**淨土聖道**—兼評**選擇本願念佛**　正德老師著　**由正覺同修會購贈**　回郵 25 元
21.**辨唯識性相**—對「紫蓮心海《辯唯識性相》書中否定阿賴耶識」之回應
正覺同修會 台南共修處法義組 著　回郵 25 元
22.**假如來藏**—對法蓮法師《如來藏與阿賴耶識》書中否定阿賴耶識之回應
正覺同修會 台南共修處法義組 著　回郵 35 元
23.**入不二門**—公案拈提集錦 第一輯（於平實導師公案拈提諸書中選錄約二十則，
合輯爲一冊流通之）平實導師著　回郵 20 元
24.**真假邪說**—西藏密宗索達吉喇嘛《破除邪說論》真是邪說
釋正安法師著　回郵 35 元
25.**真假開悟**—真如、如來藏、阿賴耶識間之關係　平實導師述著　回郵 35 元
26.**真假禪和**—辨正釋傳聖之謗法謬說　孫正德老師著　回郵 30 元

27.**眼見佛性**—駁慧廣法師眼見佛性的含義文中謬說

游正光老師著　回郵 25 元

28.**普門自在**—公案拈提集錦 第二輯（於平實導師公案拈提諸書中選錄約二十則，合輯為一冊流通之）平實導師著　回郵 25 元

29.**印順法師的悲哀**—以現代禪的質疑為線索　恒毓博士著　回郵 25 元

30.**識蘊真義**—現觀識蘊內涵、取證初果、親斷三縛結之具體行門。

—依《成唯識論》及《惟識述記》正義，略顯安慧《大乘廣五蘊論》之邪謬

平實導師著　回郵 35 元

31.**正覺電子報** 各期紙版本　免附回郵　每次最多函索三期或三本。

(已無存書之較早各期，不另增印贈閱)

32.**現代人應有的宗教觀**　蔡正禮老師 著　回郵 3.5 元

33.**遠惑趣道**—正覺電子報般若信箱問答錄　第一輯　回郵 20 元

34.**遠惑趣道**—正覺電子報般若信箱問答錄　第二輯　回郵 20 元

35.**確保您的權益**—器官捐贈應注意自我保護　游正光老師 著　回郵 10 元

36.**正覺教團電視弘法三乘菩提 DVD 光碟（一）**

由正覺教團多位親教師共同講述錄製 DVD 8 片，MP3 一片，共 9 片。有二大講題：一為「三乘菩提之意涵」，二為「學佛的正知見」。內容精闢，深入淺出，精彩絕倫，幫助大眾快速建立三乘法道的正知見，免被外道邪見所誤導。有志修學三乘佛法之學人不可不看。(製作工本費 100 元，回郵 25 元)

37.**正覺教團電視弘法 DVD 專輯（二）**

總有二大講題：一為「三乘菩提之念佛法門」，一為「學佛正知見(第二篇)」，由正覺教團多位親教師輪番講述，內容詳細闡述如何修學念佛法門、實證念佛三昧，以及學佛應具有的正確知見，可以幫助發願往生西方極樂淨土之學人，得以把握往生，更可令學人快速建立三乘法道的正知見，免於被外道邪見所誤導。有志修學三乘佛法之學人不可不看。(一套 17 片，工本費 160 元。回郵 35 元)

38.**佛藏經** 燙金精裝本　每冊回郵 20 元。正修佛法之道場欲大量索取者，請正式發函並蓋用大印寄來索取（2008.04.30 起開始敬贈）

39.**喇嘛性世界**—揭開假藏傳佛教譚崔瑜伽的面紗　張善思 等人合著

由正覺同修會購贈　回郵 20 元

40.**假藏傳佛教的神話**—性、謊言、喇嘛教　張正玄教授編著　回郵 20 元

由正覺同修會購贈　回郵 20 元

41.**隨 緣**—理隨緣與事隨緣　平實導師述　回郵 20 元。

42.**學佛的覺醒**　正枝居士 著　回郵 25 元

43.**導師之真實義**　蔡正禮老師 著　回郵 10 元

44.**淺談達賴喇嘛之雙身法**—兼論解讀「密續」之達文西密碼

吳明芷居士 著　回郵 10 元

45.**魔界轉世**　張正玄居士 著　回郵 10 元

46.**一貫道與開悟**　蔡正禮老師 著　回郵 10 元

47.**博愛**—愛盡天下女人　正覺教育基金會 編印　回郵 10 元
48.**意識虛妄經教彙編**—實證解脫道的關鍵經文　正覺同修會編印　回郵 25 元
49.**邪箭囈語**—破斥藏密外道多識仁波切《破魔金剛箭雨論》之邪說
陸正元老師著　上、下冊回郵各 30 元
50.**真假沙門**—依 佛聖教闡釋佛教僧寶之定義
蔡正禮老師著　俟正覺電子報連載後結集出版
51.**真假禪宗**—藉評論釋性廣《印順導師對變質禪法之批判
及對禪宗之肯定》以顯示真假禪宗
附論一：凡夫知見 無助於佛法之信解行證
附論二：世間與出世間一切法皆從如來藏實際而生而顯
余正偉老師著　俟正覺電子報連載後結集出版　回郵未定
52.**假鋒虛焰金剛乘**—揭示顯密正理，兼破索達吉師徒《般若鋒兮金剛焰》。
釋正安 法師著　俟正覺電子報連載後結集出版

★ 上列贈書之郵資，係台灣本島地區郵資，大陸、港、澳地區及外國地區，請另計酌增（大陸、港、澳、國外地區之郵票不許通用）。尚未出版之書，請勿先寄來郵資，以免增加作業煩擾。

★ 本目錄若有變動，唯於後印之書籍及「成佛之道」網站上修正公佈之，不另行個別通知。

函索書籍請寄：佛教正覺同修會　103 台北市承德路 3 段 277 號 9 樓
台灣地區函索書籍者請附寄郵票，無時間購買郵票者可以等值現金抵用，但不接受郵政劃撥、支票、匯票。大陸地區得以人民幣計算，國外地區請以美元計算（請勿寄來當地郵票，在台灣地區不能使用）。欲以掛號寄遞者，請另附掛號郵資。

親自索閱：正覺同修會各共修處。　★請於共修時間前往取書，餘時無人在道場，請勿前往索取；共修時間與地點，詳見書末正覺同修會共修現況表（以近期之共修現況表爲準）。

註：正智出版社發售之局版書，請向各大書局購閱。若書局之書架上已經售出而無陳列者，請向書局櫃台指定洽購；若書局不便代購者，請於正覺同修會共修時間前往各共修處請購，正智出版社已派人於共修時間送書前往各共修處流通。 郵政劃撥購書及 大陸地區 購書，請詳別頁正智出版社發售書籍目錄最後頁之說明。

成佛之道 網站：http://www.a202.idv.tw　　正覺同修會已出版之結緣書籍，多已登載於 成佛之道 網站，若住外國、或住處遙遠，不便取得正覺同修會贈閱書籍者，可以從本網站閱讀及下載。　　書局版之《宗通與說通》亦已上網，台灣讀者可向書局洽購，售價 300 元。《狂密與眞密》第一輯~第四輯，亦於 2003.5.1.全部於本網站登載完畢；台灣地區讀者請向書局洽購，每輯約 400 頁，售價 300 元（網站下載紙張費用較貴，容易散失，難以保存，亦較不精美）。

＊＊假藏傳佛教修雙身法，非佛教＊＊

正智出版社 籌募弘法基金發售書籍目錄 2017/04/22

1.**宗門正眼**—公案拈提 第一輯 重拈 平實導師著 500 元
因重寫內容大幅度增加故，字體必須改小，並增爲 576 頁 主文 546 頁。比初版更精彩、更有內容。初版《禪門摩尼寶聚》之讀者，可寄回本公司免費調換新版書。免附回郵，亦無截止期限。（2007 年起，每冊附贈本公司精製公案拈提〈超意境〉CD 一片。市售價格 280 元，多購多贈。）
2.**禪淨圓融** 平實導師著 200 元（第一版舊書可換新版書。）
3.**真實如來藏** 平實導師著 400 元
4.**禪—悟前與悟後** 平實導師著 上、下冊，每冊 250 元
5.**宗門法眼**—公案拈提 第二輯 平實導師著 500 元
（2007 年起，每冊附贈本公司精製公案拈提〈超意境〉CD 一片）
6.**楞伽經詳解** 平實導師著 全套共 10 輯 每輯 250 元
7.**宗門道眼**—公案拈提 第三輯 平實導師著 500 元
（2007 年起，每冊附贈本公司精製公案拈提〈超意境〉CD 一片）
8.**宗門血脈**—公案拈提 第四輯 平實導師著 500 元
（2007 年起，每冊附贈本公司精製公案拈提〈超意境〉CD 一片）
9.**宗通與說通**—成佛之道 平實導師著 主文 381 頁 全書 400 頁售價 300 元
10.**宗門正道**—公案拈提 第五輯 平實導師著 500 元
（2007 年起，每冊附贈本公司精製公案拈提〈超意境〉CD 一片）
11.**狂密與真密 一～四輯** 平實導師著 西藏密宗是人間最邪淫的宗教，本質不是佛教，只是披著佛教外衣的印度教性力派流毒的喇嘛教。此書中將西藏密宗密傳之男女雙身合修樂空雙運所有祕密與修法，毫無保留完全公開，並將全部喇嘛們所不知道的部分也一併公開。內容比大辣出版社喧騰一時的《西藏慾經》更詳細。並且函蓋藏密的所有祕密及其錯誤的中觀見、如來藏見……等，藏密的所有法義都在書中詳述、分析、辨正。每輯主文三百餘頁 每輯全書約 400 頁 售價每輯 300 元
12.**宗門正義**—公案拈提 第六輯 平實導師著 500 元
（2007 年起，每冊附贈本公司精製公案拈提〈超意境〉CD 一片）
13.**心經密意**—心經與解脫道、佛菩提道、祖師公案之關係與密意 平實導師述 300 元
14.**宗門密意**—公案拈提 第七輯 平實導師著 500 元
（2007 年起，每冊附贈本公司精製公案拈提〈超意境〉CD 一片）
15.**淨土聖道**—兼評「選擇本願念佛」 正德老師著 200 元
16.**起信論講記** 平實導師述著 共六輯 每輯三百餘頁 售價各 250 元
17.**優婆塞戒經講記** 平實導師述著 共八輯 每輯三百餘頁 售價各 250 元
18.**真假活佛**—略論附佛外道盧勝彥之邪說（對前岳靈犀網站主張「盧勝彥是證悟者」之修正） 正犀居士（岳靈犀）著 流通價 140 元
19.**阿含正義**—唯識學探源 平實導師著 共七輯 每輯 300 元

20.**超意境 CD** 以平實導師公案拈提書中超越意境之頌詞，加上曲風優美的旋律，錄成令人嚮往的超意境歌曲，其中包括正覺發願文及平實導師親自譜成的黃梅調歌曲一首。詞曲雋永，殊堪翫味，可供學禪者吟詠，有助於見道。內附設計精美的彩色小冊，解說每一首詞的背景本事。每片 280 元。【每購買公案拈提書籍一冊，即贈送一片。】

21.**菩薩底憂鬱 CD** 將菩薩情懷及禪宗公案寫成新詞，並製作成超越意境的優美歌曲。 1.主題曲〈菩薩底憂鬱〉，描述地後菩薩能離三界生死而迴向繼續生在人間，但因尚未斷盡習氣種子而有極深沈之憂鬱，非三賢位菩薩及二乘聖者所知，此憂鬱在七地滿心位方才斷盡；本曲之詞中所說義理極深，昔來所未曾見；此曲係以優美的情歌風格寫詞及作曲，聞者得以激發嚮往諸地菩薩境界之大心，詞、曲都非常優美，難得一見；其中勝妙義理之解說，已印在附贈之彩色小冊中。 2.以各輯公案拈提中直示禪門入處之頌文，作成各種不同曲風之超意境歌曲，值得玩味、參究；聆聽公案拈提之優美歌曲時，請同時閱讀內附之印刷精美說明小冊，可以領會超越三界的證悟境界；未悟者可以因此引發求悟之意向及疑情，眞發菩提心而邁向求悟之途，乃至因此眞實悟入般若，成眞菩薩。 3.正覺總持咒新曲，總持佛法大意；總持咒之義理，已加以解說並印在隨附之小冊中。本 CD 共有十首歌曲，長達 63 分鐘。每盒各附贈二張購書優惠券。每片 280 元。

22.**禪意無限 CD** 平實導師以公案拈提書中偈頌寫成不同風格曲子，與他人所寫不同風格曲子共同錄製出版，幫助參禪人進入禪門超越意識之境界。盒中附贈彩色印製的精美解說小冊，以供聆聽時閱讀，令參禪人得以發起參禪之疑情，即有機會證悟本來面目而發起實相智慧，實證大乘菩提般若，能如實證知般若經中的眞實意。本 CD 共有十首歌曲，長達 69 分鐘，每盒各附贈二張購書優惠券。每片 280 元。

23.**我的菩提路**第一輯　釋悟圓、釋善藏等人合著　售價 300 元

24.**我的菩提路**第二輯　郭正益、張志成等人合著　售價 300 元

25.**我的菩提路**第三輯　王美伶等人合著　預定 2017/6/30 發行　售價 300 元

26.**鈍鳥與靈龜**—考證後代凡夫對大慧宗杲禪師的無根誹謗。

平實導師著 共 458 頁 售價 350 元

27.**維摩詰經講記** 平實導師述 共六輯 每輯三百餘頁 售價各 250 元

28.**真假外道**—破劉東亮、杜大威、釋證嚴常見外道見　正光老師著　200 元

29.**勝鬘經講記**—兼論印順《勝鬘經講記》對於《勝鬘經》之誤解。

平實導師述　共六輯　每輯三百餘頁　售價 250 元

30.**楞嚴經講記** 平實導師述 共 **15** 輯，每輯三百餘頁 售價 300 元

31.**明心與眼見佛性**—駁慧廣〈蕭氏「眼見佛性」與「明心」之非〉文中謬說

正光老師著　共 448 頁　售價 300 元

32.**見性與看話頭** 黃正倖老師 著，本書是禪宗參禪的方法論。

內文 375 頁，全書 416 頁，售價 300 元。

33.**達賴真面目**—玩盡天下女人 白正偉老師 等著 中英對照彩色精裝大本 800 元
34.**喇嘛性世界**—揭開假藏傳佛教譚崔瑜伽的面紗 張善思 等人著 200 元
35.**假藏傳佛教的神話**—性、謊言、喇嘛教 正玄教授編著 200 元
36.**金剛經宗通** 平實導師述 共九輯 每輯售價 250 元。
37.**空行母**—性別、身分定位，以及藏傳佛教。
珍妮·坎貝爾著 呂艾倫 中譯 售價 250 元
38.**末代達賴**—性交教主的悲歌 張善思、呂艾倫、辛燕編著 售價 250 元
39.**霧峰無霧**—給哥哥的信 辨正釋印順對佛法的無量誤解
游宗明 老師著 售價 250 元
40.**第七意識與第八意識？**—穿越時空「超意識」
平實導師述 每冊 300 元
41.**黯淡的達賴**—失去光彩的諾貝爾和平獎
正覺教育基金會編著 每冊 250 元
42.**童女迦葉考**—論呂凱文〈佛教輪迴思想的論述分析〉之謬。
平實導師 著 定價 180 元
43.**人間佛教**—實證者必定不悖三乘菩提
平實導師 述，定價 400 元
44.**實相經宗通** 平實導師述 共八輯 每輯 250 元
45.**真心告訴您(一)**—達賴喇嘛在幹什麼？
正覺教育基金會編著 售價 250 元
46.**中觀金鑑**—詳述應成派中觀的起源與其破法本質
孫正德老師著 分爲上、中、下三冊，每冊 250 元
47.**佛法入門**—迅速進入三乘佛法大門，消除久學佛法漫無方向之窘境。
○○居士著 將於正覺電子報連載後出版。售價 250 元
48.**藏傳佛教要義**—《狂密與真密》之簡體字版 平實導師 著 上、下冊
僅在大陸流通 每冊 300 元
49.**法華經講義** 平實導師述 共二十五輯 每輯 300 元
已於 2015/05/31 起開始出版，每二個月出版一輯
50.**西藏「活佛轉世」制度**—附佛、造神、世俗法
許正豐、張正玄老師合著 定價 150 元
51.**廣論三部曲** 郭正益老師著 定價 150 元
52.**真心告訴您(二)**—達賴喇嘛是佛教僧侶嗎？
—補祝達賴喇嘛八十大壽
正覺教育基金會編著 售價 300 元
53.**廣論之平議**—宗喀巴《菩提道次第廣論》之平議 正雄居士著
約二或三輯 俟正覺電子報連載後結集出版 書價未定
54.**末法導護**—對印順法師中心思想之綜合判攝 正慶老師著 書價未定
55.**菩薩學處**—菩薩四攝六度之要義 陸正元老師著 出版日期未定。
56.**八識規矩頌**詳解 ○○居士 註解 出版日期另訂 書價未定。

57.**印度佛教史**—法義與考證。依法義史實評論印順《印度佛教思想史、佛教史地考論》之謬說　正偉老師著　出版日期未定　書價未定

58.**中國佛教史**—依中國佛教正法史實而論。○○老師 著　書價未定。

59.**中論正義**—釋龍樹菩薩《中論》頌正理。
孫正德老師著　出版日期未定　書價未定

60.**中觀正義**—註解平實導師《中論正義頌》。
○○法師（居士）著　出版日期未定　書價未定

61.**佛藏經講記**　平實導師述　出版日期未定　書價未定

62.**阿含經講記**—將選錄四阿含中數部重要經典全經講解之，講後整理出版。
平實導師述　約二輯　每輯 300 元　出版日期未定

63.**寶積經講記**　平實導師述　每輯三百餘頁 優惠價 300 元 出版日期未定

64.**解深密經講記**　平實導師述 約四輯　將於重講後整理出版

65.**成唯識論略解**　平實導師著　五～六輯　每輯300 元　出版日期未定

66.**修習止觀坐禪法要講記**　平實導師述　每輯三百餘頁
將於正覺寺建成後重講、以講記逐輯出版　出版日期未定

67.**無門關**—《無門關》公案拈提　平實導師著　出版日期未定

68.**中觀再論**—兼述印順《中觀今論》謬誤之平議。正光老師著 出版日期未定

69.**輪迴與超度**—佛教超度法會之真義。
○○法師（居士）著　出版日期未定　書價未定

70.**《釋摩訶衍論》平議**—對偽稱龍樹所造《釋摩訶衍論》之平議
○○法師（居士）著　出版日期未定　書價未定

71.**正覺發願文**註解—以真實大願為因 得證菩提
正德老師著　出版日期未定　書價未定

72.**正覺總持咒**—佛法之總持　正圜老師著　出版日期未定　書價未定

73.**涅槃**—論四種涅槃　平實導師著　出版日期未定　書價未定

74.**三自性**—依四食、五蘊、十二因緣、十八界法，說三性三無性。
作者未定　出版日期未定

75.**道品**—從三自性說大小乘三十七道品　作者未定　出版日期未定

76.**大乘緣起觀**—依四聖諦七真如現觀十二緣起 作者未定　出版日期未定

77.**三德**—論解脫德、法身德、般若德。　作者未定　出版日期未定

78.**真假如來藏**—對印順《如來藏之研究》謬說之平議　作者未定 出版日期未定

79.**大乘道次第**　作者未定　出版日期未定　書價未定

80.**四緣**—依如來藏故有四緣。　作者未定　出版日期未定

81.**空之探究**—印順《空之探究》謬誤之平議　作者未定 出版日期未定

82.**十法義**—論阿含經中十法之正義　作者未定　出版日期未定

83.**外道見**—論述外道六十二見　作者未定　出版日期未定

正智出版社有限公司 書籍介紹

禪淨圓融：言淨土諸祖所未曾言，示諸宗祖師所未曾示；禪淨圓融，另闢成佛捷徑，兼顧自力他力，闡釋淨土門之速行易行道，亦同時揭櫫聖教門之速行易行道；令廣大淨土行者得免緩行難證之苦，亦令聖道門行者得以藉著淨土速行道而加快成佛之時劫。乃前無古人之超勝見地，非一般弘揚禪淨法門典籍也，先讀爲快。平實導師著 200元。

宗門正眼——**公案拈提**第一輯：繼承克勤圜悟大師碧巖錄宗旨之禪門鉅作。先則舉示當代大法師之邪說，消弭當代禪門大師鄉愿之心態，摧破當今禪門「世俗禪」之妄談；次則旁通教法，表顯宗門正理；繼以道之次第，消弭古今狂禪；後藉言語及文字機鋒，直示宗門入處。悲智雙運，禪味十足，數百年來難得一睹之禪門鉅著也。平實導師著 500元（原初版書《禪門摩尼寶聚》，改版後補充爲五百餘頁新書，總計多達二十四萬字，內容更精彩，並改名爲《宗門正眼》，讀者原購初版《禪門摩尼寶聚》皆可寄回本公司免費換新，免附回郵，亦無截止期限）（2007年起，凡購買公案拈提第一輯至第七輯，每購一輯皆贈送本公司精製公案拈提〈超意境〉CD一片，市售價格280元，多購多贈）。

禪—悟前與悟後：本書能建立學人悟道之信心與正確知見，圓滿具足而有次第地詳述禪悟之功夫與禪悟之內容，指陳參禪中細微淆訛之處，能使學人明自眞心、見自本性。若未能悟入，亦能以正確知見辨別古今中外一切大師究係眞悟？或屬錯悟？便有能力揀擇，捨名師而選明師，後時必有悟道之緣。一旦悟道，遲者七次人天往返，便出三界，速者一生取辦。學人欲求開悟者，不可不讀。　平實導師著。上、下冊共500元，單冊250元。

眞實如來藏：如來藏眞實存在，乃宇宙萬有之本體，並非印順法師、達賴喇嘛等人所說之「唯有名相、無此心體」。如來藏是涅槃之本際，是一切有智之人竭盡心智、不斷探索而不能得之生命實相；是古今中外許多大師自以爲悟而當面錯過之生命實相。如來藏即是阿賴耶識，乃是一切有情本自具足、不生不滅之眞實心。當代中外大師於此書出版之前所未能言者，作者於本書中盡情流露、詳細闡釋。眞悟者讀之，必能增益悟境、智慧增上；錯悟者讀之，必能檢討自己之錯誤，免犯大妄語業；未悟者讀之，能知參禪之理路，亦能以之檢查一切名師是否眞悟。此書是一切哲學家、宗教家、學佛者及欲昇華心智之人必讀之鉅著。　平實導師著　售價400元。

宗門法眼—**公案拈提**第一輯：列舉實例，闡釋土城廣欽老和尚之悟處；並直示這位不識字的老和尚妙智橫生之根由，繼而剖析禪宗歷代大德之開悟公案，解析當代密宗高僧卡盧仁波切之錯悟證據，並例舉當代顯宗高僧、大居士之錯悟證據（凡健在者，爲免影響其名聞利養，皆隱其名）。藉辨正當代名師之邪見，向廣大佛子指陳禪悟之正道，彰顯宗門法眼。悲勇兼出，強捋虎鬚；慈智雙運，巧探驪龍；摩尼寶珠在手，直示宗門入處，禪味十足；若非大悟徹底，不能爲之。禪門精奇人物，允宜人手一冊，供作參究及悟後印證之圭臬。本書於2008年4月改版，增寫為大約500頁篇幅，以利學人研讀參究時更易悟入宗門正法，以前所購初版首刷及初版二刷舊書，皆可免費換取新書。平實導師著 500元（2007年起，凡購買公案拈提第一輯至第七輯，每購一輯皆贈送本公司精製公案拈提〈超意境〉CD一片，市售價格280元，多購多贈）。

宗門道眼—**公案拈提**第三輯：繼宗門法眼之後，再以金剛之作略、慈悲之胸懷、犀利之筆觸，舉示寒山、拾得、布袋三大士之悟處，消弭當代錯悟者對於寒山大士……等之誤會及誹謗。亦舉出民初以來與虛雲和尚齊名之蜀郡鹽亭袁煥仙夫子——南懷瑾老師之師，其「悟處」何在？並蒐羅許多眞悟祖師之證悟公案，顯示禪宗歷代祖師之睿智，指陳部分祖師、奧修及當代顯密大師之謬悟，作爲殷鑑，幫助禪子建立及修正參禪之方向及知見。假使讀者閱此書已，一時尚未能悟，亦可一面加功用行，一面以此宗門道眼辨別眞假善知識，避開錯誤之印證及歧路，可免大妄語業之長劫慘痛果報。欲修禪宗之禪者，務請細讀。平實導師著 售價500元（2007年起，凡購買公案拈提第一輯至第七輯，每購一輯皆贈送本公司精製公案拈提〈超意境〉CD一片，市售價格280元，多購多贈）。

楞伽經詳解：本經是禪宗見道者印證所悟眞僞之根本經典，亦是禪宗見道者悟後起修之依據經典；故達摩祖師於印證二祖慧可大師之後，將此經典連同佛鉢祖衣一併交付二祖，令其依此經典佛示金言、進入修道位，修學一切種智。由此可知此經對於眞悟之人修學佛道，是非常重要之一部經典。此經能破外道邪說，亦破佛門中錯悟名師之謬說，亦破禪宗部分祖師之狂禪：不讀經典、一向主張「一悟即成究竟佛」之謬執。並開示愚夫所行禪、觀察義禪、攀緣如禪、如來禪等差別，令行者對於三乘禪法差異有所分辨；亦糾正禪宗祖師古來對於如來禪之誤解，嗣後可免以訛傳訛之弊。此經亦是法相唯識宗之根本經典，禪者悟後欲修一切種智而入初地者，必須詳讀。　平實導師著，全套共十輯，已全部出版完畢，每輯主文約320頁，每冊約352頁，定價250元。

宗門血脈—**公案拈提**第**四**輯：末法怪象—許多修行人自以爲悟，每將無念靈知認作眞實；崇尚二乘法諸師及其徒眾，則將**外於如來藏之緣起性空**—無因論之無常空、斷滅空、一切法空—錯認爲 佛所說之般若空性。這兩種現象已於當今海峽兩岸及美加地區顯密大師之中普遍存在；人人自以爲悟，心高氣壯，便敢寫書解釋祖師證悟之公案，大多出於意識思惟所得，言不及義，錯誤百出，因此誤導廣大佛子同陷大妄語之地獄業中而不能自知。彼等書中所說之悟處，其實處處違背第一義經典之聖言量。彼等諸人不論是否身披袈裟，都非佛法宗門血脈，或雖有禪宗法脈之傳承，亦只徒具形式；猶如螟蛉，非眞血脈，未悟得根本眞實故。禪子欲知佛、祖之眞血脈者，請讀此書，便知分曉。平實導師著，主文452頁，全書464頁，定價500元（2007年起，凡購買公案拈提第一輯至第七輯，每購一輯皆贈送本公司精製公案拈提〈超意境〉CD一片，市售價格280元，多購多贈）。

宗通與說通：古今中外，錯誤之人如麻似粟，每以常見外道所說之靈知心，認作眞心；或妄想虛空之勝性能量爲眞如，或錯認物質四大元素藉冥性（靈知心本體）能成就吾人色身及知覺，或認初禪至四禪中之了知心爲不生不滅之涅槃心。此等皆非通宗者之見地。復有錯悟之人一向主張「宗門與教門不相干」，此即尚未通達宗門之人也。其實宗門與教門互通不二，宗門所證者乃是眞如與佛性，教門所說者乃說宗門證悟之眞如佛性，故教門與宗門不二。本書作者以宗教二門互通之見地，細說「宗通與說通」，從初見道至悟後起修之道、細說分明；並將諸宗諸派在整體佛教中之地位與次第，加以明確之教判，學人讀之即可了知佛法之梗概也。欲擇明師學法之前，允宜先讀。平實導師著，主文共381頁，全書392頁，只售成本價300元。

宗門正道—**公案拈提**第五輯：修學大乘佛法有二果須證解脫果及大菩提果。二乘人不證大菩提果，唯證解脫果；此果之智慧，名爲聲聞菩提、緣覺菩提。大乘佛子所證二果之菩提果爲佛菩提，故名大菩提果，其慧名爲一切種智函蓋二乘解脫果。然此大乘二果修證，須經由禪宗之宗門證悟方能相應。而宗門證悟極難，自古已然；其所以難者，咎在古今佛教界普遍存在三種邪見：1.以修定認作佛法，2.以無因論之緣起性空—否定涅槃本際如來藏以後之一切法空作爲佛法，3.以常見外道邪見（離語言妄念之靈知性）作爲佛法。如是邪見，或因自身正見未立所致，或因邪師之邪教導所致，或因無始劫來虛妄熏習所致。若不破除此三種邪見，永劫不悟宗門眞義、不入大乘正道，唯能外門廣修菩薩行。平實導師於此書中，有極爲詳細之說明，有志佛子欲摧邪見、入於內門修菩薩行者，當閱此書。主文共496頁，全書512頁。售價500元（2007年起，凡購買公案拈提第一輯至第七輯，每購一輯皆贈送本公司精製公案拈提〈超意境〉CD一片，市售價格280元，多購多贈）。

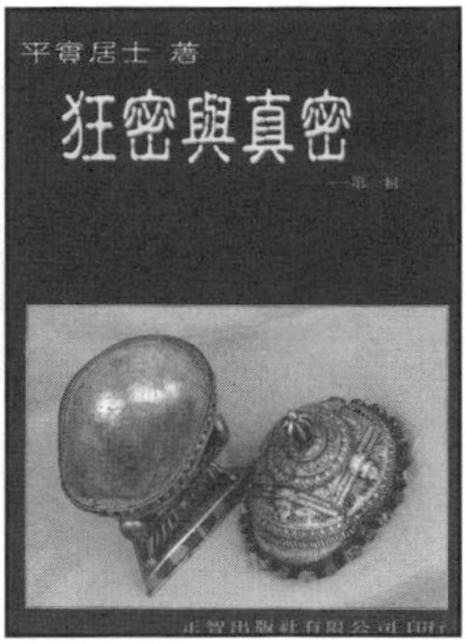

狂密與眞密：密教之修學，皆由有相之觀行法門而入，其最終目標仍不離顯教經典所說第一義諦之修證；若離顯教第一義經典、或違背顯教第一義經典，即非佛教。西藏密教之觀行法，如灌頂、觀想、遷識法、寶瓶氣、大聖歡喜雙身修法、喜金剛、無上瑜伽、大樂光明、樂空雙運等，皆是印度教**兩性生生不息**思想之轉化，**自始至終皆以如何能運用交合淫樂之法達到全身受樂**爲其中心思想，純屬欲界五欲的貪愛，不能令人超出欲界輪迴，更不能令人斷除我見；何況大乘之明心與見性，更無論矣！故密宗之法絕非佛法也。而其明光大手印、大圓滿法教，又皆同以常見外道所說**離語言妄念之無念靈知心**錯認爲佛地之眞如，不能直指不生不滅之眞如。西藏密宗所有法王與徒眾，都尚未開頂門眼，不能辨別眞僞，以**依人不依法、依密續不依經典**故，不肯將其上師喇嘛所說對照第一義經典，純依密續之藏密祖師所說爲準，因此而誇大其證德與證量，動輒謂彼祖師上師爲究竟佛、爲地上菩薩；如今台海兩岸亦有自謂其師證量高於 釋迦文佛者，然觀其師所述，猶未見道，仍在觀行即佛階段，尚未到禪宗相似即佛、分證即佛階位，竟敢標榜爲究竟佛及地上法王，誑惑初機學人。凡此怪象皆是狂密，不同於眞密之修行者。近年狂密盛行，密宗行者被誤導者極眾，動輒自謂已證佛地眞如，自視爲究竟佛，陷於大妄語業中而不知自省，反謗顯宗眞修實證者之證量粗淺；或如義雲高與釋性圓…等人，於報紙上公然誹謗眞實證道者爲「騙子、無道人、人妖、癩蛤蟆…」等，造下誹謗大乘勝義僧之大惡業；或以外道法中有爲有作之甘露、魔術……等法，誑騙初機學人，狂言彼外道法爲眞佛法。如是怪象，在西藏密宗及附藏密之外道中，不一而足，舉之不盡，學人宜應愼思明辨，以免上當後又犯毀破菩薩戒之重罪。密宗學人若欲遠離邪知邪見者，請閱此書，即能了知密宗之邪謬，從此遠離邪見與邪修，轉入眞正之佛道。

平實導師著 共四輯 每輯約400頁（主文約340頁）每輯售價300元。

宗門正義—公案拈提第六輯：佛教有六大危機，乃是藏密化、世俗化、膚淺化、學術化、宗門密意失傳、悟後進修諸地之次第混淆；其中尤以宗門密意之失傳，爲當代佛教最大之危機。由宗門密意失傳故，易令世尊本懷普被錯解，易令 世尊正法被轉易爲外道法，以及加以淺化、世俗化，是故宗門密意之廣泛弘傳與具緣佛弟子，極爲重要。然而欲令宗門密意之廣泛弘傳予具緣之佛弟子者，必須同時配合錯誤知見之解析、普令佛弟子知之，然後輔以公案解析之直示入處，方能令具緣之佛弟子悟入。而此二者，皆須以公案拈提之方式爲之，方易成其功、竟其業，是故平實導師續作宗門正義一書，以利學人。全書500餘頁，售價500元（2007年起，凡購買公案拈提第一輯至第七輯，每購一輯皆贈送本公司精製公案拈提〈超意境〉CD一片，市售價格280元，多購多贈）。

心經密意—心經與解脫道、佛菩提道、祖師公案之關係與密意。二乘菩提所證之解脫道，實依第八識心之斷除煩惱障現行而立解脫之名；大乘菩提所證之佛菩提道，實依親證第八識如來藏之涅槃性、清淨自性、及其中道性而立般若之名；禪宗祖師公案所證之眞心，即是此第八識如來藏；是故三乘佛法所修所證之三乘菩提，皆依此如來藏心而立名也。證得此第八識心，即是《心經》所說之心也。證得此如來藏已，即能漸入大乘佛菩提道，亦可因證知此心而了知二乘無學所不能知之無餘涅槃本際，是故《心經》之密意，與三乘佛菩提之關係極爲密切、不可分割，三乘佛法皆依此心而立名故。今者平實導師以其所證解脫道之無生智及佛菩提之般若種智，將《心經》與解脫道、佛菩提道、祖師公案之關係與密意，以演講之方式，用淺顯之語句和盤托出，發前人所未言，呈三乘菩提之眞義，令人藉此《心經密意》一舉而窺三乘菩提之堂奧，迥異諸方言不及義之說；欲求眞實佛智者、不可不讀！主文317頁，連同跋文及序文…等共384頁，售價300元。

宗門密意—公案拈提第七輯：佛教之世俗化，將導致學人以信仰作爲學佛，則將以感應及世間法之庇祐，作爲學佛之主要目標，不能了知學佛之主要目標爲親證三乘菩提。大乘菩提則以般若實相智慧爲主要修習目標，以二乘菩提解脫道爲附帶修習之標的；是故學習大乘法者，應以禪宗之證悟爲要務，能親入大乘菩提之實相般若智慧中故，般若實相智慧非二乘聖人所能知故。此書則以台灣世俗化佛教之三大法師，說法似是而非之實例，配合眞悟祖師之公案解析，提示證悟般若之關節，令學人易得悟入。平實導師著，全書五百餘頁，售價500元（2007年起，凡購買公案拈提第一輯至第七輯，每購一輯皆贈送本公司精製公案拈提〈超意境〉CD一片，市售價格280元，多購多贈）。

淨土聖道—兼評日本本願念佛：佛法甚深極廣，般若玄微，非諸二乘聖僧所能知之，一切凡夫更無論矣！所謂一切證量皆歸淨土是也！是故大乘法中「聖道之淨土、淨土之聖道」，其義甚深，難可了知；乃至眞悟之人，初心亦難知也。今有正德老師眞實證悟後，復能深探淨土與聖道之緊密關係，憐憫眾生之誤會淨土實義，亦欲利益廣大淨土行人同入聖道，同獲淨土中之聖道門要義，乃振奮心神、書以成文，今得刊行天下。主文279頁，連同序文等共301頁，總有十一萬六千餘字，正德老師著，成本價200元。

起信論講記：詳解大乘起信論**心生滅門**與**心眞如門**之眞實意旨，消除以往大師與學人對起信論所說**心生滅門**之誤解，由是而得了知眞心如來藏之非常非斷中道正理；亦因此一講解，令此論以往隱晦而被誤解之眞實義，得以如實顯示，令大乘佛菩提道之正理得以顯揚光大；初機學者亦可藉此正論所顯示之法義，對大乘法理生起正信，從此得以眞發菩提心，眞入大乘法中修學，世世常修菩薩正行。平實導師演述，共六輯，都已出版，每輯三百餘頁，售價各250元。

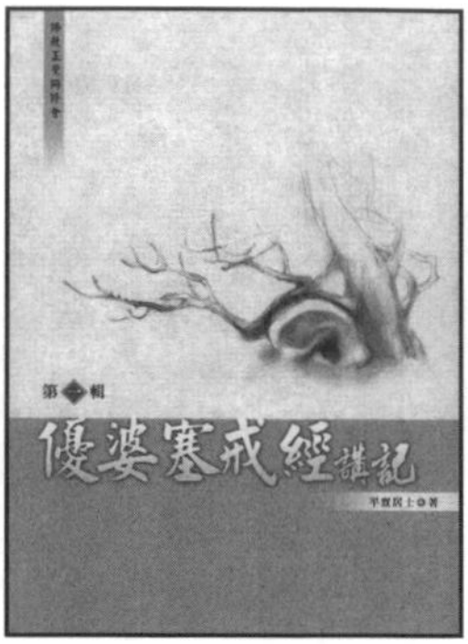

優婆塞戒經講記：本經詳述在家菩薩修學大乘佛法，應如何受持菩薩戒？對人間善行應如何看待？對三寶應如何護持？應如何正確地修集此世後世證法之福德？應如何修集後世「行菩薩道之資糧」？並詳述第一義諦之正義：五蘊非我非異我、自作自受、異作異受、不作不受……等深妙法義，乃是修學大乘佛法、行菩薩行之在家菩薩所應當了知者。出家菩薩今世或未來世登地已，捨報之後多數將如華嚴經中諸大菩薩，以在家菩薩身而修行菩薩行，故亦應以此經所述正理而修之，配合《楞伽經、解深密經、楞嚴經、華嚴經》等道次第正理，方得漸次成就佛道；故此經是一切大乘行者皆應證知之正法。平實導師講述，每輯三百餘頁，售價各250元；共八輯，已全部出版。

真假活佛—略論附佛外道盧勝彥之邪說：人人身中都有眞活佛，永生不滅而有大神用，但眾生都不了知，所以常被身外的西藏密宗假活佛籠罩欺瞞。本來就眞實存在的眞活佛，才是眞正的密宗無上密！諾那活佛因此而說禪宗是大密宗，但藏密的所有活佛都不知道、也不曾實證自身中的眞活佛。本書詳實宣示眞活佛的道理，舉證盧勝彥的「佛法」不是眞佛法，也顯示盧勝彥是假活佛，直接的闡釋第一義佛法見道的眞實正理。眞佛宗的所有上師與學人們，都應該詳細閱讀，包括盧勝彥個人在內。正犀居士著，優惠價140元。

阿含正義—唯識學探源：廣說四大部《阿含經》諸經中隱說之眞正義理，一一舉示佛陀本懷，令阿含時期初轉法輪根本經典之眞義，如實顯現於佛子眼前。並提示末法大師對於阿含眞義誤解之實例，一一比對之，證實唯識增上慧學確於原始佛法之阿含諸經中已隱覆密意而略說之，證實 世尊確於原始佛法中已曾密意而說第八識如來藏之總相；亦證實 世尊在四阿含中已說此藏識是名色十八界之因、之本—證明如來藏是能生萬法之根本心。佛子可據此修正以往受諸大師（譬如西藏密宗應成派中觀師：印順、昭慧、性廣、大願、達賴、宗喀巴、寂天、月稱、……等人）誤導之邪見，建立正見，轉入正道乃至親證初果而無困難；書中並詳說三果所證的**心解脫**，以及四果**慧解脫**的親證，都是如實可行的具體知見與行門。全書共七輯，已出版完畢。平實導師著，每輯三百餘頁，售價300元。

超意境CD：以平實導師公案拈提書中超越意境之頌詞，加上曲風優美的旋律，錄成令人嚮往的超意境歌曲，其中包括正覺發願文及平實導師親自譜成的黃梅調歌曲一首。詞曲雋永，殊堪翫味，可供學禪者吟詠，有助於見道。內附設計精美的彩色小冊，解說每一首詞的背景本事。每片280元。【每購買公案拈提書籍一冊，即贈送一片。】

鈍鳥與靈龜：鈍鳥及靈龜二物，被宗門證悟者說爲二種人：前者是精修禪定而無智慧者，也是以定爲禪的愚癡禪人；後者是或有禪定、或無禪定的宗門證悟者，凡已證悟者皆是靈龜。但後來被人虛造事實，用以嘲笑大慧宗杲禪師，說他雖是靈龜，卻不免被天童禪師預記「患背」痛苦而亡：「**鈍鳥離巢易，靈龜脫殼難。**」藉以貶低大慧宗杲的證量。同時將天童禪師實證如來藏的證量，曲解爲意識境界的離念靈知。自從大慧禪師入滅以後，錯悟凡夫對他的不實毀謗就一直存在著，不曾止息，並且捏造的假事實也隨著年月的增加而越來越多，終至編成「鈍鳥與靈龜」的假公案、假故事。本書是考證大慧與天童之間的不朽情誼，顯現這件假公案的虛妄不實；更見大慧宗杲面對惡勢力時的正直不阿，亦顯示大慧對天童禪師的至情深義，將使後人對大慧宗杲的誣謗至此而止，不再有人誤犯毀謗賢聖的惡業。書中亦舉證宗門的所悟確以第八識如來藏爲標的，詳讀之後必可改正以前被錯悟大師誤導的參禪知見，日後必定有助於實證禪宗的開悟境界，得階大乘眞見道位中，即是實證般若之賢聖。全書459頁，售價350元。

我的菩提路第一輯：凡夫及二乘聖人不能實證的佛菩提證悟，末法時代的今天仍然有人能得實證，由正覺同修會釋悟圓、釋善藏法師等二十餘位實證如來藏者所寫的見道報告，已爲當代學人見證宗門正法之絲縷不絕，證明大乘義學的法脈仍然存在，爲末法時代求悟般若之學人照耀出光明的坦途。由二十餘位大乘見道者所繕，敘述各種不同的學法、見道因緣與過程，參禪求悟者必讀。全書三百餘頁，售價300元。

我的菩提路第二輯：由郭正益老師等人合著，書中詳述彼等諸人歷經各處道場學法，一一修學而加以檢擇之不同過程以後，因閱讀正覺同修會、正智出版社書籍而發起抉擇分，轉入正覺同修會中修學；乃至學法及見道之過程，都一一詳述之。其中張志成等人係由前現代禪轉進正覺同修會，張志成原爲現代禪副宗長，以前未閱本會書籍時，曾被人藉其名義著文評論 平實導師（詳見《宗通與說通》辨正及《眼見佛性》書末附錄…等）；後因偶然接觸正覺同修會書籍，深覺以前聽人評論平實導師之語不實，於是投入極多時間閱讀本會書籍、深入思辨，詳細探索中觀與唯識之關聯與異同，認爲正覺之法義方是正法，深覺相應；亦解開多年來對佛法的迷雲，確定應依八識論正理修學方是正法。乃不顧面子，毅然前往正覺同修會面見平實導師懺悔，並正式學法求悟。今已與其同修王美伶（亦爲前現代禪傳法老師），同樣證悟如來藏而證得法界實相，生起實相般若眞智。此書中尚有七年來本會第一位眼見佛性者之見性報告一篇，一同供養大乘佛弟子。全書四百頁，售價300元。

我的菩提路第三輯：由王美伶老師等人合著。自從正覺同修會成立以來，每年夏初、冬初都舉辦精進禪三共修，藉以助益會中同修們得以證悟明心發起般若實相智慧；凡已實證而被平實導師印證者，皆書具見道報告用以證明佛法之眞實可證而非玄學，證明佛法並非純屬思想、理論而無實質，是故每年都能有人證明正覺同修會的「實證佛教」主張並非虛語。特別是眼見佛性一法，自古以來中國禪宗祖師實證者極寡，較之明心開悟的證境更難令人信受；至2017年初，正覺同修會中的證悟明心者已近五百人，然而其中眼見佛性者至今唯十餘人爾，可謂難能可貴，是故明心後欲冀眼見佛性者實屬不易。黃正倖老師是懸絕七年無人見性後的第一人，她於2009年的見性報告刊於本書的第二輯中，爲大眾證明佛性確實可以眼見；其後七年之中求見性者都屬解悟佛性而無人眼見，幸而又經七年後的2016冬初，以及2017夏初的禪三，復有三人眼見佛性，希冀鼓舞四眾佛子求見佛性之大心，今則具載一則於書末，顯示求見佛性之事實經歷，供養現代佛教界欲得見性之四眾弟子。全書四百頁，售價300元，預定2017年6月30日發行。

維摩詰經講記：本經係 世尊在世時，由等覺菩薩維摩詰居士藉疾病而演說之大乘菩提無上妙義，所說函蓋甚廣，然極簡略，是故今時諸方大師與學人讀之悉皆錯解，何況能知其中隱含之深妙正義，是故普遍無法爲人解說；若強爲人說，則成依文解義而有諸多過失。今由平實導師公開宣講之後，詳實解釋其中密意，令維摩詰菩薩所說大乘不可思議解脫之深妙正法得以正確宣流於人間，利益當代學人及與諸方大師。書中詳實演述大乘佛法深妙不共二乘之智慧境界，顯示諸法之中絕待之實相境界，建立大乘菩薩妙道於永遠不敗不壞之地，以此成就護法偉功，欲冀永利娑婆人天。已經宣講圓滿整理成書流通，以利諸方大師及諸學人。全書共六輯，每輯三百餘頁，售價各250元。

菩薩底憂鬱CD將菩薩情懷及禪宗公案寫成新詞，並製作成超越意境的優美歌曲。1.主題曲〈菩薩底憂鬱〉，描述地後菩薩能離三界生死而迴向繼續生在人間，但因尚未斷盡習氣種子而有極深沈之憂鬱，非三賢位菩薩及二乘聖者所知，此憂鬱在七地滿心位方才斷盡；本曲之詞中所說義理極深，昔來所未曾見；此曲係以優美的情歌風格寫詞及作曲，聞者得以激發嚮往諸地菩薩境界之大心，詞、曲都非常優美，難得一見；其中勝妙義理之解說，已印在附贈之彩色小冊中。2.以各輯公案拈提中直示禪門入處之頌文，作成各種不同曲風之超意境歌曲，值得玩味、參究；聆聽公案拈提之優美歌曲時，請同時閱讀內附之印刷精美說明小冊，可以領會超越三界的證悟境界；未悟者可以因此引發求悟之意向及疑情，眞發菩提心而邁向求悟之途，乃至因此眞實悟入般若，成眞菩薩。3.正覺總持咒新曲，總持佛法大意；總持咒之義理，已加以解說並印在隨附之小冊中。本CD共有十首歌曲，長達63分鐘，附贈二張購書優惠券。每片280元。

勝鬘經講記：如來藏爲三乘菩提之所依，若離如來藏心體及其含藏之一切種子，即無三界有情及一切世間法，亦無二乘菩提緣起性空之出世間法；本經詳說無始無明、一念無明皆依如來藏而有之正理，藉著詳解煩惱障與所知障間之關係，令學人深入了知二乘菩提與佛菩提相異之妙理；聞後即可了知佛菩提之特勝處及三乘修道之方向與原理，邁向攝受正法而速成佛道的境界中。平實導師講述，共六輯，每輯三百餘頁，售價各250元。

楞嚴經講記：楞嚴經係密教部之重要經典，亦是顯教中普受重視之經典；經中宣說明心與見性之內涵極為詳細，將一切法都會歸如來藏及佛性—妙真如性；亦闡釋佛菩提道修學過程中之種種魔境，以及外道誤會涅槃之狀況，旁及三界世間之起源。然因言句深澀難解，法義亦復深妙寬廣，學人讀之普難通達，是故讀者大多誤會，不能如實理解佛所說之明心與見性內涵，亦因是故多有悟錯之人引為開悟之證言，成就大妄語罪。今由平實導師詳細講解之後，整理成文，以易讀易懂之語體文刊行天下，以利學人。全書十五輯，全部出版完畢。每輯三百餘頁，售價每輯300元。

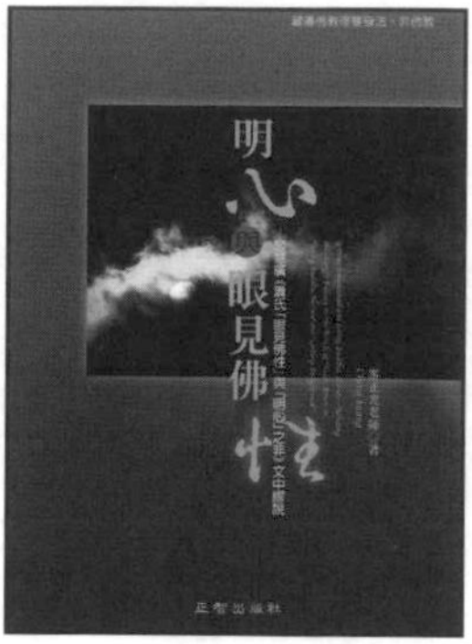

明心與眼見佛性：本書細述明心與眼見佛性之異同，同時顯示了中國禪宗破初參明心與重關眼見佛性二關之間的關聯；書中又藉法義辨正而旁述其他許多勝妙法義，讀後必能遠離佛門長久以來積非成是的錯誤知見，令讀者在佛法的實證上有極大助益。也藉慧廣法師的謬論來教導佛門學人回歸正知正見，遠離古今禪門錯悟者所墮的意識境界，非唯有助於斷我見，也對未來的開悟明心實證第八識如來藏有所助益，是故學禪者都應細讀之。　游正光老師著　　共448頁　售價300元。

見性與看話頭：黃正倖老師的《見性與看話頭》於《正覺電子報》連載完畢，今結集出版。書中詳說禪宗看話頭的詳細方法，並細說看話頭與眼見佛性的關係，以及眼見佛性者求見佛性前必須具備的條件。本書是禪宗實修者追求明心開悟時參禪的方法書，也是求見佛性者作功夫時必讀的方法書，內容兼顧眼見佛性的理論與實修之方法，是依實修之體驗配合理論而詳述，條理分明而且極爲詳實、周全、深入。本書內文375頁，全書416頁，售價300元。

禪意無限CD平實導師以公案拈提書中偈頌寫成不同風格曲子，與他人所寫不同風格曲子共同錄製出版，幫助參禪人進入禪門超越意識之境界。盒中附贈彩色印製的精美解說小冊，以供聆聽時閱讀，令參禪人得以發起參禪之疑情，即有機會證悟本來面目，實證大乘菩提般若。本CD共有十首歌曲，長達69分鐘，每盒各附贈二張購書優惠券。每片280元。

金剛經宗通：三界唯心，萬法唯識，是成佛之修證內容，是諸地菩薩之所修；般若則是成佛之道（實證三界唯心、萬法唯識）的入門，若未證悟實相般若，即無成佛之可能，必將永在外門廣行菩薩六度，永在凡夫位中。然而實相般若的發起，全賴實證萬法的實相；若欲證知萬法的眞相，則必須探究萬法之所從來，則須實證自心如來—金剛心如來藏，然後現觀這個金剛心的金剛性、眞實性、如如性、清淨性、涅槃性、能生萬法的自性性、本住性，名爲證眞如；進而現觀三界六道唯是此金剛心所成，人間萬法須藉八識心王和合運作方能現起。如是實證《華嚴經》的「三界唯心、萬法唯識」以後，由此等現觀而發起實相般若智慧，繼續進修第十住位的如幻觀、第十行位的陽焰觀、第十迴向位的如夢觀，再生起增上意樂而勇發十無盡願，方能滿足三賢位的實證，轉入初地；自知成佛之道而無偏倚，從此按部就班、次第進修乃至成佛。第八識自心如來是般若智慧之所依，般若智慧的修證則要從實證金剛心自心如來開始；《金剛經》則是解說自心如來之經典，是一切三賢位菩薩所應進修之實相般若經典。這一套書，是將平實導師宣講的《金剛經宗通》內容，整理成文字而流通之；書中所說義理，迥異古今諸家依文解義之說，指出大乘見道方向與理路，有益於禪宗學人求開悟見道，及轉入內門廣修六度萬行。講述完畢後結集出版，總共9輯，每輯約三百餘頁，售價各250元。

真假外道：本書具體舉證佛門中的常見外道知見實例，並加以教證及理證上的辨正，幫助讀者輕鬆而快速的了知常見外道的錯誤知見，進而遠離佛門內外的常見外道知見，因此即能改正修學方向而快速實證佛法。游正光老師著。成本價200元。

空行母—性別、身分定位，以及藏傳佛教：本書作者爲蘇格蘭哲學家，因爲嚮往佛教深妙的哲學內涵，於是進入當年盛行於歐美的假藏傳佛教密宗，擔任卡盧仁波切的翻譯工作多年以後，被邀請成爲卡盧的空行母（又名佛母、明妃），開始了她在密宗裡的實修過程；後來發覺在密宗雙身法中的修行，其實無法使自己成佛，也發覺密宗對女性岐視而處處貶抑，並剝奪女性在雙身法中擔任一半角色時應有的身分定位。當她發覺自己只是雙身法中被喇嘛利用的工具，沒有獲得絲毫應有的尊重與基本定位時，發現了密宗的父權社會控制女性的本質；於是作者傷心地離開了卡盧仁波切與密宗，但是卻被恐嚇不許講出她在密宗裡的經歷，也不許她說出自己對密宗的教義與教制下對女性剝削的本質，否則將被咒殺死亡。後來她去加拿大定居，十餘年後方才擺脫這個恐嚇陰影，下定決心將親身經歷的實情及觀察到的事實寫下來並且出版，公諸於世。出版之後，她被流亡的達賴集團人士大力攻訐，誣指她爲精神狀態失常、說謊……等。但有智之士並未被達賴集團的政治操作及各國政府政治運作吹捧達賴的表相所欺，使她的書銷售無阻而又再版。正智出版社鑑於作者此書是親身經歷的事實，所說具有針對「藏傳佛教」而作學術研究的價值，也有使人認清假藏傳佛教剝削佛母、明妃的男性本位實質，因此洽請作者同意中譯而出版於華人地區。珍妮・坎貝爾女士著，呂艾倫 中譯，每冊250元。

霧峰無霧—給哥哥的信：本書作者藉兄弟之間信件往來論義，略述佛法大義；並以多篇短文辨義，舉出釋印順對佛法的無量誤解證據，並一一給予簡單而清晰的辨正，令人一讀即知。久讀、多讀之後即能認清楚釋印順的六識論見解，與眞實佛法之牴觸是多麼嚴重；於是在久讀、多讀之後，於不知不覺之間提升了對佛法的極深入理解，正知正見就在不知不覺間建立起來了。當三乘佛法的正知見建立起來之後，對於三乘菩提的見道條件便將隨之具足，於是聲聞解脫道的見道也就水到渠成；接著大乘見道的因緣也將次第成熟，未來自然也會有親見大乘菩提之道的因緣，悟入大乘實相般若也將自然成功，自能通達般若系列諸經而成實義菩薩。作者居住於南投縣霧峰鄉，自喻見道之後不復再見霧峰之霧，故鄉原野美景一一明見，於是立此書名爲《霧峰無霧》；讀者若欲撥霧見月，可以此書爲緣。游宗明　老師著　售價250元。

假藏傳佛教的神話—性、謊言、喇嘛教：本書編著者是由一首名叫「阿姊鼓」的歌曲爲緣起，展開了序幕，揭開假藏傳佛教—喇嘛教—的神秘面紗。其重點是蒐集、摘錄網路上質疑「喇嘛教」的帖子，以揭穿「假藏傳佛教的神話」爲主題，串聯成書，並附加彩色插圖以及說明，讓讀者們瞭解西藏密宗及相關人事如何被操作爲「神話」的過程，以及神話背後的眞相。作者：張正玄教授。售價200元。

達賴真面目—**玩盡天下女人**：假使您不想戴綠帽子，請記得詳細閱讀此書；假使您不想讓好朋友戴綠帽子，請您將此書介紹給您的好朋友。假使您想保護家中的女性，也想要保護好朋友的女眷，請記得將此書送給家中的女性和好友的女眷都來閱讀。本書爲印刷精美的大本彩色中英對照精裝本，爲您揭開達賴喇嘛的眞面目，內容精彩不容錯過，爲利益社會大眾，特別以優惠價格嘉惠所有讀者。編著者：白志偉等。大開版雪銅紙彩色精裝本。售價800元。

喇嘛性世界—**揭開假藏傳佛教譚崔瑜伽的面紗**：這個世界中的喇嘛，號稱來自世外桃源的香格里拉，穿著或紅或黃的喇嘛長袍，散布於我們的身邊傳教灌頂，吸引了無數的人嚮往學習；這些喇嘛虔誠地爲大眾祈福，手中拿著寶杵（金剛）與寶鈴（蓮花），口中唸著咒語：「唵・嘛呢・叭咪・吽……」，咒語的意思是說：「我至誠歸命金剛杵上的寶珠伸向蓮花寶穴之中」！「喇嘛性世界」是什麼樣的「世界」呢？本書將爲您呈現喇嘛世界的面貌。當您發現眞相以後，您將會唸：「噢！喇嘛・性・世界，譚崔性交嘛！」作者：張善思、呂艾倫。售價200元。

末代達賴—性交教主的悲歌：簡介從藏傳僞佛教（喇嘛教）的修行核心—性力派男女雙修，探討達賴喇嘛及藏傳僞佛教的修行內涵。書中引用外國知名學者著作、世界各地新聞報導，包含：歷代達賴喇嘛的祕史、達賴六世修雙身法的事蹟，以及《時輪續》中的性交灌頂儀式……等；達賴喇嘛書中開示的雙修法、達賴喇嘛的黑暗政治手段；達賴喇嘛所領導的寺院爆發喇嘛性侵兒童；新聞報導《西藏生死書》作者索甲仁波切性侵女信徒、澳洲喇嘛秋達公開道歉、美國最大假藏傳佛教組織領導人邱陽創巴仁波切的性氾濫，等等事件背後眞相的揭露。作者：張善思、呂艾倫、辛燕。售價250元。

第七意識與第八意識？—穿越時空「超意識」　「三界唯心，萬法唯識」是佛教中應該實證的聖教，也是《華嚴經》中明載而可以實證的法界實相。唯心者，三界一切境界、一切諸法唯是一心所成就，即是每一個有情的第八識如來藏，不是意識心。唯識者，即是人類各各都具足的八識心王——眼識、耳鼻舌身意識、意根、阿賴耶識，第八阿賴耶識又名如來藏，人類五陰相應的萬法，莫不由八識心王共同運作而成就，故說萬法唯識。依聖教量及現量、比量，都可以證明意識是二法因緣生，是由第八識藉意根與法塵二法爲因緣而出生，又是夜夜斷滅不存之生滅心，即無可能反過來出生第七識意根、第八識如來藏，當知不可能從生滅性的意識心中，細分出恆審思量的第七識意根，更無可能細分出恆而不審的第八識如來藏。本書是將演講內容整理成文字，細說如是內容，並已在〈正覺電子報〉連載完畢，今彙集成書以廣流通，欲幫助佛門有緣人斷除意識我見，跳脫於識陰之外而取證聲聞初果；嗣後修學禪宗時即得不墮外道神我之中，得以求證第八識金剛心而發起般若實智。平實導師 述，每冊300元。

黯淡的達賴—失去光彩的諾貝爾和平獎：本書舉出很多證據與論述，詳述達賴喇嘛不爲世人所知的一面，顯示達賴喇嘛並不是眞正的和平使者，而是假借諾貝爾和平獎的光環來欺騙世人；透過本書的說明與舉證，讀者可以更清楚的瞭解，達賴喇嘛是結合暴力、黑暗、淫欲於喇嘛教裡的集團首領，其政治行爲與宗教主張，早已讓諾貝爾和平獎的光環染污了。 本書由財團法人正覺教育基金會寫作、編輯，由正覺出版社印行，每冊250元。

人間佛教—實證者必定不悖三乘菩提 「大乘非佛說」的講法似乎流傳已久，卻只是日本人企圖擺脫中國正統佛教的影響，而在明治維新時期才開始提出來的說法；台灣佛教、大陸佛教的淺學無智之人，由於未曾實證佛法而迷信日本人錯誤的學術考證，錯認爲這些別有用心的日本佛學考證的講法爲天竺佛教的眞實歷史；甚至還有更激進的反對佛教者提出「釋迦牟尼佛並非眞實存在，只是後人捏造的假歷史人物」，竟然也有少數人願意跟著「學術」的假光環而信受不疑，於是開始有一些佛教界人士造作了反對中國佛教而推崇南洋小乘佛教的行爲，使佛教的信仰者難以檢擇，導致一般大陸人士開始轉入基督教的盲目迷信中。在這些佛教及外教人士之中，也就有一分人根據此邪說而大聲主張「大乘非佛說」的謬論，這些人以「人間佛教」的名義來抵制中國正統佛教，公然宣稱中國的大乘佛教是由聲聞部派佛教的凡夫僧所創造出來的。這樣的說法流傳於台灣及大陸佛教界凡夫僧之中已久，卻非眞正的佛教歷史中曾經發生過的事，只是繼承六識論的聲聞法中凡夫僧依自己的意識境界立場，純憑臆想而編造出來的妄想說法，卻已經影響許多無智之凡夫僧俗信受不移。本書則是從佛教的經藏法義實質及實證的現量內涵本質立論，證明大乘佛法本是佛說，是從《阿含正義》尚未說過的不同面向來討論「人間佛教」的議題，證明「大乘眞佛說」。閱讀本書可以斷除六識論邪見，迴入三乘菩提正道發起實證的因緣；也能斷除禪宗學人學禪時普遍存在之錯誤知見，對於建立參禪時的正知見有很深的著墨。 平實導師 述，內文488頁，全書528頁，定價400元。

童女迦葉考—論呂凱文〈佛教輪迴思想的論述分析〉之謬　童女迦葉是佛世率領五百大比丘遊行於人間的歷史事實，是以童貞行而依止菩薩戒弘化於人間的大菩薩，不依別解脫戒（聲聞戒）來弘化於人間。這是大乘佛教與聲聞佛教同時存在於佛世的歷史明證，證明大乘佛教不是從聲聞法中分裂出來的部派佛教的產物，卻是聲聞佛教分裂出來的部派佛教聲聞凡夫僧所不樂見的史實；於是古今聲聞法中的凡夫都欲加以扭曲而作詭說，更是末法時代高聲大呼「大乘非佛說」的六識論聲聞凡夫極力想要扭曲的佛教史實之一，於是想方設法扭曲迦葉菩薩爲聲聞僧，以及扭曲迦葉童女爲比丘僧等荒謬不實之論著便陸續出現，古時聲聞僧寫作的《分別功德論》是最具體之事例，現代之代表作則是呂凱文先生的〈佛教輪迴思想的論述分析〉論文。鑑於如是假藉學術考證以籠罩大眾之不實謬論，未來仍將繼續造作及流竄於佛教界，繼續扼殺大乘佛教學人法身慧命，必須舉證辨正之，遂成此書。平實導師　著，每冊180元。

中觀金鑑—詳述應成派中觀的起源與其破法本質　學佛人往往迷於中觀學派之不同學說，被應成派與自續派所迷惑；修學般若中觀二十年後自以爲實證般若中觀了，卻仍不曾入門，甫聞實證般若中觀者之所說，則茫無所知，迷惑不解；隨後信心盡失，不知如何實證佛法；凡此，皆因惑於這二派中觀學說所致。自續派中觀所說同於常見，以意識境界立爲第八識如來藏之境界，應成派所說則同於斷見，但又同立意識爲常住法，故亦具足斷常二見。今者孫正德老師有鑑於此，乃將起源於密宗的應成派中觀學說，追本溯源，詳考其來源之外，亦一一舉證其立論內容，詳加辨正，令密宗雙身法祖師以識陰境界而造之應成派中觀學說本質，詳細呈現於學人眼前，令其維護雙身法之目的無所遁形。若欲遠離密宗此二大派中觀謬說，欲於三乘菩提有所進道者，允宜具足閱讀並細加思惟，反覆讀之以後將可捨棄邪道返歸正道，則於般若之實證即有可能，證後自能現觀如來藏之中道境界而成就中觀。本書分上、中、下三冊，每冊250元，已全部出版完畢。

實相經宗通：學佛之目的在於實證一切法界背後之實相，禪宗稱之為本來面目或本地風光，佛菩提道中稱之為實相法界；此實相法界即是金剛藏，又名佛法之祕密藏，即是能生有情五陰、十八界及宇宙萬有（山河大地、諸天、三惡道世間）的第八識如來藏，又名阿賴耶識心，即是禪宗祖師所說的眞如心，此心即是三界萬有背後的實相。證得此第八識心時，自能瞭解般若諸經中隱說的種種密意，即得發起實相般若——實相智慧。每見學佛人修學佛法二十年後仍對實相般若茫然無知，亦不知如何入門，茫無所趣；更因不知三乘菩提的互異互同，是故越是久學者對佛法越覺茫然，都肇因於尚未瞭解佛法的全貌，亦未瞭解佛法的修證內容即是第八識心所致。本書對於修學佛法者所應實證的實相境界提出明確解析，並提示趣入佛菩提道的入手處，有心親證實相般若的佛法實修者，宜詳讀之，於佛菩提道之實證即有下手處。平實導師述著，共八輯，全部出版完畢，每輯成本價250元。

真心告訴您（一）——達賴喇嘛在幹什麼？ 這是一本報導篇章的選集，更是「破邪顯正」的暮鼓晨鐘。「破邪」是戳破假象，說明達賴喇嘛及其所率領的密宗四大派法王、喇嘛們，弘傳的佛法是仿冒的佛法；他們是假藏傳佛教，是坦特羅（譚崔性交）外道法和藏地崇奉鬼神的苯教混合成的「喇嘛教」，推廣的是以所謂「無上瑜伽」的男女雙身法冒充佛法的假佛教，詐財騙色誤導眾生，常常造成信徒家庭破碎、家中兒少失怙的嚴重後果。「顯正」是揭櫫眞相，指出眞正的藏傳佛教只有一個，就是覺囊巴，傳的是　釋迦牟尼佛演繹的第八識如來藏妙法，稱為他空見大中觀。正覺教育基金會即以此古今輝映的如來藏正法正知見，在眞心新聞網中逐次報導出來，將箇中原委「眞心告訴您」，如今結集成書，與想要知道密宗眞相的您分享。售價250元。

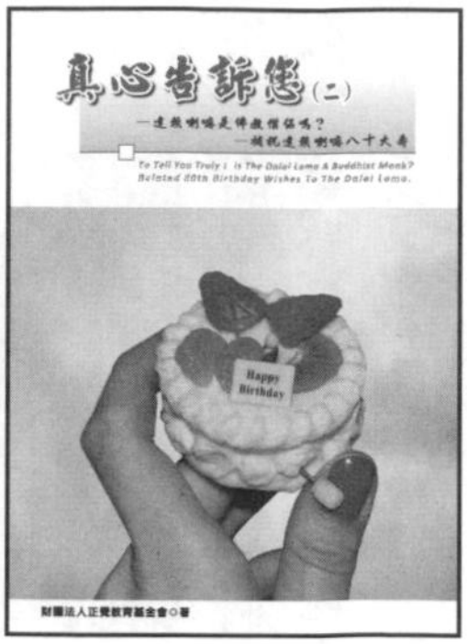

真心告訴您（二）——達賴喇嘛是佛教僧侶嗎？補祝達賴喇嘛八十大壽：這是一本針對當今達賴喇嘛所領導的喇嘛教，冒用佛教名相、於師徒間或師兄姊間，實修男女邪淫，而從佛法三乘菩提的現量與聖教量，揭發其謊言與邪術，證明達賴及其喇嘛教是仿冒佛教的外道，是「假藏傳佛教」。藏密四大派教義雖有「八識論」與「六識論」的表面差異，然其實修之內容，皆共許「無上瑜伽」四部灌頂為究竟「成佛」之法門，也就是共以男女雙修之邪淫法為「即身成佛」之密要，雖美其名曰「欲貪為道」之「金剛乘」，並誇稱其成就超越於（應身佛）釋迦牟尼佛所傳之顯教般若乘之上；然詳考其理論，則或以意識離念時之粗細心為第八識如來藏，或以中脈裡的明點為第八識如來藏，或如宗喀巴與達賴堅決主張第六意識為常恆不變之眞心者，分別墮於外道之常見與斷見中；全然違背 佛說能生五蘊之如來藏的實質。售價300元。

西藏「活佛轉世」制度——附佛、造神、世俗法：歷來關於喇嘛教活佛轉世的研究，多針對歷史及文化兩部分，於其所以成立的理論基礎，較少系統化的探討。尤其是此制度是否依據「佛法」而施設？是否合乎佛法眞實義？現有的文獻大多含糊其詞，或人云亦云，不曾有明確的闡釋與如實的見解。因此本文先從活佛轉世的由來，探索此制度的起源、背景與功能，並進而從活佛的尋訪與認證之過程，發掘活佛轉世的特徵，以確認「活佛轉世」在佛法中應具足何種果德。定價150元。

法華經講義：此書爲平實導師始從2009/7/21演述至2014/1/14之講經錄音整理所成。世尊一代時教，總分五時三教，即是華嚴時、聲聞緣覺教、般若教、種智唯識教、法華時；依此五時三教區分爲藏、通、別、圓四教。本經是最後一時的圓教經典，圓滿收攝一切法教於本經中，是故最後的圓教聖訓中，特地指出無有三乘菩提，其實唯有一佛乘；皆因眾生愚迷故，方便區分爲三乘菩提以助眾生證道。世尊於此經中特地說明如來示現於人間的唯一大事因緣，便是爲有緣眾生「開、示、悟、入」諸佛的所知所見——第八識如來藏妙眞如心，並於諸品中隱說「妙法蓮花」如來藏心的密意。然因此經所說甚深難解，眞義隱晦，古來難得有人能窺堂奧；平實導師以知如是密意故，特爲末法佛門四眾演述《妙法蓮華經》中各品蘊含之密意，使古來未曾被古德註解出來的「此經」密意，如實顯示於當代學人眼前。乃至〈藥王菩薩本事品〉、〈妙音菩薩品〉、〈觀世音菩薩普門品〉、〈普賢菩薩勸發品〉中的微細密意，亦皆一併詳述之，開前人所未曾言之密意，示前人所未見之妙法。最後乃至以〈法華大意〉而總其成，全經妙旨貫通始終，而依佛旨圓攝於一心如來藏妙心，厥爲曠古未有之大說也。平實導師述　已於2015/05/31起開始出版，每二個月出版一輯，共有25輯。每輯300元。

解深密經講記：本經係　世尊晚年第三轉法輪，宣說地上菩薩所應熏修之唯識正義經典，經中所說義理乃是大乘一切種智增上慧學，以阿陀那識——如來藏——阿賴耶識爲主體。禪宗之證悟者，若欲修證初地無生法忍乃至八地無生法忍者，必須修學《楞伽經、解深密經》所說之八識心王一切種智；此二經所說正法，方是眞正成佛之道；印順法師否定第八識如來藏之後所說萬法緣起性空之法，是以誤會後之二乘解脫道取代大乘眞正成佛之道，尚且不符二乘解脫道正理，亦已墮於斷滅見中，不可謂爲成佛之道也。平實導師曾於本會郭故理事長往生時，於喪宅中從首七開始宣講，於每一七各宣講三小時，至第十七而快速略講圓滿，作爲郭老之往生佛事功德，迴向郭老早證八地、速返娑婆住持正法。茲爲今時後世學人故，將擇期重講《解深密經》，以淺顯之語句講畢後，將會整理成文，用供證悟者進道；亦令諸方未悟者，據此經中佛語正義，修正邪見，依之速能入道。平實導師述著，全書輯數未定，每輯三百餘頁，將於未來重講完畢後逐輯出版。

佛法入門：學佛人往往修學二十年後仍不知如何入門，茫無所入漫無方向，不知如何實證佛法；更因不知三乘菩提的互異互同之處，導致越是久學者越覺茫然，都是肇因於尚未瞭解佛法的全貌所致。本書對於佛法的全貌提出明確的輪廓，並說明三乘菩提的異同處，讀後即可輕易瞭解佛法全貌，數日內即可明瞭三乘菩提入門方向與下手處。○○菩薩著　出版日期未定。

阿含經講記—小乘解脫道之修證：數百年來，南傳佛法所說證果之不實，所說解脫道之虛妄，所弘解脫道法義之世俗化，皆已少人知之；從南洋傳入台灣與大陸之後，所說法義虛謬之事，亦復少人知之；今時台灣全島印順系統之法師居士，多不知南傳佛法數百年來所說解脫道之義理已然偏斜、已然世俗化、已非眞正之二乘解脫正道，猶極力推崇與弘揚。彼等南傳佛法近代所謂之證果者多非眞實證果者，譬如阿迦曼、葛印卡、帕奧禪師、一行禪師……等人，悉皆未斷我見故。近年更有台灣南部大願法師，高抬南傳佛法之二乘修證行門爲「捷徑究竟解脫之道」者，然而南傳佛法縱使眞修實證，得成阿羅漢，至高唯是二乘菩提解脫之道，絕非究竟解脫，無餘涅槃中之實際尚未得證故，法界之實相尚未了知故，習氣種子待除故，一切種智未實證故，焉得謂爲「究竟解脫」？即使南傳佛法近代眞有實證之阿羅漢，尚且不及三賢位中之七住明心菩薩本來自性清淨涅槃智慧境界，則不能知此賢位菩薩所證之無餘涅槃實際，仍非大乘佛法中之見道者，何況普未實證聲聞果乃至未斷我見之人？謬充證果已屬逾越，更何況是誤會二乘菩提之後，以未斷我見之凡夫知見所說之二乘菩提解脫偏斜法道，焉可高抬爲「究竟解脫」？而且自稱「捷徑之道」？又妄言解脫之道即是成佛之道，完全否定般若實智、否定三乘菩提所依之如來藏心體，此理大大不通也！平實導師爲令修學二乘菩提欲證解脫果者，普得迴入二乘菩提正見、正道中，是故選錄四阿含諸經中，對於二乘解脫道法義有具足圓滿說明之經典，預定未來十年內將會加以詳細講解，令學佛人得以了知二乘解脫道之修證理路與行門，庶免被人誤導之後，未證言證，干犯道禁，成大妄語，欲升反墮。本書首重斷除我見，以助行者斷除我見而實證初果爲著眼之目標，若能根據此書內容，配合平實導師所著《識蘊眞義》《阿含正義》內涵而作實地觀行，實證初果非爲難事，行者可以藉此三書自行確認聲聞初果爲實際可得現觀成就之事。此書中除依二乘經典所說加以宣示外，亦依斷除我見等之證量，及大乘法中道種智之證量，對於意識心之體性加以細述，令諸二乘學人必定得斷我見、常見，免除三縛結之繫縛。次則宣示斷除我執之理，欲令升進而得薄貪瞋痴，乃至斷五下分結…等。平實導師述，共二冊，每冊三百餘頁。每輯300元。

修習止觀坐禪法要講記：修學四禪八定之人，往往錯會禪定之修學知見，欲以無止盡之坐禪而證禪定境界，卻不知修除性障之行門才是修證四禪八定不可或缺之要素，故智者大師云「性障初禪」；性障不除，初禪永不現前，云何修證二禪等？又：行者學定，若唯知數息，而不解六妙門之方便善巧者，欲求一心入定，未到地定極難可得，智者大師名之爲「事障未來」：障礙未到地定之修證。又禪定之修證，不可違背二乘菩提及第一義法，否則縱使具足四禪八定，亦不能實證涅槃而出三界。此諸知見，智者大師於《修習止觀坐禪法要》中皆有闡釋。作者平實導師以其第一義之見地及禪定之實證證量，曾加以詳細解析。將俟正覺寺竣工啟用後重講，不限制聽講者資格；講後將以語體文整理出版。欲修習世間定及增上定之學者，宜細讀之。平實導師述著。

★聲明★

本社於2015/01/01開始調整本目錄中部分書籍之售價，以因應各項成本的持續增加。

＊喇嘛教修外道雙身法，墮識陰境界，非佛教＊

＊弘揚如來藏他空見的覺囊派才是真正藏傳佛教＊

總經銷： 飛鴻 國際行銷股份有限公司
231 新北市新店區中正路 501 之 9 號 2 樓
Tel.02－82186688（五線代表號） Fax.02-82186458、82186459

零售：1.**全台連鎖經銷書局：**
三民書局、誠品書局、何嘉仁書店
敦煌書店、紀伊國屋、金石堂書局、建宏書局

2.**台北市：**佛化人生 羅斯福路 3 段 325 號 6 樓之 4　台電大樓對面

3.**新北市：**春大地書店 **蘆洲**中正路 117 號

4.**桃園市縣：**誠品書局 **桃園市**中正路 20 號遠東百貨地下室一樓
金石堂 **桃園市**大同路 24 號　金石堂 **桃園**八德市介壽路 1 段 987 號
諾貝爾圖書城 **桃園市**中正路 56 號地下室　御書堂 **龍潭**中正路 123 號
墊腳石文化書店 **中壢市**中正路 89 號

5.**新竹市縣：**大學書局 **新竹**建功路 10 號　誠品書局 **新竹**東區信義街 68 號
誠品書局 **新竹**東區中央路 229 號 5 樓　誠品書局 **新竹**東區力行二路 3 號
墊腳石文化書店 **新竹**中正路 38 號

6.**台中市：** **瑞成**書局、各大連鎖書店。
詠春書局 **台中市**永春東路 884 號　文春書局 **霧峰**中正路 1087 號

7.**彰化市縣：**心泉佛教流通處 **彰化市**南瑤路 286 號
員林鎮：墊腳石圖書文化廣場 中山路 2 段 49 號（04-8338485）

8.**台南市：**博大書局 **新營**三民路 128 號
藝美書局 **善化**中山路 436 號　宏欣書局 **佳里**光復路 214 號

9.**高雄市：**各大連鎖書店、**瑞成**書局
政大書城 **三民區**明仁路 161 號　政大書城 **苓雅區**光華路 148-83 號
明儀書局 **三民區**明福街 2 號　明儀書局 三多四路 63 號
青年書局 青年一路 141 號

10.**宜蘭縣市：**金隆書局 宜蘭市中山路 3 段 43 號
宋太太梅鋪 羅東鎮中正北路 101 號（039-534909）

11.**台東市：**東普佛教文物流通處 台東市博愛路 282 號

12.**其餘鄉鎮市經銷書局：**請電詢總經銷**飛鴻**公司。

13.**大陸地區請洽：**
香港：樂文書店
旺角店 :香港九龍旺角西洋菜街 62 號 3 樓
電話 : (852) 2390 3723　email: luckwinbooks@gmail.com
銅鑼灣店 :香港銅鑼灣駱克道 506 號 2 樓
電話 : (852) 2881 1150　email: luckwinbs@gmail.com

廈門：廈門外圖臺灣書店有限公司
地址：廈門市思明區湖濱南路809號 廈門外圖書城3樓 郵編：361004
電話：0592-5061658（臺灣地區請撥打 86-592-5061658）
E-mail：JKB118@188.COM

14.**美國：世界日報圖書部：**紐約圖書部　電話 7187468889#6262
洛杉磯圖書部　電話 3232616972#202

15.**國內外地區網路購書：**

正智出版社 書香園地　http://books.enlighten.org.tw/
（書籍簡介、直接聯結下列網路書局購書）

三民 網路書局　http://www.Sanmin.com.tw
誠品 網路書局　http://www.eslitebooks.com
博客來 網路書局　http://www.books.com.tw
金石堂 網路書局　http://www.kingstone.com.tw
飛鴻 網路書局　http://fh6688.com.tw

附註：1.請儘量向各經銷書局購買：郵政劃撥需要十天才能寄到（本公司在您劃撥後第四天才能接到劃撥單，次日寄出後第四天您才能收到書籍，此八天中一定會遇到週休二日，是故共需十天才能收到書籍）若想要早日收到書籍者，請劃撥完畢後，將劃撥收據貼在紙上，旁邊寫上您的姓名、住址、郵區、電話、買書詳細內容，直接傳眞到本公司 02-28344822，並來電 02-28316727、28327495 確認是否已收到您的傳眞，即可提前收到書籍。 **2.**因台灣每月皆有五十餘種宗教類書籍上架，書局書架空間有限，故唯有新書方有機會上架，通常每次只能有一本新書上架；本公司出版新書，大多上架不久便已售出，若書局未再叫貨補充者，書架上即無新書陳列，則請直接向書局櫃台訂購。 **3.**若書局不便代購時，可於晚上共修時間向正覺同修會各共修處請購（共修時間及地點，詳閱**共修現況表**。每年例行年假期間請勿前往請書，年假期間請見共修現況表）。 **4.**郵購：郵政劃撥帳號 19068241。 **5.**正覺同修會會員購書都以八折計價（戶籍台北市者爲一般會員，外縣市爲護持會員）都可獲得優待，欲一次購買全部書籍者，可以考慮入會，節省書費。入會費一千元（第一年初加入時才需要繳），年費二千元。**6.尚未出版之書籍，請勿預先郵寄書款與本公司，謝謝您！** **7.**若欲一次購齊本公司書籍，或同時取得正覺同修會贈閱之全部書籍者，請於正覺同修會共修時間，親到各共修處請購及索取；**台北市讀者**請洽：103 台北市承德路三段 267 號 10 樓（捷運淡水線 圓山站旁）請書時間：週一至週五爲 18.00~21.00，第一、三、五週週六爲 10.00~21.00，雙週之週六爲 10.00~18.00
請購處專線電話：25957295-分機 14（於請書時間方有人接聽）。

敬告大陸讀者：

大陸讀者購書、索書捷徑（尚未在大陸出版的書籍，以下二個途徑都可以購得，電子書另包括結緣書籍）：

1.**廈門外國圖書公司**：廈門市思明區湖濱南路 809 號 廈門外圖書城 3F
　郵編：361004　電話：0592-5061658　網址：JKB118@188.COM

2.**電子書**：正智出版社有限公司及正覺同修會在台灣印行的各種局版書、結緣書，已有『**正覺電子書**』陸續上線中，提供讀者於手機、平板電腦上購書、下載、閱讀正智出版社、正覺同修會及正覺教育基金會所出版之電子書，詳細訊息敬請參閱『正覺電子書』專頁：
http://books.enlighten.org.tw/ebook

關於平實導師的書訊，請上網查閱：
　成佛之道　http://www.a202.idv.tw
　正智出版社 書香園地　http://books.enlighten.org.tw/

中國網採訪佛教正覺同修會、正覺教育基金會訊息：

http://big5.china.com.cn/gate/big5/fangtan.china.com.cn/2014-06/19/content_32714638.htm

http://pinpai.china.com.cn/

★ 正智出版社有限公司售書之稅後盈餘，全部捐助財團法人正覺寺籌備處、佛教正覺同修會、正覺教育基金會，供作弘法及購建道場之用；懇請諸方大德支持，功德無量。

★ 聲　明 ★

本社於 2015/01/01 開始調整本目錄中部分書籍之售價，以因應各項成本的持續增加。

＊ 喇嘛教修外道雙身法、墮識陰境界，非佛教 ＊

＊ 弘揚如來藏他空見的覺囊派才是真正藏傳佛教 ＊

售後服務—換書啓事（免附回郵）　2012/09/24

《楞嚴經講記》第 14 輯初版首刷本免費調換新書啓事：本講記第 14 輯出版前因 平實導師諸事繁忙，未將之重新閱讀而只改正校對時發現的錯別字，故未能發覺十年前所說法義有部分錯誤，於第 15 輯付印前重閱時才發覺第 14 輯中有部分錯誤尚未改正。今已重新審閱修改並已重印完成，煩請所有讀者將以前所購第 14 輯初版首刷本，寄回本社免費換新（初版二刷本無錯誤），本社將於寄回新書時同時附上您寄書回來換新時所付的郵資，並在此向所有讀者致上最誠懇的歉意。

《心經密意》初版書免費調換二版新書啓事：本書係演講錄音整理成書，講時因時間所限，省略部分段落未講。後於再版時補寫增加 13 頁，維持原價流通之。茲爲顧及初版讀者權益，自 2003/9/30 開始免費調換新書，原有初版一刷、二刷書籍，皆可寄來本來公司換書。

《宗門法眼》已經增寫改版爲 464 頁新書，2008 年 6 月中旬出版。讀者原有初版之第一刷、第二刷書本，都可以寄回本社免費調換改版新書。改版後之公案及錯悟事例維持不變，但將內容加以增說，較改版前更具有廣度與深度，將更能助益讀者參究實相。

換書者**免附回郵**，亦無截止期限；舊書請寄：111 台北郵政 73-151 號信箱 或 103 台北市承德路三段 267 號 10 樓 正智出版社有限公司。舊書若有塗鴨、殘缺、破損者，仍可換取新書；但缺頁之舊書至少應仍有五分之三頁數，方可換書。所有讀者不必顧念本公司是否有盈餘之問題，都請踴躍寄來換書；本公司成立之目的不是營利，只要能眞實利益學人，即已達到成立及運作之目的。若以郵寄方式換書者，免附回郵；並於寄回新書時，由本社附上您寄來書籍時耗用的郵資。造成您不便之處，再次致上萬分的歉意。

正智出版社有限公司 啓

國家圖書館出版品預行編目資料

實相經宗通／平實導師述. -- 初版. -- 臺北市：
正智, 2014.01 -
冊；　公分

ISBN 978-986-6431-68-5（第1輯：平裝）
ISBN 978-986-6431-78-4（第2輯：平裝）
ISBN 978-986-6431-79-1（第3輯：平裝）
ISBN 978-986-6431-90-6（第4輯：平裝）
ISBN 978-986-5655-00-6（第5輯：平裝）
ISBN 978-986-5655-06-8（第6輯：平裝）
ISBN 978-986-5655-16-7（第7輯：平裝）
ISBN 978-986-5655-31-0（第8輯：平裝）

1.般若部

221.44　　102027143

實相經宗通——第一輯

著述者：平實導師
音文轉換：劉惠莉
校　對：章乃鈞 陳介源 孫淑貞 傅素嫻 王美伶
出版者：正智出版社有限公司
電話：〇二 28327495 28316727（白天）
傳眞：〇二 28344822
111台北郵政73-151號信箱
郵政劃撥帳號：一九〇六八二四一
正覺講堂：總機〇二 25957295（夜間）
總經銷：飛鴻國際行銷股份有限公司
231新北市新店區中正路501-9號2樓
電話：〇二 82186688（五線代表號）
傳眞：〇二 82186458 82186459
初版首刷：二〇一四年元月三十一日 二千冊
初版六刷：二〇一七年四月 二千冊
定　價：二五〇元